隋唐五代教育与考试研究丛书

孙培青 著/编

定价：950.00　出版时间：2022年1月—12月

国家出版基金项目
"十四五"时期国家重点图书出版规划项目
获第43届华东地区优秀教育图书一等奖
入选2022"世纪好书"年度榜单

丛书包括《隋唐五代教育研究》《隋唐五代考试研究》《隋唐五代教育论著选》《隋唐五代教育制度文献集成》《隋唐五代考试文献集成》（上、下）。

中国历史上的育德
中国教育家和教育思想研究

孙培青 著

定价：148.00　出版时间：2023年5月

2023年度上海市重点图书

中国教育史学界有关道德教育的成果并不多见，本书可以极大地丰富传统道德教育研究。

历史上的教育思想，可以做我们现在实施教育时的参考；教育家生平的故事，更可以净化浮躁，鼓舞奋斗的勇气。

中国教育的传统、历史与现时代

孙培青 著

定价：148.00　出版时间：2023年9月

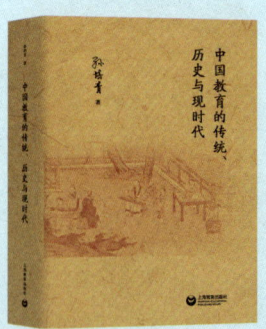

本书收录的是我国著名教育史学家孙培青撰写的论文、写入教材和专著的章节、未刊讲话稿、人物回忆、前言和后记、所作序言和学术自述等，多未曾发表，不乏真知灼见。主题大致偏于教育史学理论、中国教育的历史、教育史学、教育史评论，而以学术自述收官。

孔子授业研究（修订版）

陈桂生 著

定价：69.00　出版时间：2020年10月

一部具有"浓浓教育学味"的教育史专著。以《论语》传递的有关孔子授业行为信息为依据，对前人的相关论断进行审慎辨析，从总体上把握孔子授业要义，有别于一般孔子教育思想研究，对中国教育文化源头作了一次初步梳理。不仅对教育史专业研究者有启发，对教育学专业相关人员乃至各级各类学校教师，皆有启迪作用。

教育学究竟是怎么一回事：教育学辨析

陈桂生 著

定价：79.00　出版时间：2020年10月

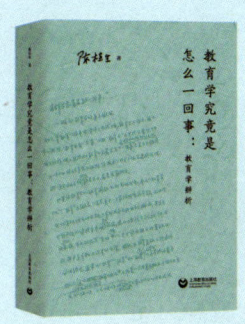

获第41届华东地区优秀教育图书一等奖
入选中国教育新闻网2020年度影响教师的100本书TOP10图书
陈桂生教育学研究的集成之作。辨析教育、教养、教－学等教育学诸概念，总结用马克思主义理论与方法研究教育问题的经验，探究中国实践教育的理论基础，辨析教育学子学科、相关学科以及各级教育等与教育学的关系。

教育实话

陈桂生 著

定价：89.00　出版时间：2023年2月

获第43届华东地区优秀教育图书二等奖
入选2023"世纪好书"3月榜
这是一本以教育为专业话题的随笔集。作者运用教育价值观念及常理常规，审视当下不容忽视的教育现象及相关言行，针对我国如今中小学或多或少存在并经媒体渲染的旧俗新俗、新旧套话发表的一些距离常道、常理、常规和常情不算太远的意见。

中国幼儿教育史

杜成宪 王伦信 著

定价：78.00　出版时间：2024年2月

本书从慈幼观念、政令与礼俗，优生、胎教思想，家庭教育，蒙养教育，宫廷幼儿教育，幼儿游戏等方面展现中国古代幼儿教育的面貌；梳理了中国近现代幼儿教育日新月异的发展历程；详细介绍了陈鹤琴、张雪门、张宗麟等我国幼儿教育家的生平事迹及教育理论，是获取中国历史上幼儿教育智慧不可多得的重要参考书之一。

回到教育的未来——OECD关于学校教育的四种图景

经济合作与发展组织 编

窦卫霖 张悦晨 王淑琦 译

定价：46.00　出版时间：2022年3月

入选《中国出版传媒商报》2022年度第一季度影响力图书榜（教育类）、2022年"世纪好书"半年榜

以多元的思维和视角展望未来教育的四种图景：学校教育扩展、学校教育外包、学校作为学习中心、无边界学习。任何关心教育未来的人都可以从中得到启发。

教育政策研究手册（上、下）

范国睿 [美]托马斯·S.波普科维茨 主编

邓晓莉 魏晓宇 等译

定价：273.00　出版时间：2023年8月

入选2023年"世纪好书"9月榜

由中美两国著名教育学者领衔主编、49位国际知名教育学者倾力打造的一部反映国际教育政策研究前沿的著作。上卷聚焦"价值、治理、全球化与方法论"，着眼于宏观领域的教育政策变迁；下卷聚焦"学校/大学、课程与测评"，着眼于微观领域的教育政策变化特点。

教育会输给技术吗?
人工智能在阅读和数学中的进展

经济合作与发展组织 编
杜海紫 译 窦卫霖 审校
定价:69.80 出版时间:2023年10月

入选《中国出版传媒商报》2023年10月好书

本书告诉我们:人工智能的读写能力可以超90%的成人,计算能力可以超过57%~88%的成人。这些结论是如何得出的?人工智能的能力如何测评?人工智能的发展对人类就业和教育有什么影响?教育该如何应对?答案尽在本书中。

道德教育的论辩逻辑

王占魁 著
定价:78.00 出版时间:2023年11月

本书将基于同等尊重原则的非结果论思维以及基于利益最大化原则的结果论思维推荐给教师。教师若想在道德教育上成为讲道理的专业工作者,不妨研习一下这道德教育逻辑学专著,并在实践中加以尝试和检验,直至建构起自己的道德教育论辩模型,用讲理的方式培养讲理的人。

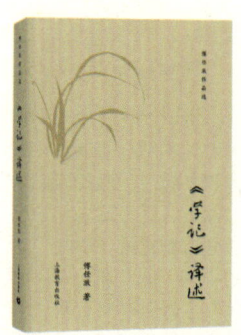

《学记》译述

傅任敢 著
定价:29.00 出版时间:2021年3月

对中国最早系统论述教育、教学活动的专著作了详细的译注和阐述,堪称名著名译。《学记》全文不过1200余字,却提出了丰富的教育内涵,涵盖了教育作用与目的,教育制度与学校管理,教育教学的原则与方法等,至今仍给我们很多启发。

孙培青文集

孙培青 著/编

定价：1980.00　出版时间：2023年10月

作者毕生研究中国教育史，尤擅隋唐五代教育和考试研究，造诣精深，是国内此领域的权威学者，在学术界享有盛誉。本文集共七卷，包括《隋唐五代教育研究》《隋唐五代考试研究》《隋唐五代教育论著选》《隋唐五代教育制度文献集成》《隋唐五代考试文献集成》（上、下）、《中国历史上的育德　中国教育家和教育思想》《中国教育的传统、历史与现时代》。

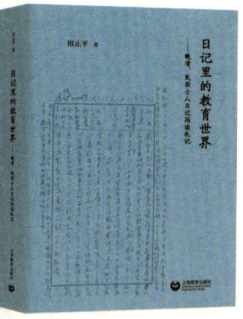

日记里的教育世界
——晚清、民国士人日记阅读札记

田正平 著

定价：89.00　出版时间：2023年6月

2023年度上海市重点图书

作者从晚清和民国部分士人的日记中挖掘出大变革时代下教育转型的丰富内涵，为我们深入认识和评论那段历史提供了全新视角。书中既有先知先觉者的呐喊和壮烈行动，也有读书人的心态变化和他们为人、处事、治家、读书、修学等的经验总结，更有社会风尚的转移变迁。

中国师资文化的历史特点与现实问题

陈桂生 著

定价：79.00　出版时间：2023年9月

如果不知道中国师资文化的历史特点和现实问题，做老师恐怕会更累的吧？本书会告诉你中国教师文化的特点，帮助你建立合适的教师观，减轻工作负担。阅读本书，你会看到平常人们对教师的种种比喻的分析到底有没有道理；你会了解到形形色色的"教师"的含义，如"名师""专家型教师""学者型教师""特级教师"等，帮助你考虑自己想成为什么样的教师。

近代中国教育人物像传

傅任敢 编
定价：59.00　出版时间：2022年8月

本书可帮助读者了解中国现代教育是如何一步一步发展起来的，在这个过程中，有哪些教育家，在什么样的背景下，以何种方式，作出了什么努力和贡献，进而帮助我们反思：我们可以从中学到什么？我们今后的道路该怎么走？等等。

民国教育管理学文选

陈学军　王珏　主编
定价：298.00　出版时间：2023年1月

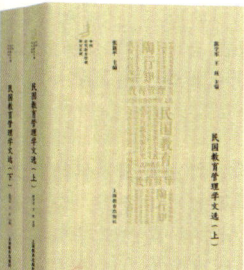

入选2023"世纪好书"2月榜
反映民国教育管理学研究总体状况，以全文选编或节录形式汇集而成的一部具有补白性质的学术著作。教育管理及相关专业的学生可以将它作为学习用书，教育管理领域的研究者可以将它作为备查资料，各个层面的教育管理实践者可以将它作为思考与行动的参考资源。

民国教育管理名家研究

胡金平　主编
定价：88.00　出版时间：2023年9月

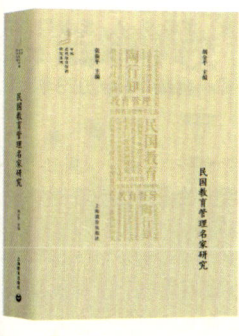

本书精选了曾担任校长或教育行政职务（如蔡元培等），以及进行过系统的卓有影响的教育管理研究（如罗廷光等）的教育管理者，结合其生命际遇、社会关系、知识背景和学术信仰等，反映民国时期的教育管理成就，可以为当下提供借鉴。

生活的科学

[奥]亚勒佛勒·安德娄 著
傅任敢 译
定价：59.00　出版时间：2022年7月

心理分析学派代表人物阿德勒的一本代表作，深入浅出，对我们的实际生活给出了不少指导，几十年来一直畅销不衰，译本迭出。但要论经典译本，非本书译者傅任敢译本莫属。

贤伉俪

[瑞士]裴斯泰洛齐 著
傅任敢 译
定价：59.00　出版时间：2022年7月

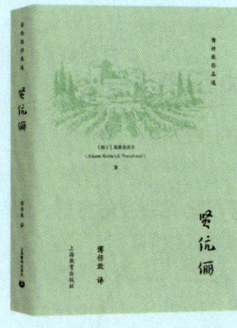

这是一部世界教育名著（亦是一部教育小说），通过讲述一对农民夫妇及其子女的生活故事，阐明作者以教育改良社会的社会观和教育观。由傅任敢首次介绍到中国，影响深远。

莉娜及其他（教育散译之一）

[法]卢骚　[德]福禄贝尔　[古希腊]色诺芬 著
傅任敢 译
定价：49.00　出版时间：2022年7月

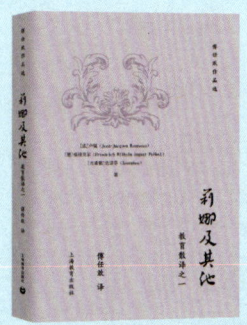

三篇教育文艺作品的合集。第一篇畅论家庭教育的理想与方法；第二篇讲述莉娜是怎样学会读书写字的；第三篇描写一个理想统治者的教育。

无人贻恨

校园欺凌判断与干预

黄向阳——著

献给孩子们
愿你们在学校里团结友爱无人贻恨

目录

导言 ...1

第一章　学童欺凌历史纵览 ...7

一、学童欺凌是一种久远的历史存在 ...11
二、传统私塾和学馆中的学童欺凌现象 ...16
三、近代学校中的学童欺凌现象 ...24
四、学童欺凌现象的古今之变 ...32

第二章　校园欺凌现状与趋势 ...37

一、校园欺凌是一种普遍的全球现象 ...42
二、校园欺凌的地域特征和国际差异 ...50
三、校园欺凌的全球变化趋势 ...53
四、启示及疑问 ...57

第三章　欺凌与疑似欺凌 ... 61

一、从身体欺凌到关系欺凌 ... 64

二、打架互怼与欺凌 ... 67

三、打闹捉弄与欺凌 ... 69

四、报复与欺凌 ... 70

五、伤害与欺凌 ... 73

六、从行为判断到生态判断 ... 76

七、校园欺凌的判断标准 ... 79

第四章　学生心目中的校园欺凌 ... 81

一、奥维斯欺负者/受欺负者问卷 ... 85

二、个体欺凌定义的年龄差异 ... 87

三、史密斯卡通测试 ... 90

四、欺凌定义的国际差异与年龄差异 ... 93

第五章　个体欺凌判断发展趋势 ... 97

一、欺凌判断卡通测试 ... 100

二、欺凌判断访谈 ... 102

三、欺凌判断的参与式研究 ... 112

第六章 儿童的欺凌概念 ... 115

一、个体欺凌概念的社会建构 ... 118

二、聚焦行为后果的欺凌判断 ... 122

三、客观因果论 ... 124

四、报应论 ... 129

五、权威主义 ... 132

六、儿童欺凌概念的发展 ... 134

第七章 少年的欺凌判断 ... 137

一、从正面概念到负面概念 ... 140

二、从物质损失到心理伤害 ... 141

三、从客观原因到主观动机 ... 143

四、以事件为单位的欺凌判断 ... 144

第八章　走向成熟的欺凌判断　... 147

一、成年反欺凌心得　... 149

二、与自我感知的关联　... 151

三、聚焦关系的欺凌判断　... 152

四、个体发展与社会建构的交互作用　... 153

第九章　从疑似欺凌到确实欺凌　... 157

一、伤害行为引起的认知失调　... 160

二、缓解认知失调的自我辩护　... 163

三、自我辩护中的道德推脱　... 165

四、道德推脱下的欺凌行为　... 168

五、破解恶性循环之道　... 172

第十章　从袖手旁观到同伴调解　... 179

一、欺凌目击者的自我认知与欺凌判断　... 182

二、挺身而出与"哈桑效应"　... 186

三、打抱不平与"顾森西困境"　... 190

四、袖手旁观与"阿米尔效应" ... 194

五、助纣为虐与"瓦里效应" ... 203

六、不偏不倚的同伴调解 ... 207

第十一章　从回避到反抗欺凌 ... 213

一、受欺凌者的自我认知与欺凌判断 ... 215

二、弱者的武器及幸存之道 ... 219

三、忽视与回避 ... 223

四、从友好交涉到严正交涉 ... 225

五、报告与求助 ... 227

六、仇恨与报复 ... 229

第十二章　校园欺凌干预方法 ... 233

一、欺凌劝诫法 ... 236

二、欺凌惩戒法 ... 251

三、欺凌调解法 ... 262

四、合作学习 ... 267

五、回归教育之道 ... 271

第十三章　共同关切法与"皮卡斯效应" ... 273

一、从欺凌劝诫法到共同关切法　... 275
二、对欺凌过错的建设性忽视　... 280
三、不责备欺凌嫌疑人的个别谈话　... 284
四、转化欺凌团伙的集体会谈　... 289
五、欺凌嫌疑人与受害人的和解峰会　... 292
六、以善意替代恶意的"皮卡斯效应"　... 296

第十四章　拆拼法与"卡洛斯效应" ... 301

一、卡洛斯传奇　... 303
二、从认知失调论到自我一致论　... 309
三、自我辩护与自我贬低的相互转换　... 315
四、从相互怨恨到相互喜爱　... 319
五、人际吸引盈亏理论　... 322
六、化解积怨的"卡洛斯效应"　... 325

第十五章　不让一个孩子生恨　...329

一、欺凌＞仇恨＞报复　...332

二、外围干预 & 根源干预　...336

三、零容忍 VS. 同情之教　...339

四、校园欺凌与暴力的个案研究　...342

参考文献　...348

Introduction

导言

儿童的生存状态,是华东师范大学基础教育改革与发展研究所创立初期重点研究的课题之一。这个课题唤起我对儿时学校生活的记忆,引导我关注儿童生存的校园微观生态,聚焦学童中的欺凌现象。当时,我国有关这种现象及其干预的研究才刚刚兴起,似乎仅有山东师范大学张文新教授领导的一个团队在开展这方面的研究工作。[1] 我在综述他们的研究成果基础上,就"校园欺凌"的界定提出了不同看法,在基础教育改革与发展研究所2002年7月举办的"基础教育改革与发展新视野论坛"国际会议上,做了题为"中国校园欺侮现象及反欺侮研究"的大会发言。我主张从受欺凌者心理感受的角度来界定"校园欺凌",遭到一位同事的质疑,却引起与会日本学者的浓厚兴趣。次年,我应日本神户大学邀请,参加"日本与世界消除校园欺凌"国际研讨会。我以自己在无锡市扬名中心小学所做的"学会关心"研究为基础,撰写并提交参会论文《学会体谅:中国学校一种反欺侮对策》。此文所描述和分析的从受害者心理感受入手的欺凌干预对策,有别于西方校园盛行的

---

[1] 武建芬.儿童对欺负的界定与 Olweus 欺负问卷中文版的修订研究[D].济南:山东师范大学,1999;张文新,武建芬,K. Jones Olweus. 儿童欺负问卷中文版的修订[J].心理发展与教育,1999(2):8—12,38;张文新,武建芬,程学超.儿童欺侮问题研究综述[J].心理学动态,1999(3):37—42;鞠玉翠.学生欺负问题及其干预的研究——采用行动研究法在一所小学中的实践[D].济南:山东师范大学,2000;张文新,谷传华,王美萍,Kevin Jones.中小学生欺负问题中的性别差异的研究[J].心理科学,2000(4):435—439;张文新.关注中小学生的欺负问题[J].山东教育,2000(34):4—8;张文新.学校中的欺负问题——我们所知道的一些基本事实[J].山东师范大学学报(人文社会科学版),2001(3):3—8;173;王美芳,张文新.中小学中欺负者、受欺负者与欺负-受欺负者的同伴关系[J].心理发展与教育,2002(2):1—5;张文新,王丽萍,宫秀丽,武建芬,张坤.儿童对待欺负问题态度的研究[J].心理科学,2002(2):226—227;张文新.中小学生欺负/受欺负的普遍性与基本特点[J].心理学报,2002(4):387—394;鞠玉翠,张文新.学生欺负问题的一项干预研究[J].中学教育,2003,8(20):14—16,31.

欺凌干预范式,因而受到重视,被日本学者土屋基规收入他与英国学者史密斯(Peter K. Smith)等人2005年合编的《打击欺凌的国家——日本及世界各国学校为解决欺凌问题采取的对策》一书。[1]

巧合的是,2006年日本文部科学省为了更加精确地统计各地发生的校园欺凌事件,重新界定"欺凌"概念,由欺凌者角度改为从受欺凌者角度来定义"欺凌",特别强调,只要某人遭到来自与其有一定关系者的心理的和物理的攻击而感到精神痛苦,就算是欺凌。[2] 这种改变,启发并鼓舞着我继续关注儿童对欺凌的看法。我们在上海对小学二年级学生做了一项深度访谈研究,发现他们心目中的"欺负"大不同于成年人持有的"欺凌"概念。[3] 这个发现促使我认真回想自己从小到大欺负人以及受人欺负的种种经历。我从自己对欺负的态度和感受的变化中,感觉到个体对于什么是欺凌的判断可能存在年龄特征,并且可能存在一种相当稳定的发展趋势。[4] 于是,我申请了一项国家社会科学基金课题,通过实证研究来检验儿童欺凌判断发展的这一假设。本书的前几章将报告这方面的研究成果。

然而,随着课题研究的开展和深入,问题的复杂性逐渐显现。我们发现,问卷调查对象的欺凌判断与欺凌事件卷入者的欺凌判断颇为不同。特别是在青少年学生当中,一旦发生疑似欺凌的伤害事件,无论是欺凌嫌疑人,还是可能受害者,甚至现场目击者,他们对于该事件是否确实属于欺凌的判断都会与他们的自我认知或自我形象发生纠缠。他

---

[1] 黄向阳.中国の学校にぉけ「いじめ」対策:思いやりの気持さを身につける[C]//土屋基规,P. K. スミス,添田久美之,折出健二.いじめととりくんだ国々——日本と世界の学校におけるいじめへの対応と施策,ミネルヴァ書房,2005:123—136.
[2] 文部科学省初等中等教育局児童生徒課,国立教育政策研究所生徒指導・進路指導研究センター.平成18年以降のいじめ等に関する主な通知文と関連資料[EB/OL]. (2013-06-12)[2016-03-14]. https://www.mext.go.jp/ijime/detail/__icsFiles/afieldfile/2013/06/12/1327876_01_2.pdf.
[3] 黄向阳,顾彬彬,赵东倩.孩子心目中的欺负[J].教育科学研究,2016(2):12—19.
[4] 黄向阳.欺负与反抗:个人的经历[J].中国德育,2016(6):19—24.

们出于维护正面自我形象的动机，会在内心做出否认欺凌的判断。不但欺凌嫌疑人否认自己实施了欺凌，旁观者否认自己目击了同伴欺凌，出乎意料的是，连受害学生也否认自己遭受了欺凌。即使他们不得不做出肯定欺凌的判断（承认自己实施了或遭受了或目击了同伴欺凌），也会竭力维护正面的自我形象，而在内心将过错归咎于对方，并且在这种推卸责任的自我辩护中不断地在心底贬低和丑化对方。所以，疑似欺凌不仅导致受害者对施害者乃至旁观者的憎恶和仇恨，也触发并加深施害者及袖手旁观者对受害者的厌恶和敌意。关系如此恶化下去，最终会导致真实的欺凌。本书中间几章将运用认知失调理论和自我一致理论解释这一从疑似欺凌到确实欺凌的演变过程。

阻止疑似欺凌演变为确实欺凌，关键在于行为干预，更在于态度转变。防止欺凌嫌疑人对受害人的恶意的萌发和蔓延，同时化解受害人对欺凌嫌疑人的怨仇，在此基础上才有可能改善双方对彼此的态度，恢复正常的同学关系。本书最后几章将从这个角度透视传统的道德教育及欺凌劝诫法，评估激进的校园欺凌零容忍政策及欺凌惩戒法；针对欺凌劝诫法的缺陷，推荐一种不触发欺凌嫌疑人恶意的欺凌调解法；针对欺凌惩戒法的风险，推荐一种化解欺凌受害人怨恨的拆拼制合作学习方式。

本书以我与阿伦森（Elliot Aronson）教授的学术对话作结。阿伦森是美国著名社会心理学家，也是拆拼制合作学习方式的发明者。他曾经不受待见，饱受校园欺凌，却反对激进的欺凌零容忍政策，反对动辄惩罚校园欺凌者。他有一部题为《不让一个人生恨》的著作，专门分析美国一起高中生因备受欺凌而报复同学和老师的校园枪杀案。阿伦森认为，美国校园欺凌与暴力盛行，其根源在于美国校园排他性竞争的文化和氛围，因而极力推荐拆拼课堂这种没有失败者的学习方式，通过结构化的合作学习化解校园欺凌当事人之间的恩怨，最终营造一种无人生恨的课堂氛围。[1] 此书已翻译成中文出版，可惜更名为《不让一个孩子受伤害》。[2] 为了弥补这个缺憾，本书取名"无人贻恨"，以承阿伦森之志，并向这位温良而勇敢的智者致敬。

在此也向瑞典心理学家皮卡斯（Anatol Pikas，1928—2021）教授致敬。他是校园欺凌干预研究的鼻祖，研发出一种充满创意和善意的欺凌调解法，不责备也不惩罚欺凌者，却可抑制其恶意，唤醒其善意，从而引导其自动地改过自新，成为友善对待同伴的孩子，并且最终使受害学生免于伤害、恐惧和仇恨。然而，皮卡斯发明的方法在英语国家遭到抄袭、剽窃和糟蹋，他本人坚持自己发明的方法不走样，抵制一切违背其基本精神的修正和改造，因而在西方研究校园欺凌的学术圈颇受冷遇，甚至遭到排挤。本书尝试以阿伦森的理论阐释皮卡斯方法的操作程序、基本精神和工作原理，以此表达对皮卡斯这位刚刚谢世的学者深深的敬意。

衷心感谢上海教育出版社袁彬副总编辑对本书出版给予的鼓励、关心和支持，感谢董洪编辑的宽容、耐心、细致，为本书陈述质量的改善提出了大量专业建议。本书虽为一人所著，却吸收了国家社会科学基金项目"儿童欺凌判断发展研究"课题组大部分成果，感谢课题组全体成员以及接受本课题调查和试验的全体师生。特别感谢那些信任并邀请我担任欺凌干预顾问或调解员的学校、学生、学生家长，感谢那些写信或者通过互联网向我坦陈校园欺凌经历的受害者、施害者和目击者。

---

[1] Aronson, E. Nobody Left to Hate: Teaching Compassion after Columbine[M]. W. H. Freeman and Company, 2000.
[2] 埃利奥特·阿伦森. 不让一个孩子受伤害[M]. 顾彬彬, 译. 上海：华东师范大学出版社, 2019.

很遗憾,出于谨慎,未给一些急切的求助者回复切实的建议;出于学术伦理,不能泄露研究时获得的许多真实信息;为了保护当事人,甚至不能不在书中匿名使用真实案例,但不妨将此书视为另一种真诚的回复、交代和感激。

第一章

学童欺凌历史纵览

第一章
学童欺凌历史纵览

同学间的欺凌是一个令人难堪的话题，人们一般不会轻易触碰。发生欺凌了，欺凌者避而不谈，受欺凌者避而不谈，甚至连旁观者也避而不谈。久而久之，人们就淡忘了，仿佛什么事都没有发生。于是，这类不堪回首的往事就慢慢湮没在个人和群体的记忆中。比如，要不是借助智能手机的方便，通过同学微信群联系上了一位多年失联的发小，我会一直活在对中学时代的美好印象中。

我从11岁起就和陆同学一起住校读初中。还依稀记得，开学没过多久，他就悄悄卷铺盖回家了。傍晚时分，他又抹着眼泪被家人撵了回来。这件事成了同学间一个长久的笑谈。三十多年后，我在老同学微信群里重提这件旧事，引起同学们一阵哄笑。陆同学私信给我，说他当年不想上学并非想家不习惯住校，而是因为被人欺负了。

原来，他并没有真正住校。每到下午放学，他就偷偷溜回家，找村里的小伙伴玩，第二天一大早再赶回学校上课。这么溜号当然会被老师发现，受到批评教育，但他屡教不改。为了帮助他改正错误，同时也是为了防止其他人学坏样，班主任卫老师特地召开班会，让陆同学当着全班的面做检查，其他同学则要发言表态。卫老师说这是"批评和自我批评"，在陆同学眼里却是一场"批斗会"。他害怕极了，决心痛改前非。

可是他还没来得及挽回颜面，坏事又惹上门了。有一天，坐在前排的李同学发现自己的一本作业簿不见了，回头就问陆同学："是不是你拿了我的本子？"陆同学表示没拿。李同学不相信，非要搜查陆同学的书包。陆同学断然拒绝。李同学找来同村同姓的两位同学将陆同学围住，逼他交出本子。陆同学为了证明自己清白，只好让他们搜查。他们翻遍陆同学的书包，也没有找到他们想要的东西。他们悻悻散去，没有任何表示。不久，李同学从自己的书包里找到了丢失的本子。但他并没有向陆同学道歉，更没有向大家澄清陆同学并没有偷他的东西。这令陆同学感到愤怒和委屈,于是他伤心地挑着被褥草席回家了。

陆同学表示,他至今不能原谅那几个冤枉他欺负他的同学。他特地对我细说这段经历,似乎还另有用意。我感觉,他是在友好而委婉地提醒我不要再把他初中逃学那段往事当笑话讲出去。这令我震惊。多年来,我一直以为自己很幸运,少年时代生活在一个团结友爱没有欺凌的班集体里。我也一直认为自己是一个正派而谨慎的人,从懂事起就没有欺负过同学。几十年后,我才意识到,即使在一个团结友爱的班级里,也难免发生同伴欺凌事件;即使是一个自己及他人心目中的好人或好孩子,也会干坏事欺负人,甚至像我这样,一把年纪了还那么自以为是,拿令人尴尬的陈年旧事取笑老同学。

人有通过选择性遗忘进行心理建设的本事。我们尤其擅长将自己做过的不好的事遗忘,或者通过自我辩护将其合理化。这样我们才能永远坚信自己是好人,从未干坏事,相信自己是聪明人,永远不会干蠢事,从而泰然自若地向前进,继续自以为是地做好人,做聪明人。遗憾的是,我们并不能彻底遗忘那些令自己不安的经历,而只是在日常生活中不再想起,或者说,只是建设性地忽视它们。这些潜藏于心底的不堪记忆,就像装在潘多拉魔盒里的众神给的"礼物",一旦释放出来,就有可能挑战我们长期坚守的正面自我形象。

智能手机、视频技术以及网络社交平台就是打开潘多拉魔盒的钥匙。它打开了阻断痛苦回忆的闸门,也揭开了掩盖现实的盖子,使历史与现实交汇在一起。学童间的欺凌不再是一种隐秘的现象,也不再是不值一提的小儿科。它从口耳相传变成文字报道,进而变成事发现场的视频直播和反复重播。一个个令人发指的校园欺凌视频,冲击着人们的视觉和认知,在引起公众围观、评议、谴责的同时,也引发了人们对自己校园生活的追忆和反思。那些仿佛已经遗忘的受人凌辱的往事涌上心头，历历在目。这给公众造成了一种错觉，以为学童间的欺凌是现代学校难以根治的一种顽症。殊不知，此乃历史久远的现象，自出现之日起就从未消失过，只不过在自媒体时代，人们更容易切身地感知它的存在而已。

历史记录中的学童欺凌现象如同个人记忆里欺负人的经历，零碎而含糊，甚至被有意回避，故意忽视。事实上，历史记录向来是强者的叙事，非但不屑于记载弱者遭受凌辱的事实，反而刻意忽视之，回避之，淡化之。学童欺凌记录鲜见于宏大叙事的经典文献和理论大说，而散见于私人日记和回忆录，也反映在各种不登大雅之堂的传奇故事和民间小说之中。诸如此类的东西不入流，保存至今者甚少。本章只能利用手中掌握的有限资料，仅就学童欺凌史尝试作镜像式勾描，系统的梳理则有待于更进一步的历史考察。

一、学童欺凌是一种久远的历史存在

学童欺凌早已有之，自古有之，而并非当代学校独有的顽症或毒瘤。韩国有学者通过文献分析，将校园欺凌的历史追溯到了英国的维多利亚时代、日本的江户时代、朝鲜的王国时代。[1] 实际上，校园欺凌或学童欺凌的历史更为久远。这种现象在西方至少可以追溯到古罗马时期，从西塞罗（Marcus Tullius Cicero，前106—前43）、[2]塞涅卡（Lucius Annaeus Seneca，约前4—后65）、[3]小普林尼（Gaius Plinius

---

[1] Koo, H. A Time Line of the Evolution of School Bullying in Differing Social Contexts[J]. Asia Pacific Education Review, 2007, 8(1): 107—116.
[2] 西塞罗. 西塞罗的书信[M]//西塞罗，塞古都斯. 西塞罗论友谊、论老年及书信集·小普林尼书信集. 梁玉兰，等，译. 北京：北京理工大学出版社，2014：67—152.
[3] 塞涅卡. 塞涅卡道德书简：致鲁基里乌斯书信集[M]. 刘晴，译. 北京：社会科学文献出版社，2021.

Caecilius Secundus,约61—约113)[1]等人的书信中可以寻得蛛丝马迹。马提雅尔(Marcus Valerius Martialis,约40—约104)的铭文诗,以及尤维纳利斯(Decimus Junius Juvenalis,约60—约140)的讽刺诗,大量提及罗马权贵及其子弟对贫弱者(包括学生和少儿)的虐待、嘲讽和羞辱。凡此种种虽然还算不上是学童欺凌的直接证据,但足以表明类似的行为在古罗马并非闻所未闻。

从流传至今的古罗马君王轶事或传记中可知,连权贵的孩子也不免遭受同伴欺凌。史传,罗马帝国暴君黑利阿迦巴鲁斯(Heliogabalus,204—222)小时候就曾遭到同伴的羞辱。这个小男孩因为母亲生活放荡与他人有染,成了罗马贵族圈里嘲笑取乐的对象。据《罗马君王传》记载,黑利阿迦巴鲁斯的一名学伴(a condiscipulis)戏称他为"瓦里乌斯"(Varius),拐弯抹角辱骂他是"杂种"(varium semen),是"婊子养的"。诸如此类的羞辱练就了黑利阿迦巴鲁斯的厚脸皮、黑心肠,以致他当上罗马皇帝之后心态扭曲,行为乖张,变着法子捉弄、羞辱和折磨那些当年辱骂他的权贵。黑利阿迦巴鲁斯曾经让人给宴会大厅安装可翻转的吊顶,他装模作样地大宴宾客,却突然下令翻转吊顶,玫瑰、紫罗兰等各种花瓣如瀑布般倾泻而下,淹没了毫不知情的来客。黑利阿迦巴鲁斯和他母亲高高在上,幸灾乐祸地看着这帮当年羞辱他们的家伙在花海中挣扎,任由那些爬不出花海的宾客窒息身亡。[2]"黑利阿迦巴鲁斯的玫瑰"在西方向来被作为君王荒淫残暴的象征,它又何尝不是一出同伴欺凌的悲剧呢?

---

[1] 塞古都斯.小普林尼的书信[M]//西塞罗,塞古都斯.西塞罗论友谊、论老年及书信集·小普林尼书信集.梁玉兰,等,译.北京:北京理工大学出版社,2014:153—334.
[2] 埃利乌斯·拉普里狄乌斯.安东尼努斯·埃利奥伽伽鲁斯传[M]//埃利乌斯·斯巴提亚努斯.罗马君王传.谢品巍,译.杭州:浙江大学出版社,2017:275—305.

此事虽被古罗马史家记录在案,却因太过离奇而令人生疑。现代学者倾向认为,当时的史家出于义愤而将民间编排黑利阿迦巴鲁斯荒淫残暴的轶事写入了这个暴君的传记。添油加醋的轶事确实不足为凭,但还是间接地反映了传记作者所处的时代存在学童欺凌现象。古罗马学童欺凌的确凿证据,就我所见,首见于神学家奥古斯丁(Aurelius Augustinus,354—430)的《忏悔录》。奥古斯丁年少时就读于雄辩术学堂(the rhetor's schoolroom),目睹过学长嘲笑、戏弄和羞辱新来的同学。他对自己袖手旁观并且巴结欺凌者感觉羞愧,久久不能释怀,以至于成人之后著书立说,向天主忏悔,请求天主宽恕其罪,以求自己良心安宁。

教例 1-1　奥古斯丁的忏悔[1]

我在雄辩术学堂名列前茅。尽管我沾沾自喜,因骄傲而趾高气扬,可是,主啊,你知道,我比那些老是搞破坏的"捣乱鬼"(他们的名字阴险、邪恶,但依然是世故的一种标志)克制得多,并且坚决地与他们保持距离。我因为并不是他们中的一员而带着一种厚颜无耻的尴尬生活在他们中间。我和他们一起打发时间,偶尔也喜欢和他们交朋友,但我常常对他们的所作所为感到不寒而栗,就是说,他们傲慢无礼,常常祸害新生的谦逊。他们未被招惹就攻击他人,戏弄他人,然后满足他们恶毒的乐趣。没有什么行为比这更像恶魔的活动了。所以"捣乱鬼"是他们绝配的名字。当然,当黑暗与欺骗之灵用他们喜欢嘲弄和蒙骗别人的行为来嘲弄和引诱他们时,他们自己首先就被捣乱和败坏了。

---

[1] Augustine. Confessions,Volume I: Books 1—8[M]. Translated by Carolyn, J.-B. Hammond. Loeb Classical Library 26. Cambridge, MA: Harvard University Press,2014:3—6.

无人贻恨：
校园欺凌判断与干预

在正式出版的《忏悔录》中文译本中,这段忏悔中甚至出现了"欺侮"一词。[1]其实,奥古斯丁所在时代并没有"欺侮""欺凌"之类的用词,这不过是以今度古的意译。然而,依照现代"欺凌"概念及相关认定标准,奥古斯丁所描述的事算得上是严格意义上的校园欺凌了。首先,它呈现了一种力量不平衡的同学关系,学长以熟欺生,依仗他们在雄辩术学堂的优势地位,攻击、嘲笑、戏弄那些初来乍到的胆怯新生;其次,学生们的行为对新生造成了伤害,所谓"祸害新生的谦逊"其实就是委婉地表示他们伤害了新生的尊严;其三,学长故意以新生的痛苦和难堪取乐,是蓄意伤害新生;其四,新生是无辜的受害者,他们并没有招惹、冒犯、激怒学长,无缘无故受到攻击和羞辱。所以,说奥古斯丁所记属于校园欺凌并不为过。

奥古斯丁的描述相当难得地提示了构成校园欺凌的基本要件,还道出了旁观者面对同伴欺凌的处境。他在忏悔中提到自己目睹学长欺凌新生时内心的恐惧,提到自己不愿意与欺凌者同流合污却又不得不与之相处的尴尬,还提到了自己怯懦,违心巴结欺凌者甚至与之结交的耻辱。这种耻辱并不因时过境迁而消减,反而因为长大懂事而加重,以至于奥古斯丁不得不通过向天主忏悔,来缓解良心的折磨。可惜的是,奥古斯丁的忏悔并不彻底,到最后他不是在反省自己,而是在批评欺凌者,说他们在欺凌他人时已经先摧毁和败坏了自己。正如后面将要分析的那样,这其实是欺凌旁观者面对认知失调进行自我辩护的一种常用策略。

如果说奥古斯丁是个旁观者,目睹过同伴欺凌的话,那么,利巴尼乌斯(Libanius,314—393)就是个受害者,遭受过同伴欺凌。这位修辞

---

[1] 奥古斯丁.忏悔录[M].周士良,译.北京:商务印书馆,1996:39.

第一章
学童欺凌历史纵览

大师在自传中说,他年少时去雅典求学,还没有见着他想拜见的老师,就遭到丢番图(Diophantus,约246—330)一帮弟子的拦截和追捕。他最终被逮住,关在一间木桶大小的牢房里。无论利巴尼乌斯怎么嚎叫哀求,他们都不予理睬。直到利巴尼乌斯答应做丢番图的弟子,并且发誓忍受当下这种处境,他们才开门放他出来,让他去听丢番图以及另外两名智者讲课。[1] 利巴尼乌斯对此耿耿于怀。从他的一封私人信件中可以得知,他在拜师之前遭到禁锢并不是一种奇葩的入会考验仪式,也未经丢番图授意,而是丢番图的弟子私下恶意为之。[2] 尤纳庇乌斯(Eunapius,347—414)在《智者派的生活》中也确认,利巴尼乌斯确实遭到丢番图学生的追捕和禁锢,并因此结缘丢番图,成为他门下一名弟子。[3]

总的来说,西方古代早期学童欺凌的资料相当稀缺。上述两例,可谓在古籍里大海捞针所得。但是,到了东罗马帝国时期,学童欺凌的记录因为拜占庭圣徒传记而明显多了起来。有人从圣传中得知,埃德萨主教圣西奥多(St. Theodore of Edessa,约9世纪)5岁时被送到老师那里学习阅读和写字。过了两年,这个男孩仍不能读写,不但遭到老师和父母训斥,还遭受同学的耻笑。君士坦丁堡大主教圣安东尼(St. Antony Kauleas,829—901)心有戚戚焉,决定不让他那5岁的儿子上学,免得遭到其他男孩的奚落和嘲弄。其实,苦修在中世纪渐成一种宗教传统,忍受苦难和痛苦备受推崇。著名修道士圣日耳曼斯

---

[1] Libanius. Autobiography and Selected Letters, Volume I: Autobiography. Letters 1—50[M]. Edited and translated by Norman, A. F. Loeb Classical Library 478. Cambridge, MA: Harvard University Press, 1992: 73—75.
[2] Libanius. Selected Letters of Libanius from the Age of Constantius and Julian[M]. Translated with an introduction and notes by Scott Bradbury. Liverpool: Liverpool University Press, 2004: 197—198.
[3] Philostratus & Eunapius. The Lives of the Sophists with an English[M]. Translation by Wilmer Cave Wright. London: William Heinemann, 1921: 519.

(Germanos Maroules,1252—1336)少时据说是个勤勉好学的学生,却因此遭到同伴的排挤、嘲笑甚至肢体上的欺凌。他默默地忍受同伴的欺凌,这在当时被称颂为圣人的美德。[1] 中世纪欧洲如此看待遭受欺凌,那时那里的同伴欺凌有多么严重就不难想象了。

二、传统私塾和学馆中的学童欺凌现象

我国向有"建国君民,教学为先"之传统,设学施教、化民成俗数千年,历史更为久远。然而,我国古代学童欺凌的记载鲜见于流传至今的古籍,有据可查者暂可追溯至唐代。张读(834/835—882)编撰的《宣室志》中就收录了一则涉及同伴欺凌的故事。

教例1-2 闾丘子[2]

荥阳的郑又玄是个出身名门的少年,家住长安,自小常与邻居闾丘氏的儿子一道在师氏那里读书。又玄性情骄横,仗着自家门望清贵,而闾丘子家境贫寒身份低微,经常作奸使坏戏弄闾丘子,出言不逊辱骂他。"闾丘家小子,你和我就不是同类,却和我一起读书。我不说你,你心里难道就不惭愧么?"每当又玄这样出言相讥,闾丘子都面有愧色,默不作声。忍了几年,闾丘子就得病死了。

又过去十年,郑又玄科举及第,继而被派到唐安郡当参军。到任之后,郡守命他在唐兴兼当县尉。有个与之同住的人,名叫仇生,是一个大富商的儿子,年届二十,家财万贯,整日与又玄厮混。又玄屡屡接受仇生的馈赠,常常与他吃喝游玩。但因仇生不是士

---

[1] Laes, C. Children and Bullying/Harassment in Greco-Roman Antiquity[J]. The Classical Journal, 2019, 115(1): 33—60.
[2] 改编自:张读,裴铏. 宣室志·裴铏传奇[M]. 上海:上海古籍出版社,2012:62.

族出身,又玄从不以礼相待。有一天,又玄大摆酒宴请客,仇生却未受邀出席。临到酒都快喝完时,有人对又玄说:"仇生与你同住,宴会不请他参加,岂不让他怪罪了?"又玄心中有愧,立刻让人去叫仇生。仇生来到席间,又玄递给他一大杯酒要他喝了,仇生推说喝不了满杯,坚持不喝。又玄骂道:"你个市井小民,只知道锥刀之利,为什么僭居官位!我与你为伍,是你的幸运,竟敢不吃我敬的酒!"又玄起身振衣,仇生羞愧难当,低着头退出了宴席。接着,他辞去官职,闭门谢客,不再与人来往。没过几个月,仇生就病死在家中。

第二年,郑又玄被罢免了官职,侨居在濛阳郡的一座佛寺里。郑一向好黄老之道。当时有个吴道士,以道艺闻名远近,在蜀门山结庐隐居。又玄敬佩其风范,于是驱车进山,前往拜访,请求入门做其弟子。吴道士说:"既然你向往神仙,那就当且居山林,无为汲汲于尘俗间。"又玄欣然感激道:"先生真是有道之人,我愿意跟随于你左右,可以吗?"道士答应,将他留了下来。总共过了十五年,又玄逐渐有所懈怠,吴道士说:"你不能坚守心志,光居住于山林,是没有用的。"

又玄辞别道士,离开山林。他在濛阳郡吃吃喝喝,游玩了许久,然后东入长安。中途停宿褒城,入住旅馆,遇见一个十来岁的童儿,相貌十分俊秀。又玄与他攀谈。童儿见多识广,能言善辩,又玄自愧不如。不一会儿,童儿问又玄:"我与你有多年交情,你知道吗?"又玄说:"不记得呀。"童儿说:"我曾经生于闾丘家,住在长安城,与你一同求学于师氏。你认为我寒贱,还说我与你不是同类。后来,我作了仇家的儿子,在唐兴当县尉,与你同住。你接受过我很多金钱馈赠,可你从不以礼待我,骂我是市井小民。你这人为什么这么骄横傲慢呢?"又玄大惊,他跪了下去,一拜再拜,求饶道:"那确实是我的罪过呀。可是,你又不是圣人,怎么知道三生三世的事呢?"童儿说:"我是太清真人。上帝因为你有道气,所以让我下凡人间,与你为友,传授你真仙秘诀。可是你性情骄傲,所以终未得道。唉,可惜呀!"话音刚落,童儿就忽然消失不见了。又玄随即恍然大悟,愧恨交加,最后抑郁而终。

张读整理和辑录的《宣室志》是一部志怪小说集,其中所述郑又玄欺凌同学和同僚的故事未必是真实事件。但是,传奇小说反映现实。隋唐以降,思弘德教,延集学徒,崇建庠序,京邑达乎四方,皆启黉校。不但中央及地方大办官学,民间私学也颇为兴盛,书院蒙学皆规模空前。[1]但凡童子求学一师,同学一室,共戏一处,就不免发生同伴欺凌。因此,可将张读在《宣室志》中讲述的闾丘子传奇故事视为唐代欺凌现象的一个缩影。这个故事不仅讲述了私塾中的学童欺凌(校园欺凌),还讲述了官场欺凌(职场欺凌),比奥古斯丁讲述的欺凌更为复杂多样。就学童欺凌而论,上述两则古例也颇有不同。教例1-1显示古罗马雄辩术学堂中学童"以熟欺生"现象,而教例1-2描述古代中国私塾中学童"仗势欺人"现象。前者基于学生在学校中的个人地位或人际关系,后者依仗学童的门庭出身或社会地位。教例1-1有对欺凌者的指责和诅咒,而教例1-2则是在讲因果报应。诸如此类的区别颇有意思。

与西方相似,我国古代也难寻学童欺凌的直接证据。宋明以来,蒙学进一步发展,然而欺凌的文字记录却依然不多。也就是说10世纪至

---

[1] 孙培青.隋唐五代教育研究[M].上海:上海教育出版社,2022:9—12,119—514.

第一章
学童欺凌历史纵览

17世纪,学童欺凌的直接记录阙如。不过也有一些反证,如明代理学家、教育家吕坤(1536—1618)在《社学要略》中提出学中该有"五禁",其第五禁即为"禁有恃凌人",若有犯者,"比读书加倍重责";[1]明末清初的教育家颜元(1635—1704)在博野县杨村处馆时,制定了《习斋教条》(1675),其中特列"尚和睦"一条,指出"同学之人,长幼相敬,情义相关,最戒以大凌小,以长欺幼",违反者将"重责";[2]其后石成金在《传家宝》"学堂规条"中也言"不许以大欺小,不许排挤殴打"。[3]相信正是因为私塾中存在这种现象,所以才会有相应禁令。

18世纪以来,随着世情小说的发达,描绘学童欺凌现象的例证也多了起来。如清人李绿园(1707—1790)在教育问题小说《歧路灯》中设计了这样一段对话。谭孝移问他的舅爷王春宇家里孩子(名为宋隆吉)读书没有,舅爷答道:"街头有个三官庙,是众家攒凑的一个学儿,他娘怕人家孩子欺负他,不叫上学,我没奈何,自己教他。"[4]王家不似谭家,可以设置家塾、独自延师,而众人延师、分摊费用的朋馆,入学的孩子自然也多,情况难免复杂一些,故事里做母亲的爱惜自己的骨肉,不让孩子去上学,一方面表明私塾里确实有欺凌现象,另一方面表明家庭对孩子的溺爱,有因噎废食之嫌。

同样诞生于18世纪的《红楼梦》中也曾提到私塾里的欺凌问题。是书第九回中,秦钟、香怜曾向贾瑞控告金荣欺负他们二人。贾蔷也悄悄地告诉宝玉身边最得用的小厮茗烟:金荣在欺负秦钟。后来顽童们打了起来,秦钟、茗烟挨了金荣的毛竹大板,宝玉不干了:"收书!拉马来,我去回太爷去!我们被人欺负了……还在这里念什么书!茗烟,他

---

[1] 吕坤.社学要略[M]//徐梓,王雪梅.蒙学要义.太原:山西教育出版社,1991:54.
[2] 李塨纂,王源订.颜习斋先生年谱[M]//颜元集.北京:中华书局,1987:742—744.
[3] 石成金.传家宝全集(1)[M].北京:线装书局,2008:33.
[4] 李绿园.歧路灯[M].北京:华夏出版社,2012:21.

也是为有人欺负我的。不如散了罢!"闹到最后,金荣磕头赔罪才算完事。[1] 可见,18世纪时传统教育中存有欺凌的现象。

19世纪和20世纪的情况,欺凌例证不仅数量有所增加,类型也开始增多。透过包天笑(1876—1973)、沈宗瀚(1895—1980)、陶钝(1901—1996)、梁实秋(1903—1987)、艾芜(1904—1992)、焦菊隐(1905—1975)和萧军(1907—1988)等人的回忆,不仅可以发现新式学堂存在欺凌现象,也可以观察传统私塾和学馆中的学童欺凌现象。[2]

(一) 以富欺贫

前所举唐代之例,虽可证明当时的教育中有欺凌的事实,可惜不知师氏的教育机构设于何处。究竟是师氏自设,还是设于郑家,闾丘子附读?似乎后者的可能性更大,因为举办一所私塾并非易事,塾师的衣食住行都需要有人承担,而寻常的家庭根本无力独自承担。富裕的家庭则不然,有的家庭只容许自己的子弟或子侄进入,有的偶尔也会容许外姓子弟附读。在这样的私塾中,东家(即出面主持私塾的人)子弟因其特定的经济及心理优势易有欺凌其他附读学生的表现。

戏剧家、天津籍的焦菊隐幼年曾寄读于王氏家馆,学习成绩很好,但是王家子弟却常常欺侮他,遇到的塾师也是势利眼,看不起家穷的小菊隐,故而纵容王家子弟的恶行。当小菊隐向他寻求公道和正义时,不仅得不到,反而遭到责骂,弄得灰心丧气,无论如何都不肯再去王氏家馆了。家里无奈,只好托人改送他去新式小学读书,不意开了新天地。[3] 河南方城籍的鲁开泰早岁在金氏家塾附读过,但"只读了大半

---

[1] 曹雪芹.红楼梦[M].北京:人民文学出版社,2000:98—105.
[2] 张礼永.教育欺凌的历史镜像学考察[J].教育发展研究,2019(22):77—84.
[3] 焦菊隐.终身受益的小学教育[M]//粉墨写春秋.天津:百花文艺出版社,2008:4.

年,因总受金家兄弟欺侮,便辍学了"。[1] 乡间不似城里,没有新式学校与私塾相争,受不了欺凌,只能停止学业,岂不可叹。这些都是传统教育下学生间以富欺贫的表现,这种情况,至今仍能耳闻目睹。

(二) 倚强凌弱

或许有谓,上述情况的产生与塾师的关系很大,倘若塾师能秉公处理,或许不致如此,然此说亦有可论之处。

沈宗翰 8 岁至 11 岁附读于邵氏家塾,学生不多,只邵家二子与宗翰,邵家长子大他 8 岁,且秉性忠厚,待他很好,次子大他 2 岁,刁顽强悍,宗翰常受他的欺凌。某年中秋,次子强令宗翰吞下一味外壳状似桂圆的药丸,不久即腹痛而泻;又一次清晨,四下无人,次子拿出小裁纸刀,想切断宗翰的手指,对此宗翰自然极力反抗,然年幼 2 岁,力不能胜,左手小指第一节被刺伤,刀上有墨,故伤处既有刀痕,又有墨迹,年老之时其迹尚存。邵家家长并不是不讲理之人,对于次子的恶行也从不纵容,"一经查悉,必予痛打",但痛打之后,次子的报复也重,所以在邵家附读 4 年,宗翰"精神上深受威胁",他弟弟后来也去附读,比次子要更小一些,结果"受欺侮更甚"。

此例与他例不同,邵氏家塾的塾师乃是宗翰之父,既是自己的儿子,为父者自然有保护之责,而且父子二人是同居一室、抵足而眠,对于孩子平白无故受此欺凌不可能不知晓,然不知为何隐忍不发,让宗翰兄弟二人度过了一段悲伤的童年,甚至到晚年之时每想到于此"犹有余痛"。[2] 此例为倚强凌弱的表现,当然其中也有以富欺贫的因子。

---

[1] 鲁开泰.忆"私塾"[M]//方城文史资料(第 9 辑).方城:编者刊,1992:21.
[2] 沈宗翰.沈宗翰自述·克难苦学记[M].合肥:黄山书社,2011:35—36.

（三）以大欺小

私塾是个别化的教学形态，没有采用年级编制，学生程度不同、年龄也不一，非常容易造成学生间以大欺小。

苏州籍的近代小说家包天笑读的第一个私塾只有两个学生，一个是他，当时虚5岁，实则4岁整，另一个是他家对面的赖家大少爷，大约13岁。先生很爱护小天笑，爬不上椅子时先生便抱他上去，想要小便时便引他去庭院壁角，但先生是近视眼，有时照顾不到。而天笑的学长及世兄赖大少爷常避了先生之眼，作弄小天笑，如把水盂里的水洒在他身上，又如把湿纸团装在笔套管里，做了纸弹射他。天笑生性懦弱，怯不敢响，就任由他欺凌。直到一天晚上临睡时，母亲给天笑脱衣服发现他脖子后面有好多小纸团，就问从何而来，这才如实相告。母亲不禁有所埋怨道："湿纸团塞在头颈里不难过吗？回来又不告诉人。"后来此事被天笑的祖母知晓了，祖母很生气，便和赖大少爷的母亲说了，对方把她的儿子骂了一顿，又责令他来赔罪方才结案。[1]

家塾之中，年幼学生尚不免受到欺凌，那众人合设的朋馆与塾师自设的散馆之中发生欺凌的概率就更大了。特别是散馆之中，塾师为了增加收入，会尽可能多收学生。学生多，是非也会多。安徽合肥东乡籍的郑正在私塾读书时就曾"亲眼看见并亲身遭受过大学长欺压同学的事实"。[2]可惜所见及所历事实究竟怎样，作者或许不愿再面对故而未展开。

河北辛集的儿童会唱一首特殊的童谣，辞曰："大学长，二学文，三尿壶，四尿盆。"[3]童谣本是深受儿童喜爱的，但这首并不是所有的儿

---

[1] 包天笑.钏影楼回忆录[M].上海：上海三联书店，2014：9.
[2] 郑正.从一个书房看旧社会的私塾教育[M]//中国人民政治协商会议全国委员会文史资料委员会，编.文史资料选辑（第142辑）.北京：中国文史出版社，2000：186.
[3] 赵志渭.束鹿私塾[M]//辛集文史资料(3).辛集：编者刊，1990：76—77.

童都唱,而是在私塾中受了年长学生欺凌的年幼学生才唱。约定俗成的规矩,年幼学生要拿些零食"孝敬"年长学生,还要无条件听从年长学生的派遣和支使。稍不顺他们的心意,就会受到欺凌,有时向塾师告状,反而会遭到责备,于是将私塾里爱欺凌年幼学生的学长视为与尿壶、尿盆同类,通过歌谣以排解心中的不满之情,正所谓"心之忧矣,我歌且谣"(《诗经·园有桃》)。

其实,倘若塾师学规谨严,学生轻易不敢造次;倘若塾师学规不严,或有所偏爱,就容易造成学生间以大欺小的现象。

(四)以亲欺远

塾师的偏爱及不公,在"山药蛋派"代表、作家赵树理笔下亦有充分的描绘。王继圣家与塾师家有拐了几道弯的亲戚关系(先生的曾祖奶奶是继圣祖奶奶的姑姑),加上继圣衣裳穿得好、手脸洗得白、小嘴又会说,先生对他是言听计从,只要他一告状,其他学生就得挨打,如他告诉先生:满土踢了我一脚,那满土就得挨十板;喜宝骂了您一句,喜宝就得挨十五板,甚至达到了"说叫谁早上挨,谁就等不到响午"的地步。先生是本村人,在家伺候老婆的时候多,到学校的时候反而少。先生不在,继圣为王,谁敢不顺他,小巴掌就会打到谁的脸上去。挨打当然是痛的,可是继圣的小巴掌与先生的木头板相比,力道还是轻得多,同窗们可不想挨木头板,只好忍气吞声挨他的小巴掌。算下来,挨先生打的还没有挨继圣的多。继圣从前在家打顺了手,后来在学校又打顺了手,以为到处都可以一样打,一次打到一个放牛孩子小囤头上,结果还没打到,就被对方扭住胳膊按倒了,吃了次苦头。[1]

---

[1] 赵树理.刘二和与王继圣[M]//赵树理文集(2).北京:人民文学出版社,2005:244.

河南新安籍的吕明月9岁才读书,所入学校名义上是小学,有体操、唱歌等新课程,但偶尔为之,并不经常,先生正书,学生背书,先生检查仍是主体,上厕所要持出恭签,学里仍要祭孔,且先生只有一人,实属新私塾。有次先生不在,吕明月负责维持学习秩序,但有位同学在教室里故意跑来跑去打扰大家,明月制止了几次,对方不仅不听,反而故意顶嘴,甚至把墨水撒在明月的本子上,惹火了小明月,将对方按在地上揍了一顿,方才安分下来。揍的过程中,其他同学没有来拉架,反而拍手称快,这是因为"捣乱分子"是先生的侄儿,其他同学平时没少受他的欺凌。明月此举,自然是惹祸上身,第二天挨了先生一顿痛打,但是明月根本不服气,"先生不讲理!"甚至几十年之后,这认识也没改变。[1]

这些都是学生间以亲欺远的现象,所谓"亲"与"远",是指学生与塾师之间的关系,特别是亲戚关系,有这层关系,即便是拐了又拐的,在讲求人情的传统社会往往容易得到优待。当然后来"亲"与"远"不一定非是亲戚关系,也可能是得宠与否,得到老师宠爱的与得不到老师宠爱的,在班级里的地位似有不同,前者有欺凌后者的可能及表现。

三、近代学校中的学童欺凌现象

近代学校制度自其草创起就对校园欺凌制定了防范和劝诫的程序和规范。1653年,捷克教育家夸美纽斯(John Amos Comenius, 1592—1670)起草了世界上第一部学校章程《创建纪律严明的学校的准则》。其中一条规定:"全体学生都应该尽力和睦相处,任何人都不应欺侮别人。受欺侮人不得报复,而应该通过善意的调解恢复友爱和良好的关

---

[1] 吕明月.岁月流韵[M].新安:内部资料本,2004:41—42.

系。"[1]夸美纽斯要求学校不但告诫学生"不欺侮别人"和"受欺侮人不报复",而且规劝他们"和睦相处"以及"通过善意的调解恢复友爱和良好关系"。这些都是现代学校处理学生欺凌的圭臬,足见夸美纽斯的远见卓识和教育家风范。可是,校园欺凌在近代西方学校并没有真正成为一种校园禁忌。原罪说及救赎论宗教观影响广泛而深远,中世纪学童欺凌的遗风仍在,并且随着学校规模的扩大变得更加严重。

1857年出版的托马斯·休斯(Thomas Hughes,1822—1893)的半自传体小说《汤姆上学记》[2],生动地描述了英国公学中形形色色的恃强凌弱行为,其中包括身体欺凌、言语欺凌和关系欺凌,每种欺凌都花样百出。《汤姆上学记》简直可以说是近代英国校园欺凌"百科全书"。主人公托汤姆·布朗为人正直,性格强悍,而且身体强健,却依然遭到以弗莱什曼为首的一伙校园恶霸的嘲笑、戏弄、漫骂、羞辱、围攻、殴打、鞭笞,甚至被他们架在壁炉边烟熏火燎。汤姆顽强地适应下来,逐渐成为学生领袖,率领同学以暴抗暴,与校园恶霸针锋相对。汤姆一直在努力保护备受凌辱的同伴亚瑟,但病弱的亚瑟终因被弗莱什曼一伙关在冰冷的水井里而病重夭折。劣迹斑斑的弗莱什曼最后被学校开除,但拉格比公学的欺凌现象并不因此消停。《汤姆上学记》揭露英国公学的弊害,对校园欺凌明显持批评和否定的立场,同时又流露出一种无奈、容忍的心态。

《汤姆上学记》生动地描述了英国近代学校许多恃强凌弱的传统或恶习,其中最为奇葩者莫过于学长戏弄、修理新生的入学(入伙)仪式。种种公然实施的所谓"欺凌仪式"(hazing rituals)也见诸现代英美许多

---

[1] 夸美纽斯.创建纪律严明的学校的准则[M]//任钟印,选编.夸美纽斯教育论著选.北京:人民教育出版社,2005:315—348.
[2] Hughes, T. Tom Brown's School Days[M]. Macmillan, 1857.

无人贻恨：
校园欺凌判断与干预

名校新学年开学伊始的"地狱周"，特别是兄弟会折腾人的入会仪式屡屡发生伤害事故，遭到校方取缔打压，却屡禁不止。[1]欺凌新生可谓现代英美中学和大学的一种校园文化。但从《汤姆上学记》可知，这种欺凌文化早在维多利亚时代的英国公学就已经相当盛行。汤姆入学伊始，当天晚上就被弗莱什曼一伙强行罚站，站在餐桌上遭受满屋子高年级学长起哄、取笑、戏弄和折辱。入睡前，汤姆又被弗莱什曼一伙逮住，扔在一张毯子上，做"抛人游戏"。汤姆被抛到了天花板上，膝盖被撞得生痛，而身体下落时他感觉五脏六腑都被抛出来了。汤姆差点大喊把他放下来，但是为了不让弗莱什曼得逞——以看到被捉弄的新生害怕和求饶的样子取乐，他没有喊出口……这种欺凌文化并不因为一次入伙仪式而终结，事实上拉格比公学的学长们一直持有使唤和欺凌新生的特权。汤姆和亚瑟等新来者在平时不但要听命于学长，替他们跑腿，甚至侍候他们日常起居，还得忍气吞声放弃被学长看中的私人物品。可见，同伴欺凌在近代英国公学并非一种异常，而是一种日常，甚至可以说是一种校园文化。新任校长虽然对拉格比公学进行整顿和改革，但是校方按照传统对学生欺凌视如常态，任由学生内部自行解决，仅在欺凌产生严重后果时才予以干涉，最后不得不开除一个劣迹斑斑的校园恶霸。

实际上当时英国人对学校中的同伴欺凌更加宽容。人们常常将校园欺凌看作是人性中自然存在的现象，将经受欺凌看成是磨炼男子气概的一种方式，因此没有人把学童欺凌作为一个不良行为来干预。1862年英国作家是这样定义欺凌的："一般来说，人性中有欺凌的倾向。这种倾向具有如下显著特点，即具有流荡、振荡、飘荡的特性；不稳定的

---

[1] 罗伯特·西奥迪尼.影响力[M].闫佳,译.沈阳：万卷出版公司,2010：94—99.

欲望,跳跃着从一个对象换到另一个对象;但当他们决定了某一对象为欺凌对象后,就会紧紧地跟着,忠实的和执着的去欺凌。它们是这个变化无常的世界所拥有的最不会改变的东西。"[1]据《泰晤士报》1885年4月27日报道,剑桥国王学校一群年长的学生午间休息期间热衷于手挽手以最快的速度冲过学校长廊,以绊倒小同学取乐,致使一名12岁男孩倒地受伤,不治身亡。虽然有人投诉,调查委员会却宣称这类欺凌行为可以是男生学校生活的正常部分,因而将此事定性为意外事故,涉事男生一个也没有遭受处罚。[2] 由此可见,当时英国人普遍认为同伴欺凌在男生当中是一种可以接受的行为。

中英鸦片战争之后,西学东渐,我国出现仿制英国的新式学堂。特别是清末"废科举,兴学堂"以来,新式学堂大增,从与传统私塾学馆并立,到逐渐取而代之。焦菊隐因受不了私塾中同学的欺凌,改投新式学堂,感受到了学习的快乐,获得了新生,这是近代教育下才会发生的事情。但这并不意味着进了新式学堂就太平无事。事实上,我国近代学堂保留了传统私塾的诸多遗风或恶习,又因实施班级授课制等西式学校教育制度,校园欺凌与前相比甚至出现了新的类别。[3]

(一) 新学堂的旧恶习

学者钱穆(1895—1990)描述新式学堂的生活说:"染私塾积习,好顽皮恶作剧,每于不犯法中行非法事,外守法,而内喜玩法。"[4]他是否受欺以及欺凌别人与否,并不清楚。然私塾中的以富欺贫、以大欺小、倚强凌弱、以亲欺远等现象,在新式学堂中依然存在。

---

[1] Anon. What is Bullying[N]. The Times, 1862-08-06.
[2] Bullying at King's College School[N]. The Times, 1885-04-27.
[3] 张礼永. 教育欺凌的历史镜像学考察[J]. 教育发展研究,2019(22):77—84.
[4] 钱穆. 八十忆双亲·师友杂忆[M]. 北京:生活·读书·新知三联书店,2005:72.

扬州才子李涵秋(1873—1923)笔下的杭州城外某丙等小学中有一带头大哥,名为尤权,身边聚集了一批党羽,在校中极有势力,"凡有新来的学生,必须向他行礼,表示敬畏的意思;然后还要贡献些菱芡瓜藕,当作贽敬"。[1]

作家萧军在没有进入吉长道立商埠高等国民小学校之前,出于义愤,曾去该校同一个大孩子打过一架,那个孩子是个什么军需官的独生子,"生得漂亮,又聪明,在唱歌、体操、美工方面也全表现得很出色",深得该科教师佟老师的欢喜,佟老师同时负责全校训导的工作,他非常宠爱那个孩子,也因如此,那个孩子就有恃无恐,"常常欺负其他同学",甚至"连一般老师们他也不放在眼里",不消说,萧军的小伙伴受到了他的欺凌,萧军出于义愤前去打抱不平,言语之中伤了他的自尊,尔后二人成了冤家对头,在校发生过几次"'你死我活'式的战斗",佟老师的板子落在萧军身上的要多一些、重一些,使他"很为不平",次数多了,也就不再相信什么"裁判者",对他们"失却了信任和尊敬之情"。[2]

(二)以外欺内

萧军在没有随父亲去长春之前,在家乡镇上一所学校读书,只是家离学校有二里路的行程,一个人来回感觉虽有点寂寞和孤单,但最不堪忍受的是镇上有一个叫"阴天乐"的半疯癫的野孩子,常常在半路上拦住萧军并殴打他。这个野孩子比萧军要大一倍,身材近乎一个成年人,长得也令人生畏。萧军从小虽好勇斗狠,但两者明显不是一个重量级的,萧军不是他的对手,有一次甚至被对方从河崖上推了下去,幸喜崖下是松软的黄土,没有跌得很重,只是擦破了一些皮肉,昏了一阵醒过

---

[1] 李涵秋.好青年[M].北京:中国文史出版社,2016:40.
[2] 萧军.人与人间——萧军回忆录[M].北京:中国文联出版社,2006:125.

来了。这个孩子使萧军"憎嫌又恐怖！常常像逃避一只疯狗似的躲避着他"。[1]

作家艾芜(1904—1992)少时在学校读书时,上学、放学有时也要同路上的野孩子作战,不过他们不像萧军那样是孤身一人,而是一群孩子,每人手拿"一根比身子长三倍的竹棍子,作为万能的武器",并且仿照哥老会的形式,组成"棒棒会",[2]虽出于对成人世界的模仿,但是有实际的效用,故而深受儿童的欢迎,这是校外欺凌校内,以及为了避免被欺凌而组织起来的。

(三) 以群欺单

艾芜他们组织的"棒棒会"除了用于应付校外的欺凌,有时也用于对付校内的欺凌,"一和别个孩子冲突,或受到别个孩子的侮辱时,就有自己一伙的哥兄老弟,站出来挥动拳头"。由于他们的老师"尽力减少同学之间的冲突,使对立的事情不易发生"。[3]所以"棒棒会"成员还是比较守规矩的,不敢"以群欺单"。然在其他学校,这种现象并不能杜绝,哪怕是有声誉的好学校。梁实秋(1903—1987)的一段经历可以为证。他于民国初年进入北京市立第三小学读书,此校位于东城根新鲜胡同,是当时办得比较好的学校,然而同学间的风气常使实秋不解。有一个同学长相不讨人喜欢,满脸疙瘩噜苏,得了个"小炸丸子"的绰号,不消说他是几位好闹事的同学欺凌的对象,实秋曾亲见他被抬到讲台桌上,手脚被人按住,有人负责扯下他的裤子,然后大家轮流在他的裤裆里吐痰,这样的经历在记忆中就有好几起。[4] 这是以群欺单的现

---

[1] 萧军.人与人间——萧军回忆录[M].北京:中国文联出版社,2006:25.
[2][3] 艾芜.我的幼年时代[M]//艾芜文集(2).成都:四川人民出版社,1984:54—55.
[4] 梁实秋.我在小学[M]//清华八年.南京:江苏文艺出版社,2011:25.

象。在这样的环境下,尽管梁实秋小心翼翼地应付,然"有时还不能免于受人欺凌。"[1]

(四)以官欺民

梁实秋在北京市立第三小学读书之前,曾在位于大鹁鸽市的陶氏学堂读过一段时间,时间约为1909年。陶氏学堂在当时也是公认的"最好的学校",甚至有"贵族学堂"之喻。说其为"贵族学堂",一是该学堂由清廷重臣、正白旗人端方(1861—1911)出面创办。端方,字午桥,号匋斋,在晚清政府里算是一位"比较有知识的人,对于金石颇有研究",因家中人口众多、子弟需要受教育,鉴于时代风潮,主张接受新式教育,故设立此校,属私立性质。另一是该学堂只"附带着招收外面的学生",故"收费甚昂"。梁实秋的父亲梁咸熙虽是秀才出身,但曾在同文馆里求过学,受过一定的新式教育,也想让孩子接受新式教育,于是"不惜学费负担",送梁实秋和他大哥入陶氏学堂。这学堂创办之初,名气虽响,实际上名不副实、徒有其表。梁实秋在那儿读了一年,觉得所获有限,且见识到了学校内一些丑恶腐败的现象。其中,"陶氏子弟自成特殊阶级",一个个"恣肆骄纵,横冲直撞","在课堂内外,成群地呼啸出入,动辄动手打人"。[2]对此,同学、老师都只能为之侧目。

梁家祖籍河北沙河,世代务农,祖父这一代外出打拼,得到机会游宦广东,家道由此小康;父亲是秀才,似乎未走上仕途,据梁实秋言其父"整日价在书房里摩挲他的那些有关金石小学的书籍",[3]这样的家庭与权势熏天的端方家无法相比,梁氏兄弟在陶氏学堂求学时有没有受

---

[1] 梁实秋.我在小学[M]//清华八年.南京:江苏文艺出版社,2011:26.
[2] 同上:20—21.
[3] 梁实秋.我的家[M]//清华八年.南京:江苏文艺出版社,2011:3—6.

到陶氏子弟的欺凌,虽难闻其详,但陶氏子弟高高在上,依仗父辈的官威,欺凌其他同学的事实是存在的。保路运动中,端方与其弟端锦一同被杀,陶氏学堂随之瓦解,这批跋扈子弟落得个"树倒猢狲散",不知下落何处了。

(五)以城欺乡

山东诸城的陶钝(本名徐宝梯,1901—1996),少年时曾在诸城县立高等小学求学,报到时被安排与一位徐姓同学同住,两人虽为同姓,但对方丝毫没有"五百年前是一家"的认识,只因他见陶钝穿着带大襟的夹袄、双脸鞋,知道他是才从农村出来的,于是存心加以欺凌。陶钝开始并不知道他的底细,按照礼节请他吃鸡蛋和点心,他也毫不客气,吃了还要吃,比陶钝吃得还多。第二天陶钝上课去了,他便乘机把陶钝的小皮箱打开,招呼了一批顽皮学生将点心吃了个精光,同时送了陶钝一个雅号,号曰"土地爷爷"。同寝的这段经历让陶钝很不愉快,非常渴望假期的到来,一放假犹如"出笼的鸟",可是一返校"又像入了囚牢"。有一次陶钝没有请假,直接旷课一天,当校长问询时,他说:"和同室的徐某处不来,不愿回来。"为此受了挂牌记过的处分,陶钝也不争辩,甚至盼着凑满三次大过,开除了正好回家。好在后来有热心同学替他说明"在宿舍受欺侮的情况",校长也开明,同意撤销记过,并同意了更换宿舍的请求。陶钝搬离时,常欺凌他的徐某一声不吭,就这样看着他搬走。[1]

传统教育中,私塾遍布城乡,但城里的自城里,乡间的自乡间,两者基本不交叉;新式学堂则不同了,大部分都是设立在城市里,中国社会

---

[1] 陶钝.一个知识分子的自述[M].济南:山东人民出版社,1987:61—62.

的基层——土头土脑的乡下人,[1]其子弟不求新知则已,若要求新知,只能进城。国人素存城乡观念,冲突难以避免,以城欺乡的现象也就会有所表现,至今仍未断绝。

国人除了有城乡观念之外,还有地域观念,这种观念虽能形成归属感和认同感,增强团结,但有时也会有副作用,如盲目排外。

以上欺凌的事例,基本上都是当事人"亲历、亲见、亲闻"的,可谓从南到北都有;时间上也比较靠近,都是清末民初新式教育发生发展之时,足见新式学堂也不是净土。

透过以上案例可以发现,新式学堂内除了继承了自私塾时代形成的一些恶习外,还出现了新的欺凌现象,如以官欺民、以群欺单、以城欺乡等。

四、学童欺凌现象的古今之变

就硬证据而言,学童欺凌的历史可以追溯到1 600多年前的古罗马雄辩术学堂,及至拜占庭帝国欧洲学校中的同伴欺凌事件不时见诸圣徒传记。欧洲有视同伴欺凌为常事常态的传统,以至近代英国公学发展出了奇特的欺凌文化。以文字的记录言,我国早在唐代,教育上已经出现了欺凌的现象,或许唐之前也有,但目前缺少直接的证据,只能加以揣测。唐以后的记录,虽深藏不露、不显真相,但自18世纪以来,直接记录越来越多,如学规里明确提出"不许以大欺小",同期的小说中也有反映。19世纪末20世纪初,一批亲历者也都留下了自己的追忆文字。若说宋元明诸朝杜绝了私塾内的欺凌,到了清王朝又死灰复燃,这解释不能令人信服。因此,研究的第一个结论是,自唐以来,教育上的

---

[1] 费孝通.乡土中国[M].北京:北京出版社,2009:1.

欺凌一直都存在。这是历史的"常"。

钱穆言:"历史研究首当注意变。"[1]这话极有见解,只是单纯地追求"变"不是易事,且容易产生误会,事实上知晓"常"方能懂得"变"。教育上欺凌现象的"常"已经如上所述,那么其"变"何在?又始于何时?自然是清末建立新学堂、树立新学制以来,学堂与私塾从外到内、从内到外都有不同,然对欺凌的现象有所继承且加以发展,故而其下的欺凌问题进一步复杂演化,出现了新的表现。这是研究的第二个结论。

私塾是由塾师一人主持的教育机构,其中是否会发生欺凌现象,其实全靠塾师的威望与约束。然而可惜的是,部分塾师不敢得罪学东的子弟,怕丢了饭碗;部分塾师则溺爱自己的孩子及亲戚家的子弟,变相给了他们特权,使他们可以公开欺凌其他同学。这对那些受欺凌的孩子而言是不公平的,极端的甚至会断送他们求学问的信心及路径。事实上,这样的成长方式对那些"特权孩子"而言也是不健康的。为师如此,对于该提携的未提携,对于该约束的未约束,实有悖于师道。当然,也不能过于苛责古人,在当时的社会条件下,家庭是一种重要的力量,故而私塾里的欺凌现象更多的是与家庭背景联系在一起,握有权势、掌握财富、拥有学识都是优势,何况有的家庭能二者兼得甚至三者俱备。旧时山东有首民歌说得很直白:"学户人家讲念书,庄户人家讲养猪。念不尽的四库书,赶不尽的山东猪。"[2]穷苦人家的子弟能读私塾已是凤毛麟角,所以这个时期学童欺凌也是阶级属性的一种表现。

到了近代,清廷为了自救,设立了新式教育制度,实行统一课本,以便形成共同观念;采用班级授课制,以便提高教学效率,这些都是私塾教育所办不到的。简言之,学堂是作为私塾的对立面出现的,然其人数

---

[1] 钱穆.中国历史研究法[M].北京:生活·读书·新知三联书店,2005:3.
[2] 山东省立民众教育馆出版部.山东歌谣集(第1册)[M].济南:编者刊,1930:396.

扩充、规模扩大之后也产生了新的问题。私塾内经蒙俱授,容易造成以大欺小,班级授课将年龄相仿的儿童编成班级,本可避免以大欺小,然学堂内年级众多,有高有低,以大欺小现象遂扩散到全校层面。

此外,学校多数设立在城市,乡间孩子求学本来就不易,进城还会遭遇各种欺凌,这样一来,只能各自寻找各自的团体,难免在校园内形成各种风波,甚至抵消教育的作用。这就需要办学者的认识及魅力了。如前所言,艾芜他们组织了"棒棒会",但是该会没有发挥过作用,这主要得益于他的父亲——学校的主持者"尽力减少同学之间的冲突,使对立的事情不易发生",即便是同宗同姓的孩子,"若是犯了校规,总不会有着偏袒的处置",所以"棒棒会"在学校里得守规矩,在外面也不敢仗势欺人。久而久之,大家便冷淡起来,甚至把它忘记了。[1]萧军还未入校即打架骂人,给老师和同学留下了不好的印象,其实本有机会改变,不会发展到误认"人世间所谓真正公平的事是没有的",可惜"脾气好,不随便责打学生,对学生不论是谁,全是一律看待,公平正直",受到多数同学尊敬喜爱,也是负责处理他打架事情的孙老师,在他正式入校后不久即调走了,萧军失去了亲近的机会,遇到的是偏听偏爱的佟老师。[2]佟老师的做法显然有违师道,然偏爱是不少教师的通病,今日亦然。另外,佟并不是学校的主持者,行事如此,未见有任何约束,也足见主事者也是不大明事理的。

不过,与私塾相比,新式学堂还是有进步的,因为受教对象在扩大,将一些特殊家庭的所谓优势稀释掉,然毕竟是过渡时代,稀释还不充分,阶级性时时还是有所体现,毕竟接受新式教育也是需要一笔不菲的费用的。到了中华人民共和国成立,彻底改变教育的阶级属性,学校向

---

[1] 艾芜.我的幼年时代[M]//艾芜文集(2).成都:四川人民出版社,1984:55.
[2] 萧军.人与人间——萧军回忆录[M].北京:中国文联出版社,2006:124.

工农开门,才将家庭因素基本解决。故而今日校园内同学之间的欺凌现象,家庭方面的因素已经不是主流,更多的是欺凌者及受欺者的外貌、行为、性格等方面的因素了。

私塾里学生间欺凌现象的几种类型,新式学堂里仍然存在,而且有新的变化,有些类别在今日校园的欺凌事件中亦可见,足见古与今并不完全隔绝。所以,今日尝试解决教育上的欺凌现象,不妨多考虑一层历史的因素。不过不能期望古人能直接给出现成的答案。

其实,不管欺凌现象在教育机构内如何演变,私塾也好,学堂也好,学校也罢,教师于其中关系很大,能起到至关重要的作用。教师对此当有明确的认识,这也是古今师道相通的地方。

第二章

校园欺凌现状与趋势

学童欺凌虽然自古有之，历史久远，却是一种被长久忽视的现象，直到20世纪70年代初国际学术界才对其进行专题研究。我国这方面的研究起步更晚，如本书"导言"的回顾所示，我国学者对校园欺凌的研究仅有二十来年的历史。令人感慨的是，有关我国校园欺凌现状的首次实证调查，是由一个名叫爱克布拉德（Solvig Ekblad）的来华工作的瑞典医生完成的。她的调查报告让我们了解到20世纪80年代初我国校园欺凌的状况。

爱克布拉德利用久居我国的便利，于1978—1981年在长沙、成都、兰州、南昌、西安等地对我国273名学童进行了问卷调查，并将调查结果与瑞典同龄孩子进行比较。在她看来，相对而言，中国的孩子生活在约束性环境（restrictive environment）下，而瑞典的孩子生活在放任环境（permissive environment）中。她的比较研究显示，中国孩子比瑞典孩子在更大程度上学会了控制自己的情绪；中国孩子学会了以集体规范为导向，而瑞典儿童则更倾向于个人主义。[1]

上述发现激发爱克布拉德做更进一步的验证研究。1983年春天，她使用瑞典心理学教授奥维斯（Dan Olweus, 1931—2020）研制的并且经过汉化的《多面攻击量表》（Multi-Faceted Aggression Inventory），[2] 就校园欺凌问题对北京市中关村第三小学学生及其家长和教师进行问卷调查。在此基础上，爱克布拉德于1985年完成其博士学位论文《社会决定因素、约束性环境与攻击性行为：一项对中华人民共和国小学生的

---

[1] Ekblad, S. Children's Thought's and Attitudes in China and Sweden: Impacts of a Restrictive versus a Permissive Environment[J]. Acta Psychiatrica Scandinavica, 1984, 70(6): 578—590.
[2] Olweus, D. Development of a Multi-Faceted Aggression Inventory for Boys[J]. Institute of Psychology, University of Bergen, Norway, 1975(6).

描述性研究》,[1]并于次年公开发表其研究成果。[2]爱克布拉德的调查分析表明,中国儿童在攻击行为上的个体差异受到约束性环境的影响;而比较分析则显示,中国儿童的攻击行为比放任环境下的瑞典儿童表现出更低的水平和更少的变异。爱克布拉德进一步扩大比较范围,结果依旧:与斯堪的纳维亚各国儿童相比,中国儿童的攻击性水平更低,变异更少。[3]爱克布拉德将我国儿童攻击性弱归因于约束性社会环境以及严格的家庭管教,甚至怀疑中国样本的代表性,但她不得不根据调查的结果承认,调查样本里的中国儿童没有攻击性,品行端正,有远大志向,友好,亲社会,并且对攻击性情感和行为有极强的控制力。[4]这是第一份有关中国校园欺凌的实证研究报告,中国儿童的表现相当突出。可以说,北京市中关村第三小学早就在国际上出名了,可惜在国内鲜为人知。

爱克布拉德博士又于1990年在《中国心理卫生杂志》上发表《中国小学生欺侮行为和受欺侮者的发生率》。她在报告中提出,在中国小学,欺侮他人或受欺侮的频率较以往的报告为低,即低于挪威、瑞典、芬兰、英国等西方国家;另一个重要的与西方不同之点是,中国儿童的自我控制力较强,欺侮他人者较受欺侮者少,一旦出现某人被欺侮或者正在欺侮他人,都会受到成人或其他同学有力的制止和干预,这种干预在西方研究中未见报告,这似乎是中国文化所特有的;90%的儿童表示老

---

[1] Ekblad, S. Social Determinants, Restrictive Environment and Aggressive Behaviors: A Descriptive Study of Primary School Children in the People's Republic of China[M]. Doctoral Thesis, Stockholm: Sundt Offset, 1985.
[2] Ekblad, S. Social Determinants of Aggression in a Sample of Chinese Primary School Children[J]. Acta Psychiatrica Scandinavica, 1986, 73(5): 515—523.
[3] Ekblad, S. Influence of Child-Rearing on Aggressive Behavior in a Transcultural Perspective[J]. Acta Psychiatrica Scandinavica. Supplementum, 1988, 78(S344): 133—139.
[4] Ekblad, S. & Olweus D. Applicability of Olweus' Aggression Inventory in a Sample of Chinese Primary School Children[J]. Aggressive Behavior, 1986, 12(5): 315—332.

师在大多数情况下总是想法制止学生欺侮人的行为,一半以上的儿童表示别的同学也经常或差不多总是设法制止同学中的欺侮行为。[1]这是第一份有关我国校园欺凌研究的中文报告。北京市中关村第三小学的表现让西方研究者很是震惊。然而,和20世纪80年代比起来,今日之中国的校园环境似乎已经发生了很大的变化。

智能手机的广泛应用,自媒体的越来越发达,令校长和教师再也难以关门办学了。学校里发生的事情,尤其是校园欺凌之类的负面事件,一经公布就流传甚快,流传甚广,流传甚远。在一个地方一所学校发生欺凌丑闻,往往会让世界各地的人关注到。这就给民众一种印象:校园欺凌越来越频繁,越来越严重,中国中小学校园欺凌尤其严重。此外,无论是官方还是民众,都普遍认为学校是文明的殿堂,校园是最阳光、最安全的地方,发生欺凌事件简直令人难以置信。学生之间发生欺凌事件,这在学校这种专门教育机构中是一种极其不正常的现象,对此决不能姑息纵容,而必须零容忍。人们痛恨校园欺凌,视之为学校生活的毒瘤,必欲除之而后快。可是,这样的印象和看法是否可靠还有待检验。没有大范围的横向比较,凭什么断定校园欺凌是一种异常现象?没有长时间的纵向调查,凭什么认定校园欺凌现象日趋严重?

幸好世界卫生组织每隔4年开展一次"学龄儿童健康行为"(The Health Behaviour in School-Aged Children,HBSC)研究,其中就包括对世界各地校园欺凌现象的调查。这项研究规模大、范围广、时间长,遵循一定学术规范,采取标准化问卷进行调查,所获得的海量数据弥足珍贵。对这些数据进行深度挖掘,分析全球校园欺凌的现状、特点和趋势,或许有助于我们更加全面地了解欺凌现象在校园中的真实情形,以

---

[1] Ekblad, S. 中国小学生欺侮行为和受欺侮者的发生率[J]. 中国心理卫生杂志,1990,4(6):247—249,274.

免从一些不靠谱的印象和想当然的成见出发作出反校园欺凌决策。

一、校园欺凌是一种普遍的全球现象

学龄儿童健康行为研究始于1982年。当时,英国(英格兰)、芬兰和挪威的研究者商定,共同研制和实施一套研究方案,对在校儿童进行健康行为调查。这项课题1983年得到世界卫生组织欧洲地区办公室重视,被批准为世界卫生组织的一项国际合作研究项目。参与这个项目的主要是欧洲国家,后来推广到北美洲和亚洲。到目前为止,总共有45个国家和地区正式参与这项研究。各国各地统一使用国际标准问卷,每4年对11岁、13岁、15岁男女学生进行一轮抽样调查,既调查这三个年龄阶段学生的健康与福利水平,也调查与健康相关的社会背景及行为习惯。其中,社会背景调查涉及学龄儿童的家庭关系、同伴关系和学校环境;行为调查除涉及有助于维护少年健康的基本健康行为外,还涉及一些有损于其健康的典型风险行为(见表2-1)。[1]实际上,最初的学龄儿童健康行为研究主要针对的是青少年抽烟行为,后来才逐步拓展,将喝酒、吸食大麻、性行为、打架等有害少年学生健康的风险行为纳入调查。到1994年,校园欺凌也被世界卫生组织视为妨碍学龄儿童健康的风险行为,列为学龄儿童健康行为的调查项目。[2]

校园欺凌行为之所以最终被纳入世界卫生组织学龄儿童健康行为研究项目的调查范围,是因为儿童和青少年中的欺凌现象逐渐成为公共卫生关切的问题,人们逐渐意识到它会长期危及个体的身心健康。

---

[1] Inchley, J., et al., eds. Growing up Unequal: Gender and Socioeconomic Differences in Young People's Health and Well-Being[C]//Health Behaviour in School-Aged Children (HBSC) Study: International Report from the 2013/2014 Survey. Health Policy for Children and Adolescents, 2016, No. 7. Copenhagen: WHO Regional Office for Europe.

[2] King, A. et al., eds. Health Behaviour in School-Aged Children: A World Health Organization Cross-National Study[M]. Copenhagen: WHO Regional Office for Europe, 1996.

表 2-1　学龄儿童健康行为分析框架

社会背景	家庭关系：与母亲的沟通，与父亲的沟通，感受到的家庭支持 同伴关系：感受到的同伴支持，与朋友相处的时间（晚上8点之前），电子媒介交往——社会媒介 学校环境：喜欢上学，感受到的在校表现，学校作业压力，同班同学支持
健康成果	积极的健康状况：自评的健康状况，生活满意度，多样的医疗投诉 伤病：得到医疗照顾的伤病 体重：超重与肥胖，身材，减肥行为
健康行为	饮食行为：吃早餐，吃蔬菜，喝软饮料，与家人共进晚餐 口腔卫生 身体运动与久坐行为：中等激烈程度的身体运动，看电视
风险行为	抽烟 喝酒 吸大麻 性行为：性交经历，使用避孕套和避孕药 打架 欺凌：被人欺凌和欺凌他人，网络欺凌

说明：根据《学龄儿童健康行为研究 2013—2014 年度国际调查报告》整理。

第一，欺凌是一种有意识的危害行为，重复施加于个体，使受害者感到无力反抗和保护自己。欺凌不但可能直接伤害人身体，更会引发心理失调、身心失调等健康问题，甚至导致受欺凌者抑郁、厌世、轻生、自杀。第二，欺凌还会进一步引发其他危害青少年健康的问题行为。研究发现，卷入欺凌的少年（无论欺凌者，还是受欺凌者）有喝酒、吸烟、吸毒之类健康风险行为的比率，远高于其他少年。第三，青少年时期建立的行为模式将持续到成年期，并影响其后代的身心健康。纵向研究显示，未成年期的欺凌行为与成年期的反社会行为（如刑事犯罪）关联，也与成年之后难以获得机会去达成社会期望的目标关联。譬如，难以找到稳定的工作,难以与人形成持久稳定的关系。回溯研究发现,欺负人的孩子长大后往往变成欺负人的成人,他们的孩子也往往欺负人;受欺负的孩子长大后往往会变成受欺负的成人,他们的孩子也往往受人欺负。第四,欺凌使卷入其中的孩子以及他们的家庭付出高昂的代价,也使学校和社会付出昂贵的代价。欺凌给施加者和受害者都会造成终身损失,整个社会不得不为他们当中许多人提供心理健康服务、少年司法服务、特殊教育服务以及其他社会服务。[1]

从学龄儿童健康出发审视校园欺凌行为,与从教育、心理、社会、司法等角度有所不同。参与学龄儿童健康行为研究的学者,不但关注欺凌行为的流行趋势、全球共性、地域特征、文化差异、性别差异、年龄特点,更关注欺凌作为一种风险行为对学龄儿童健康状况的影响。此外,他们还特别关注欺凌与其他风险行为之间的关系,尤其关注欺凌与学生社会经济背景的关联。由于学龄儿童健康行为研究致力于同时收集世界各地数十万样本的社会背景、健康成果、健康行为、风险行为等数据,为人们从更加宽广的视野对校园欺凌进行大数据的量化研究提供了便利。

学龄儿童健康行为研究采用挪威学者奥维斯设计的《奥维斯欺负者/受欺负者问卷》,询问学生最近两个月内在校被人欺负和欺负他人的频次。[2] 鉴于青少年欺凌的新动向,2013—2014年度的国际调查还询问学生最近两个月内在网上被人欺负和欺负他人的频次。

为了让学生能够准确地识别自己被欺负的处境,问卷中特别向接受调查的学生解释了何种情况应视为受到欺负:"我们说一个学生受到

---

[1] Currie, C., et al., eds. Young People's Health in Context: International Report from the HBSC 2001/02 Survey[R]//Health Policy for Children and Adolescents, No. 4. Copenhagen: WHO Regional Office for Europe, 2004: 133.
[2] Olweus, D. The Revised Olweus Bully/Victim Questionnaire[M]. Bergen: University of Bergen, 1996.

欺负,指的是另一个学生或一群学生对他或她说了或做了令其讨厌和不快的事情。当一个学生被人以他或她不喜欢的方式反复戏弄时,或者当他或她被人故意排挤出某些事情时,那也是欺负。"问卷中还向接受调查的学生特别说明了几种不算受到欺负的情况:"两个势均力敌的学生发生争执或打架时,不算欺负。一个学生被人以友好的开玩笑的方式戏弄时,也不算欺负。"将势均力敌的冲突排除在欺负之外,实际上是要强调欺负是势单力薄的一方受到强势一方的攻击。而将友好的玩笑排除在欺负之外,是在进一步强调欺负是势单力薄的一方受到强势的一方恶意攻击。这种说明是为了让接受调查的学生自我报告在校受欺负情况时,既不忽视被人欺负的情况,也不夸大被人欺负的情况。值得注意的是,上述说明不仅是询问学生在校受欺负频次的指导语,也是接下来询问学生在校欺负他人的频次以及进行网上欺负调查的概念框架。换句话说,学龄儿童健康行为调查所使用的是一个从受欺负者立场出发的"欺负"概念,而不是国际学术界早期调查所采用的从欺负者角度界定的"欺负"概念。[1] 从受欺负者的立场出发认定和识别校园欺凌行为,似乎已经成为国际惯例。[2] 尽管学龄儿童健康行为研究采用《奥维斯欺负者/受欺负者问卷》,既调查学生受人欺负的频次,也调查学生欺负同伴的频次,但近年来研究者倾向于采用受欺负的数据去考查各地校园欺凌的现状和变化趋势。[3]

《奥维斯欺负者/受欺负者问卷》采取利克特五级量表,询问学生在最近两个月里受欺负的频次。供学生作答的 5 个选项分别是:① 最近

---

[1] Olweus, D. Aggression in the Schools: Bullies and Whipping Boys[M]. Washington, D. C.: Hemishere Press, 1978.
[2] 黄向阳. 欺负与反抗:个人的经历[J]. 中国德育,2016(6):19—24.
[3] Kayleigh, L. C., et al. Cross-National Time Trends in Bullying Victimization in 33 Countries among Children Aged 11, 13 and 15 from 2002 to 2010[J]. European Journal of Public Health, 2015(25): 61—64.

两个月未受欺负;② 最近两个月受欺负一两次;③ 每个月受欺负两三次;④ 大约每周受欺负一次;⑤ 每周受欺负好几次。学龄儿童健康行为研究者将选择后 4 项的人数除以提交有效答卷的总人数,便得到了学生在校受欺负的比率,以此作为评估各国各地校园欺凌情况的基本指标。进入 21 世纪以来,学龄儿童健康行为开展过 4 次问卷调查,分别有 36 个、41 个、41 个、42 个国家和地区参与,总共有近 80 万少年学生提交了有效问卷。4 次调查报告公布了各地抽查 11 岁、13 岁、15 岁男生和女生的人数,以及各年段男/女生在校受欺负的比率,根据这些公布的数据可以计算出各地各年段学生(不分男女)和全体学生(不分年段)在校受欺负的比率(见表 2 - 2)。

表 2 - 2 全球少年在学校受欺负比率

年 度	11 岁		13 岁		15 岁		总 计	
	人数(人)	比率(%)	人数(人)	比率(%)	人数(人)	比率(%)	人数(人)	比率(%)
2001—2002	55 503	38	55 987	36	50 816	27	162 306	34
2005—2006	66 707	37	69 954	35	67 873	27	204 534	33
2009—2010	66 349	32	70 685	31	70 300	24	207 334	29
2013—2014	70 293	32	75 385	30	71 941	23	219 460	28
总 计	258 852	34	272 011	33	260 930	25	793 634	31

说明:据世界卫生组织学龄儿童健康行为国际调查报告整理。

表 2 - 2 显示,世界各地每三四个少年学生中就有 1 人报告自己最近两个月内在学校遭受过同伴的欺负,其中包括前面提及的四种情况:最近两个月受欺负一两次;每个月受欺负两三次;大约每周受欺负一次;每周受欺负好几次。在这四种情况中,又以偶然受到欺负(最近两个月受欺负一两次)占绝大多数。如果把偶然受到的欺负计算在内,校

园欺凌在全球范围内就是一种比较普遍的现象。即使在人民性情温和、友善、仁爱的国度,学校也难以杜绝未成年学生之间的欺负行为。少年学生在校受欺负比率如此之高,使人不由得把欺负和受欺负视为少年儿童在势力不均等的人际关系中学会与人相处的一种难以避免的经历。学校似乎难以根除未成年学生之间的欺负行为,而更可行的做法应该是将学生受欺负的比率控制在一个正常的范围里。

2013—2014年度,42个国家和地区219 460名少年学生在学龄儿童健康行为调查中提交了有效问卷。统计显示,其中有28%的学生表示自己两个月内在学校至少受到一次欺负(见表2-3)。不妨把28%这个颇具代表性的比率视为学生受欺负率的正常数据,以此作为今后一段时间里各国各地衡量学校欺凌的基本标准。也就是说,学生受欺负的比率在28%以内就属于正常情况。

表2-3 2013—2014年度世界各地少年在学校受欺负比率(%)

国家/地区	11岁			13岁			15岁			总计		
	男生	女生	合计	男生	女生	合计	男生	女生	合计	男生	女生	合计
阿尔巴尼亚	29	19	24	21	20	20	18	14	16	22	17	20
亚美尼亚	13	8	11	11	6	8	8	5	6	11	6	9
奥地利	42	33	37	46	39	42	30	27	29	39	32	35
比利时荷兰语区	25	24	25	24	20	22	14	16	15	20	20	20
比利时法语区	60	43	52	54	42	48	47	34	40	54	40	47
保加利亚	41	36	38	36	34	35	31	28	30	36	33	34
加拿大	38	39	39	33	43	38	29	32	31	33	38	36
克罗地亚	19	14	16	21	20	20	14	15	15	18	16	17
捷克	21	17	19	20	18	19	15	16	16	18	17	18

续　表

国家/地区	11岁			13岁			15岁			总　计		
	男生	女生	合计	男生	女生	合计	男生	女生	合计	男生	女生	合计
丹麦	28	26	27	18	21	20	14	14	14	20	20	20
英国(英格兰)	33	35	34	30	38	34	30	29	29	31	34	32
爱沙尼亚	48	49	48	42	34	38	27	27	27	39	37	38
芬兰	37	29	33	33	25	29	23	19	21	30	24	27
法国	32	27	30	30	31	30	26	26	26	29	28	28
德国	27	24	25	25	27	26	18	20	19	23	23	23
希腊	16	14	15	23	23	23	18	15	16	19	17	18
格陵兰(丹)	38	34	36	39	35	37	27	25	26	34	31	33
匈牙利	40	37	38	32	33	32	18	22	20	31	31	30
冰岛	25	21	23	17	20	19	12	4	8	18	15	17
爱尔兰	25	29	28	27	30	29	25	27	26	26	29	27
以色列	39	20	29	34	18	26	23	10	16	33	16	24
意大利	28	18	23	15	15	15	10	7	8	17	13	15
拉脱维亚	52	53	53	53	56	54	40	42	41	49	50	49
立陶宛	59	56	57	53	56	54	51	48	49	54	54	54
卢森堡	38	38	38	28	32	30	21	26	24	27	30	28
马耳他	36	24	30	30	26	28	21	12	17	30	21	25
马其顿	28	17	23	30	23	27	22	18	20	26	19	23
荷兰	24	29	26	24	23	24	18	17	17	22	23	22
挪威	25	24	24	22	19	21	18	18	18	22	21	21
波兰	36	31	34	33	29	31	27	25	26	32	28	30
葡萄牙	47	36	41	44	38	41	36	33	34	43	36	39
摩尔多瓦	35	32	34	37	39	38	29	35	32	34	35	35
罗马尼亚	39	27	33	39	39	39	33	28	30	37	31	33

续 表

国家/地区	11岁			13岁			15岁			总 计		
	男生	女生	合计	男生	女生	合计	男生	女生	合计	男生	女生	合计
俄罗斯	53	49	51	47	38	42	36	35	35	44	39	41
英国(苏格兰)	35	42	39	32	41	37	24	28	26	30	37	33
斯洛伐克	33	25	29	28	26	27	24	23	23	28	25	26
斯洛文尼亚	31	16	24	28	23	25	17	17	17	26	19	22
西班牙	23	16	19	20	13	17	12	10	11	18	13	16
瑞典	14	16	15	12	16	14	7	10	9	11	14	12
瑞士	42	37	40	34	34	34	26	27	27	33	32	33
乌克兰	44	42	43	40	38	39	33	32	32	39	37	38
英国(威尔士)	37	37	37	36	44	40	28	36	32	34	39	37
平均	**34**	**30**	**32**	**31**	**30**	**30**	**24**	**23**	**23**	**29**	**27**	**28**

说明：据世界卫生组织学龄儿童健康行为国际调查报告整理。

不过,把第②项"最近两个月受欺负一两次"的情况统计在内,所求得的学生在校受欺负比率畸高,偏离人们对校园欺凌的整体印象。为了更加全面和准确地反映学校欺凌状况,学龄儿童健康行为研究者一开始调查校园欺凌现象时,就把"受欺负"区分为"偶受欺负"(occasional victimization)和"常受欺负"(chronic victimization)两级水平,对校园欺凌现象进行二元描述和分析。[1] 其中,"偶受欺负"相对于"未受欺负"而言,指的是最近两个月受到一次或多次欺负的总体情况,包括第②③④⑤项反映的全部受欺负情况;"常受欺负"相对于"最近两个月受欺负

---

[1] Currie, C. et al., eds. Young People's Health in Context: International Report from the HBSC 2001/02 Survey[C]//Health Policy for Children and Adolescents, No. 4. Copenhagen: WHO Regional Office for Europe, 2004:236.

两次或更少"而言,实际上指的是第③④⑤项反映的受欺负情况。相对来说,学生偶受欺负的比率(按照中文习惯,下文改称"学生受欺负的比率")反映各地学生受欺负的流行程度,学生常受欺负的比率反映各地学生受欺负的严重程度。

综上所述,学龄儿童健康行为研究国际调查报告的连续发布,相关研究报告的不断发表,推动了校园欺凌评估国际标准的建立和推广。世界各地站在受欺负者的立场上界定和识别欺负行为,统一采用《奥维斯欺负者/受欺负者问卷》进行欺负调查,以学生偶受欺负的比率去评估各地学生受欺负的流行程度,以学生常受欺负的比率去评估各地学生受欺负的严重程度,使我们有可能对校园欺凌问题进行国际比较以及全球范围内的趋势分析。

二、校园欺凌的地域特征和国际差异

世界卫生组织欧洲地区办公室 2016 年初出版了英资(J. Inchley)等人主编的《学龄儿童健康行为研究 2013—2014 年度国际调查报告》,又名《在不平等中长大:年轻一代健康与福利的性别差异及社会经济差异》。报告撰写者在分析数据的基础上进一步提出政策建议,因而被世界卫生组织欧洲地区办公室列为《少年儿童卫生政策》专辑。[1] 根据这份调查报告所透露的各国接受调查的总人数及各年段调查对象的人数与受欺负比率,我们可以推算出各国少年总体在校受欺负的比率(见表 2-3 和图 2-1),从中可以观察和分析校园欺凌的国际差异和地域特征。

---

[1] Inchley, J., et al., eds. Growing up Unequal: Gender and Socioeconomic Differences in Young People's Health and Well-Being[C]//Health Behaviour in School-Aged Children (HBSC) Study: International Report from the 2013/2014 Survey. Health Policy for Children and Adolescents, No. 7. Copenhagen: WHO Regional Office for Europe, 2016.

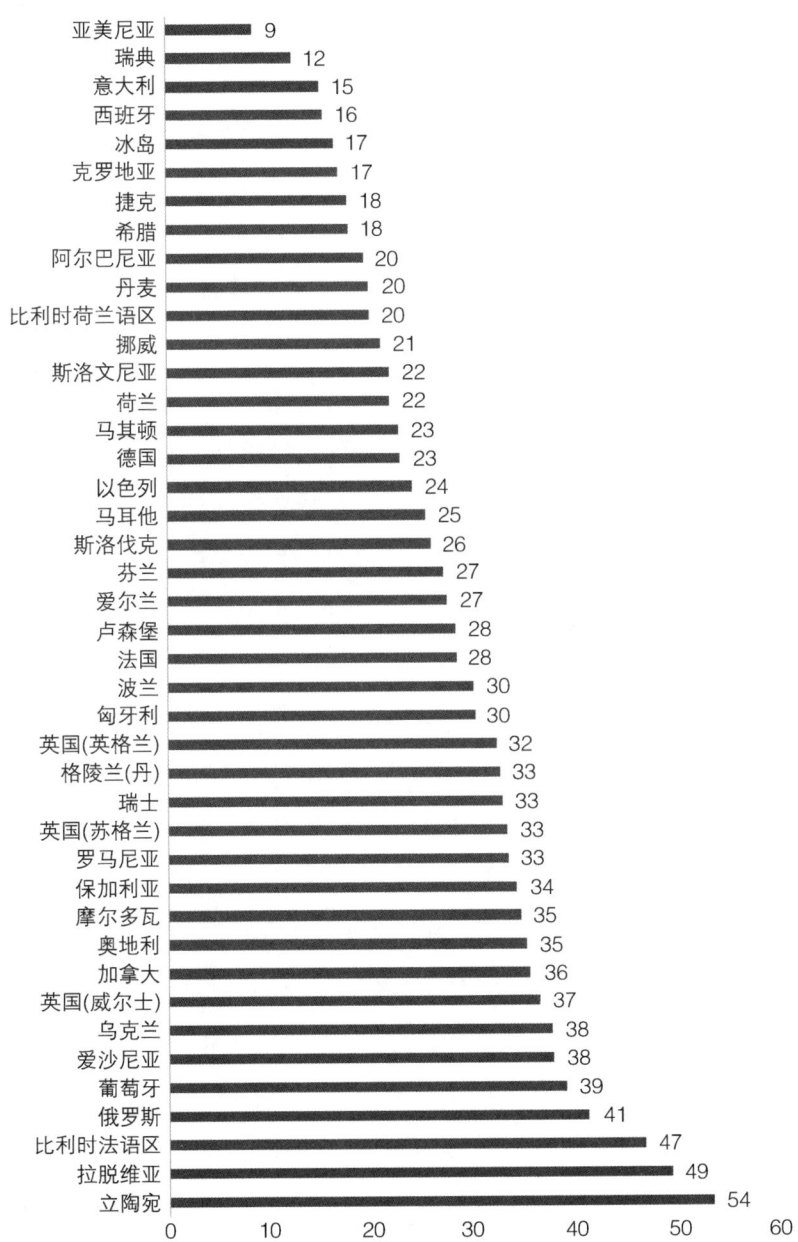

图2-1 2013—2014年世界各地少年受欺负率(%)排行榜

在所有参加调查的国家和地区中,立陶宛的校园欺凌现象最为严重,5 730名接受调查的少年学生中超过半数(54%)表示过去两个月里在学校至少受到过一次欺负。亚美尼亚校园欺凌最为轻微,3 679名调查对象报告过去两个月里在学校受过一次或多次欺负的不到一成(9%)。也就是说,校园欺凌严重的国家学生在校受欺负率是欺凌最轻微国家的6倍。这说明校园欺凌虽然是一种全球普遍现象,但国际差异悬殊。

校园欺凌严重的国家和地区,除立陶宛外,还有拉脱维亚、比利时法语区、俄罗斯、葡萄牙、爱沙尼亚、乌克兰、英国(威尔士)、加拿大、奥地利、摩尔多瓦、保加利亚、罗马尼亚、英国(苏格兰)等,这些国家和地区少年在校受欺负比率在1/3到1/2之间。校园欺凌居于平均水平上下的国家和地区有瑞士、格陵兰(丹)、英国(英格兰)、匈牙利、波兰、法国、卢森堡、爱尔兰、芬兰、斯洛伐克、马耳他等,这些国家和地区少年受欺负率在1/4到1/3之间。校园欺凌情况比较轻微的国家和地区有以色列、德国、马其顿、荷兰、斯洛文尼亚、挪威、比利时荷兰语区、丹麦、阿尔巴尼亚等,这些国家和地区少年受欺负率在1/5到1/4之间。校园欺凌情况轻微的国家,除亚美尼亚外,还有瑞典、意大利、西班牙、冰岛、克罗地亚、捷克、希腊,这些国家和地区少年受欺负率低于1/5。

总的来说,东欧的校园欺凌现象最为严重,立陶宛、拉脱维亚、俄罗斯、爱沙尼亚、乌克兰学生受欺负率分别排名世界第一、第二、第四、第六、第七。唯一的例外是亚美尼亚,在一群少年受欺负率畸高的东欧国家中,成了世界上受欺负率最低的国家,显得格外特别。此外,比利时法语区少年受欺负率也畸高(47%),与荷兰语区受欺负率低(20%)形成鲜明的对比,与法国的受欺负率(28%)高于荷兰(22%)有着某种对应关系。但是,这似乎并不是一种简单的对应。法国的受欺负率高于荷兰 6 个百分点,比利时法语地区的受欺负率却高于荷兰语区 27 个百分点。

三、校园欺凌的全球变化趋势

广泛的国际合作,多年的数据积累,让大家有机会从全球的视野去观察和分析校园欺凌现象的年龄特征、性别特征以及在时间上的变化趋势,从中可以细致地了解校园欺凌的真相。

(一) 21 世纪以来少年在校受欺负率呈下降趋势

早在 2009 年就有人分析和报告过 1994—2006 年欧美少年欺负行为的变化趋势。[1] 2015 年,又有学者对学龄儿童健康行为研究中 33 个国家和地区的数据进行二元逻辑回归分析,考察 21 世纪头 10 年内在校儿童受欺负的变化趋势。[2] 另有报告专门分析意大利这 10 年来校园欺凌的变化趋势。[3] 后两份报告都显示,近 10 年来,少年学生在校受欺负的比率总体上呈持续下降趋势。

总之,学生在校受欺负比率下降,校园欺凌现象日趋缓和,这是大势所趋,个中原因却有待查明。然而,大势之下不乏例外(见表 2-4)。个别国家逆流而动,特别是捷克和匈牙利,这两个国家少年学生在校受欺负的比率虽然低于国际平均水平(28%),却在缓慢而持续地上升。波兰和俄罗斯这两个校园欺凌比较严重的国家,前半程出现好转,后半

---

[1] Molcho, M., et al. Cross-National Time Trends in Bullying Behavior 1994—2006: Findings from Europe and North America [J]. International Journal of Public Health, 2009: 225—234.
[2] Kayleigh, L. C., et al. Cross-National Time Trends in Bullying Victimization in 33 Countries among Children Aged 11, 13 and 15 from 2002 to 2010 [J]. European Journal of Public Health, 2015: 61—64.
[3] Vieno, A., et al. Time Trends in Bullying Behavior in Italy [J]. Journal of School Health, 2015(7): 441—445.

程又强烈反弹。英国(英格兰、苏格兰)、拉脱维亚等地的校园欺凌最近也显露反弹迹象,葡萄牙、瑞典、加拿大、爱尔兰等国的女生受欺负的比率最近也有升高。这些与大趋势不一致的现象,都值得深入研究,系统分析,以便从中吸取经验教训。

表2-4 世界各地学生在校受欺负比率的变化趋势(2001—2014)

国家/地区	男生(%)				女生(%)			
	2001—2002	2005—2006	2009—2010	2013—2014	2001—2002	2005—2006	2009—2010	2013—2014
奥地利	47.7	45.7	45	39	41.2	36	35.9	32
比利时荷兰语区	32.8	25.1	31.2	20	27.7	22.4	28.2	20
比利时法语区	50.5	56.2	59.7	54	33.6	39	42.5	40
加拿大	38.4	35.6	36.4	33	37	34.7	37.9	38
克罗地亚	28.4	21.2	18.2	18	20.8	18.8	15.9	16
捷克	17.2	17	16	18	14.9	15.5	15.1	17
丹麦	31.3	24.3	19.9	20	32.1	24.9	20	20
英国(英格兰)	38.1	30.3	27	31	34.8	26.8	28.1	34
爱沙尼亚	46.5	48.2	43.6	39	42.4	42.7	38.3	37
芬兰	27.1	27.4	32.6	30	21	22	28.6	24
法国	34.3	33.3	34.1	29	36	35.1	33.9	28
德国	39.5	35.7	31.5	23	33.8	32.9	28.5	23
希腊	26.4	51.8	29.3	19	22.5	51.7	25.9	17
格陵兰(丹)	40.5	49.1	39.6	34	45.9	52.4	36	31
匈牙利	22.7	24.2	29.2	31	23.8	26.1	25.1	31
爱尔兰	28.8	26.7	28.4	26	23.6	25.2	26.2	29
意大利	31	26.2	13.8	17	25.4	18.3	8.4	13
拉脱维亚	52.3	50.3	47.8	49	44.8	46.5	45.5	50

续 表

国家/地区	男生(%)				女生(%)			
	2001—2002	2005—2006	2009—2010	2013—2014	2001—2002	2005—2006	2009—2010	2013—2014
立陶宛	65	56.4	55.2	54	63.6	56.2	52.8	54
马其顿	30.6	30.6	26	26	25	21	16.1	19
荷兰	32.2	28.3	26.8	22	27.3	25.3	22.6	23
挪威	35	29.5	27.6	21	29.7	23.1	25.3	21
波兰	33.2	31.2	31.7	32	27.3	21.3	21.3	28
葡萄牙	55.6	46.2	43.8	43	44	37.5	31.9	36
俄罗斯	40.4	35.5	37.6	44	35.1	34.3	36.3	39
英国(苏格兰)	27.8	26.2	23.8	30	30.1	26.3	23.7	37
斯洛文尼亚	21.8	27.2	21.8	26	23	22.3	19	19
西班牙	27.5	16	18	18	24.7	11.4	10.8	13
瑞典	15.2	15.7	12.4	11	14.7	13.6	12.4	14
瑞士	42.3	41.5	39.2	33	38.7	34.3	33.4	32
乌克兰	50	49.4	43.2	39	48.1	50.4	45.3	37
英国(威尔士)	28.6	30.1	29.7	34	30.6	31.7	26.7	39

说明：据世界卫生组织学龄儿童健康行为国际调查报告整理。

（二）少年受欺负率随年龄增长而下降

表2-3显示，2013—2014年度接受学龄儿童健康行为调查的11岁、13岁、15岁少年中近两个月内在校受到同伴欺负的比率分别为32%、30%、23%。总体而言，全球少年学生在校受欺负率是随着年龄增大而下降的。稍细观之，少年受欺负率在11岁达到峰值，此后两年平稳下降，13岁之后急剧下降。仔细观察，参与调查的42个国家和地区中有26个完全明显呈现上述变化趋势，但也不难发现在这个全球总

的变化趋势之下有不少例外。例如,奥地利、克罗地亚、德国、希腊、格陵兰(丹)、爱尔兰、拉脱维亚、马其顿、摩尔多瓦、罗马尼亚、斯洛文尼亚、英国(威尔士)这12个国家和地区,少年在校受欺负的比率到13岁才达到峰值,此后迅速下降。又如,捷克、英国(英格兰)、法国、葡萄牙11岁学生和13岁学生在校受欺负比率近乎等值,就是说这4个国家和地区少年受欺负率在11—13岁这段时间相当平稳,13岁之后才急剧下降。

上述受欺负率随年龄增长而下降的趋势,还存在着性别上的细微差异。表2-3最后一行的数据显示,11岁、13岁、15岁男生在校受欺负率依次为34%、31%、24%;女生在相应年龄阶段受欺负率则分别是30%、30%、23%。首先,男生在11—15岁期间受欺负率下降了10个百分点,女生下降7个百分点,显示出男生随着年龄增长比女生更快摆脱受欺负境地的趋势;其次,男生受欺负率的峰值出现在11岁,女生的峰值持续到了13岁。

综上所述,各国各地少年受欺负率是在11—13岁达到峰值,13岁之后急剧下降;全球少年学生在校受欺负率总的趋势是随着年龄增大而下降,根据这个趋势可以推测(因为缺15岁之后的数据),总体而言多数少年学生从15岁起会逐渐摆脱同伴欺凌的困扰。

(三)男生受欺负率高于女生但随年龄增长而逐渐接近女生

从表2-3可以看出,2013—2014年度调查显示,阿尔巴尼亚等26个国家和地区男生在校受欺负率高于女生;英国(英格兰和威尔士)、爱尔兰、加拿大、荷兰、斯洛伐克、卢森堡、拉脱维亚、摩尔多瓦、瑞典这10个国家和地区则相反,女生在校受欺负率高于男生;德国、荷兰、比利时语地区、匈牙利、丹麦、立陶宛6个国家和地区,男女生在校受欺负率大致相当。总体而言,接受调查的男生在校受欺负率(29%)略高于女生(27%)。

受欺负率的性别差异在各个年龄阶段又表现各异:亚美尼亚等16个国家和地区11岁、13岁、15岁男生受欺负率均高于女生;英国的英格兰和苏格兰、爱尔兰、加拿大、拉脱维亚、瑞典这6个国家和地区反之,3个年段都是女生受欺负率高于男生。在意大利、希腊、罗马尼亚、瑞士、冰岛、立陶宛,11岁男生受欺负率高于女生,13岁男生与女生持平甚至低于女生,但到15岁恢复为男生高于女生。荷兰11岁女生受欺负率高于男生,13岁发生逆转,男生高于女生;在克罗地亚、捷克、比利时荷兰语地区、德国、匈牙利、摩尔多瓦、卢森堡、英国(威尔士),11岁男生受欺负率高于女生或与女生持平,但在13岁或15岁发生逆转,女生受欺负率高于男生。挪威和斯洛文尼亚11岁和13岁男生受欺负率高于女生;丹麦和法国11岁男生受欺负率高于女生,13岁女生高于男生;在爱沙尼亚,11岁女生受欺负率高于男生,13岁反过来,男生受欺负率高于女生;但这五个国家男女学生到了15岁,在校受欺负率都大致相当。尽管情况复杂,但各个年龄阶段男生的受欺负率总体而言高于女生,在11岁高出3个百分点,在13岁和15岁高1个百分点。

总而言之,男生在校受欺负率高于女生,并随着年龄的增长逐渐接近于女生,甚至发生男生受欺负率低于女生的逆转。

四、启示及疑问

根据世界卫生组织学龄儿童健康行为研究国际调查报告提供的基础数据进行的校园欺凌国际比较研究和全球趋势分析,一定程度上揭示了校园欺凌的真相,可以为我们认识和理解我国校园欺凌的现状和趋势提供某些见识和启示,甚至帮助我们纠正对校园欺凌的某些刻板印象。

近年来我国校园欺凌的恶性事件不断曝光,引起全社会重视,同时也不断加剧社会焦虑。各种媒体推波助澜,以极端个案妄言学校现状,使得民众有了越来越强烈的印象,认定我国校园欺凌现象日益严重,现状堪忧。可是,从全球范围看,校园欺凌现象在最近十多年里是在逐渐下降的。凭什么断言我国校园欺凌现象日趋严重呢?就算我国校园欺凌的发生率在逐年提高,其严重程度到了异常水平么?如前所述,最近一次国际调查表明,全球少年学生中有28%的人两个月里在学校至少受过一次欺负。平均下来三四人中有一人在学校偶尔受到欺负,可谓全球常态,似乎用不着大惊小怪。我国少年在校受欺负的比率超过了这个常数么?没有调查,就没有资格妄断;没有与国际对接的调查和比较,就难作准确判断。

我国学者自行开展的一些调查已经表明,相对来说我国小学欺凌现象最严重,而高中则不显得严重。这个结论容易将校园欺凌的干预重点引向小学。我们似乎并没有在意从小学欺凌严重到高中欺凌不严重这种变化是从何时发生的。学龄儿童健康行为调查表明,少年期是校园欺凌变化的关键期,学生受欺负率在11—13岁达到峰值,到15岁开始急剧下降。因此,校园欺凌干预的重点应该是11—13岁的学生群体,也就是小学高年级与初中低年级学生。鉴于校园欺凌是一种普遍的全球现象,更鉴于学生受欺负率从15岁开始急剧下降的普遍事实,对于少年学生偶尔受到轻微的欺负或轻微地欺负同伴似乎宜持稍微宽容一些的态度。欺负与被欺负是势力不对等的双方在互动过程中发生的一种不幸,却是少年学生在学会与比自己强势或弱小的同伴进行公平交往过程中往往难以避免的经历。学校自然需严加管控,防止严重欺凌的发生,降低常受欺负的比率,但对偶然发生的轻微欺负行为不宜

第二章
校园欺凌现状与趋势

大惊小怪,小题大做。有人呼吁在校园里彻底铲除欺凌行为,其意甚善,精神可嘉,却不现实。

我国以往的多数调查表明,男生比女生更多地卷入校园欺凌事件,因而倾向于更加重视男生欺负和受欺负的防范和干预。可是在近年来披露的校园恶性欺凌事件中,卷入者多为少女。这种新动向引起社会的格外关切。这种新关切得到了国际调查数据的支持。世界卫生组织公布的学龄儿童健康行为国际调查数据表明,男生受欺负的比率虽然总的来说高于女生,但是随着年龄增长逐渐接近于女生,有些国家和地区的男生到15岁在校受欺负率甚至低于女生;男生受欺负率的峰值出现在11岁,女生峰值却从11岁持续到13岁。这些发现提示我们要针对受欺负的性别差异制定不同的保护和干预计划,尤其需要突破传统思维定式,更多地关注11—13岁少女群体,帮助和指导她们防范校园欺凌。

从学龄儿童健康行为公布的国际调查数据中,我们发现了一些非常有意思的现象,值得进一步分析和研究。例如:为什么南欧和北欧少年学生在校受欺负率相对较低,东欧却非常高?东欧校园欺凌那么严重,为什么偏偏亚美尼亚会是个例外,成为世界上学生受欺负率最低的国家?同样地,为什么捷克这么幸运,邻国学生受欺负率都比较高,它却那么低?希腊总的来说学生受欺负率也相当低,可为什么在2005—2006年突然大幅度提高?同在一个国家,为什么比利时荷兰语地区学生受欺负率比较低而且呈明显下降趋势,而法语区学生受欺负率特别高而且呈上升趋势?这些地域特征和国别差异是社会、经济、文化、传统或国民性导致的吗?同样对校园欺凌采取了大规模干预措施的北欧国家,为什么瑞典的受欺负率明显低于挪威和芬兰呢?这是否说明究竟校园欺凌干预措施哪些部分在发生作用还需要更为细致的实证研究？如果能够找到这些问题的部分答案，我们对于校园欺凌的认识会更加深入，从而找到理解和对付校园欺凌的思路和办法。

还有一个更加根本的问题需要讨论。前面利用世界卫生组织公布的基础数据，分析了少年在校受欺负的年龄特征和变化趋势，这些数据一般都被解释为少年学生受欺负的客观事实的变化，但数据显示的也可能是少年主观感受的变化。当然，也有可能两者兼而有之。在学龄儿童健康行为研究所使用的调查问卷中，虽然对欺负和受欺负作了尽可能详细的说明，以防调查对象疏忽或夸大校园欺凌现象，但是，让学生自我报告欺负和受欺负的频次，还是不免会受到报告者本人对欺负本身理解的影响。11岁学生与15岁学生相比，各自眼中的欺负可能并不完全一致，因而对自己是否欺负他人或受人欺负所作的判断可能存在差异。随着年龄的增长，少年或许更加能够识别出真正的欺负，因而在答卷时将一些不属于欺负的同伴攻击行为排除在外。这样一来，他们报告的欺负和受欺负的频次就会锐减。推而广之，很可能，不同年龄阶段的学生对于什么是欺凌有着不同的判断，而且他们的欺凌判断未必合乎学术上和法规中有关校园欺凌的判断。

第三章

欺凌与疑似欺凌

第三章
欺凌与疑似欺凌

本章要谈的校园欺凌并不是孩子心目当中的欺凌。访谈研究表明,小孩子对于什么是欺凌有着不同于成年人的判断。[1]叙事研究显示,不同年龄阶段的孩子对欺凌有不同看法。[2]校园欺凌干预当然要充分照顾这种认识上的年龄差异,但干预者心中需要一个明确的欺凌概念,需要一套判断校园欺凌的统一标准。

本章要谈的校园欺凌也不是人们口头上常说的"欺负"或"欺凌"。这两个用词在国人口语当中原本只限于运用身体或社会等方面的优势力量去攻击别人的身体,或者侵占别人的土地、房屋、财产、物品等。在日常语境中,国人通常不会把嘲笑、奚落、辱骂、孤立、排挤人等现象称作"欺凌"或"欺负"。无独有偶,英语中 bullying(霸凌)也有相似的用法,它是一个经常与 teasing(取笑)并用的日常用词。[3]这种用法相当普遍,并沿用至今。有的学者甚至在专门探讨校园暴力与欺凌防范的论著中,依然将 bullying 与 teasing,taunt,rejection,exclusion 相提并论,[4]意味着 bullying 指的是不同于 teasing,taunt,rejection,exclusion 的事情。日语いじめ的意思又不一样。日本人起初用这个词来指家庭或群体中对行为出格、不合群的孩子进行孤立和隔离以警告他们要与大家团结一致、同心同德,后来才用这个词专指青少年当中的群体排挤。[5]在北欧,mobbing/mobbning 一词也是如此,人们起初用它指称生物界中的群体性围攻现象,后来才用以指称青少年中那种合伙挤兑某个同伴的现象。这个词的用法跟日语いじめ相当接近,都是

---

[1] 黄向阳,顾彬彬,赵东倩.孩子心目中的欺负[J].教育科学研究,2016(2):12—19.
[2] 黄向阳.欺负与反抗:个人的经历[J].中国德育,2016(6):19—24.
[3] Burk, F. L. Teasing and Bullying[J]. Pedagogical Seminary, 1897(4):336—371.
[4] 埃利奥特·阿伦森.不让一个孩子受伤害[M].顾彬彬,译.上海:华东师范大学出版社,2019.
[5] Hendry, J. Becoming Japanese[M]. Honolulu:University of Hawaii, 1996.

指群体排挤或团伙欺凌。[1] 可见,世界各地日常谈论校园欺凌使用的不同语词,所指的事实不尽相同。

但是,自 20 世纪 70 年代以来,世界各地在研究和干预校园欺凌的过程中相互交流、相互借鉴,逐渐形成了"欺凌"一词的国际通用规则。作为一个国际通用的人造术语,"欺凌"不仅指个体欺凌,也指群体欺凌;不仅指身体欺凌,也指言语欺凌,还指关系欺凌或社交欺凌。它们虽然分属不同类型,却有共同特点。校园欺凌研究先驱奥维斯强调,欺凌乃是一种负面行为,或者说,是一种攻击行为,并且重复地和多次地实施过,其中还存在力量的不均衡。[2] 人们曾经将这三个可观察的特点作为判断校园欺凌的基本标准,实践和研究却表明这三条判断标准存在缺陷,不足以指导学校和老师判断学生当中发生的伤害事件是否属于校园欺凌。例如,有些攻击一次就足以造成严重的伤害,将其排除在欺凌之外不合常识。又如,有些伤害虽然相当严重,但属于无心之过,归为欺凌也有悖于常理。再如,有些事情貌似欺凌,但事出有因,受害人招惹在先,并非无辜,作欺凌论处会引发激烈的争议。看来,校园欺凌的判断标准还需要通过实践加以检验、修正和补充。

一、从身体欺凌到关系欺凌

电影《悲伤逆流成河》简直就是一部识别校园欺凌的标准教材。主人公易遥是一名高中生,因母亲照顾不周而罹患妇科病。她羞于启齿,一个人悄悄地去一家小诊所问诊,却又不幸被同学发现,由此衍生出一

---

[1] Heinemann, P. P. Mobbning gruppvåld bland barn och unxna[M]. Stockholm: Natur och Kultur, 1972.
[2] Olweus, D. Bullying at School: What We Know and What We Can Do[M]. Oxford: Blackwell, 1993.

系列校园欺凌。

唐小米是刚刚转学过来的班级新成员,见易遥跟班长齐铭青梅竹马般的亲密关系,心生妒忌。她跟踪易遥到小诊所,用手机拍下易遥从诊所出来的痛苦模样,还暗示易遥:我知道你得了湿疣。这种威胁令易遥惊恐,却束手无策。唐小米背地里将易遥得病的事告诉新结识的伙伴。她的同伴开始在同学当中大肆宣扬。她们告诉同学们湿疣是一种性病,特别容易传染,还私底下叫易遥"病原体"。她们骂易遥脏,造谣说易遥生活不检点,进而污蔑她母亲也生活不检点……易遥深受疣病折磨,有口难辩。这是典型的言语欺凌。

同学们听信唐小米及其同伙,开始厌恶并排斥易遥。同学们议论纷纷:既然易遥得了传染病,又没治好,那就别来学校。唐小米带领同班同学疏远易遥,不跟她交往,还怂恿别班同学不要搭理易遥。有一次,易遥因为忘带卫生巾在卫生间求助,她的同班同学竟然劝阻别班同学出手相助。他们还在集体活动中合伙排挤易遥,捉弄她,阴损她。有一次,全班即将乘大巴前往科技馆参观,易遥把书包放在座位上急忙下车上厕所。司机开车前特意询问还有谁没来,唐小米抢着回答说:"少一个,班长直接去科技馆跟我们会合。"全班同学心照不宣,任由大巴落下易遥开走了。唐小米还趁易遥不在,擅自拿易遥书包里的钱请全班同学吃蛋糕。易遥忍无可忍,把唐小米按在地上,疯狂地厮打她,结果引起公愤。易遥甚至成了全校同学的公敌,连发小齐铭都误解她、嫌弃她。易遥感到孤立无援。这是典型的关系欺凌。

以唐小米为首的一伙学生不但肆无忌惮地花掉易遥看病的钱,从捉弄易遥中取乐,还多次将易遥的书包扔进水塘,在易遥的背上又是泼墨水又是贴脏纸。他们还动手直接攻击易遥,有的人将吃剩的饭菜倒进她的盘子里,有的人往她嘴里塞粉笔灰,有的人往她头发上粘口香糖,有的人用打火机烧她的头发。大冬天,有人竟然从教学楼上朝她泼冷水。看到她从头湿到脚的狼狈样,众多围观者忍不住哈哈大笑。攻击的尺度越来越大,一群女生甚至合伙把她按倒在地,扒掉她的衣服,将她的丝袜套在她的头上,还威胁说:"你要是敢告诉老师,明天学校里到处都会是你的照片。"易遥无法保护自己,感觉就像活在地狱里。这是典型的身体欺凌。

以上所述正是学校中三类常见的学生欺凌。其中,言语欺凌和身体欺凌都有主动而明显的外在表现。学生们比较容易感受到它们的存在,也容易感受到它们的伤害,因而会尽可能避免从言语和肢体上攻击自己的同学。关系欺凌却不一样,它让受欺凌者痛苦不堪,却又无从反击,甚至无法投诉。第一,它经常是消极的,欺凌者仿佛没有主动做什么,只是不理睬人家,不跟人家来往而已。第二,它相当隐蔽,似有似无,不一定明显地表现出来。第三,它跟正常的人际疏远的界线不明显,学生们容易把孤立和排斥某个同学视为性格或兴趣不合的自然反应而不以为意。第四,不少学生并没有意识到孤立和排斥同学也会造成伤害,更没有意识到这会让言语欺凌乃至身体欺凌者有恃无恐。

校园欺凌,特别是中学生当中发生的典型欺凌,通常始于言语欺凌。这类欺凌如果没有得到及时遏制,最终会恶化为肢体欺凌。同学间的言语欺凌之所以没有停止,最终演变成身体欺凌,往往是因为得到了同伴群体的默认或支持,甚至这个群体本身就已经形成了欺凌的氛围。言语欺凌不止,最终发生身体欺凌,往往是因为被某些人欺凌的对象同时也是全班同学或多数同学孤立排斥的对象。一个班级长期存在言语和身体欺凌现象,关系欺凌在暗中起了关键作用。

以上分析其实是在考察校园欺凌概念的外延,同时也是在提示起始性反欺凌教育的一项基本内容。作为教师和家长务必使孩子明白:恃强凌弱,攻击和伤害同学的身体,损坏同学的衣物,抢夺和讹诈同学的钱财,迫使同学为自己效劳,固然是欺凌;说同学的坏话,违背同学意愿传播其隐私,或者无中生有造谣、传谣,毁坏同学的名声,用粗话、脏话辱骂同学,给同学取不雅绰号,用语言威胁恐吓、折磨、羞辱同学,也是欺凌;活动中故意忽视和排斥同学,挑拨离间破坏同学关系,倚众欺寡,结伙疏远、孤立和排挤异己,还是欺凌。这样的认知可以指导学生们避免漫不经心,以为只要不是身体攻击就不算欺凌,从而避免在肆无忌惮的言语攻击或社交攻击中陷入校园欺凌的麻烦。

二、打架互怼与欺凌

上面的分析也在不断地暗示,并不是所有的身体攻击、言语攻击、社交攻击统统都是欺凌,并不是任何学生冲突或伤害事件都可以当作校园欺凌来对待。一种攻击或伤害被视为校园欺凌,需要满足一些基本的条件。

欺凌在校园中常见的表现各色各样,以大欺小、恃强凌弱、仗熟欺生、倚众欺寡、仗势欺人、欺软怕硬、欺善怕恶,如此种种,不一而足,本质上都是将身体、个性或社会等方面的优势力量滥用于伤害无辜的弱小,其明显的特点就是双方力量不均等。这是认定校园欺凌的第一条基本标准。这条标准将欺凌与学生当中普通的打架斗殴、互怼相骂、互不理睬之类的冲突区别开来。

你打我一拳,我踢你一脚;你诅咒我一下,我就骂你两句;你不理我,我也不睬你……这些日常所见的学生冲突大体上都是势均力敌的冲突,或者说是涉事双方自认为势均力敌的冲突。尽管它们属于学校不许的不良行为,但学校并不会将其当作校园欺凌来处理。麻烦的是,学生中实际发生的冲突远比理论想象复杂得多,给校园欺凌的认定和处理带来了许多挑战。

例如,那些学生约架事件就常令人哭笑不得。约架时,双方显然都互不服气;打斗的结果却很可能有赢有输,甚至有一方最后被打得没有还手之力。校方得知情况之后怎么处理?将它们当作欺凌事件处理么?

又如,倘若一个性格强悍、出手凶狠的小个子把一个人高马大、性情温和的同伴修理得黯然神伤,怎么处理?这显然不是"以大欺小"。可总不能另立一个"以小欺大"的新名目吧?那是不是就把它当"恃强凌弱"论处呢?

再如,若是遇到一个高年级学生与两三个低年级学生发生冲突,双方各有损伤,身为教师怎么办呢?算"以大欺小",还是算"倚众欺寡"?老师们处理起来可真是左右为难!

诸如此类的困惑表明,学生冲突中双方是否势均力敌并不是一个简单明了的问题。身在一线的老师有时很难对此进行评估,机械地套用前面所说的以大欺小、恃强凌弱、倚众欺寡、欺软怕硬、欺善怕恶于事无补。其实,判断冲突双方是否力量不均,另有更加直观而简便易行的方法。只要查明学生冲突之中是不是有一方无法招架或无力有效保护自己,就可以做出较为准确的判断。就像电影《悲伤逆流成河》中的易遥,她难以启齿的隐私被人恶意披露,还遭人造谣诋毁有口难辩,受人排斥孤立无助,被人扒衣服难以反抗,这些都是判定她受到同伴欺凌的重要依据。很显然,一方无法招架从而无力自保,乃是认定冲突双方力量不均等的一个操作性标准。

三、打闹捉弄与欺凌

不过,并不是任何力量不均等的学生冲突都可以算作欺凌。如果一个身强力壮的学生在匆忙跑动中不小心撞倒了一个身体单薄的小个子,即使造成了严重的伤害,也没有哪个老师会把这种事故当作欺凌事件来处理。这意味着欺凌是一种蓄意加害,或者说,欺凌中的加害者怀有主观恶意。[1] 这是判断校园欺凌的第二条基本标准。这条标准不但把欺凌与无意的伤害行为区别开来,也把欺凌与相互取乐的玩笑打闹行为区别开来。

问题在于,行为人的主观恶意是一种内部状态,不能直接观察。更何况孩子们朝夕相处,少有人一开始就对同学充满明显的恶意。即使发生矛盾纠纷和伤害事件,许多时候伤害者的恶意也并不明显,很难识别,很难确认。

学生有成年人瞧不上、看不惯的许多貌似无聊的恶趣味。他们嘻嘻哈哈,说说逗逗,打打闹闹,相互取乐。就算有人稍有过分之举,大家通常也不以为意。这是再常见不过的学校生活场景了。没有人会把这样的玩笑打闹当成校园欺凌来防范和处理。可是,有的时候,玩笑打闹过火就会演变成纠纷和冲突。冲突中,有人可能占便宜,有人可能吃亏。吃亏的学生向老师投诉,说自己被人欺负了。这个时候,敏感的老师就会很为难。她心知肚明,学生玩笑打闹的初衷是相互取乐,但她不能肯定玩笑打闹过火、演变成冲突的过程中,占便宜的那一方是不是心生了某种恶意。作为老师该怎么办呢?她该把发生伤害的学生打闹当成欺凌事件来处理吗?

---

[1] Tattum, D. P. & Lane D. A., eds. Bullying in Schools[M]. Stoke on Trent: Trentham Books, 1988.

这个问题留待后面回答。我现在急于说明的是，识别校园欺凌的第二条基本标准也把欺凌与单方面取乐却没有伤害故意的取笑、捉弄、恶作剧区别开来。但是，其中的分别非常微妙，更加不容易把握。

一般情况下，几乎每个班级都有一两个经常被同学们拿来取笑、捉弄和恶作剧的对象。这种陋习自有学校以来似乎就存在，并且从未绝迹。如果被取笑和捉弄的学生明白同学们并无伤害自己的意图，不过是在拿自己开玩笑、找乐子，他或许会泰然处之，或者虽不情愿却只好尴尬地接受。可是，心胸再宽广的孩子，也忍受不了同学们长期的取笑和捉弄。万一哪一天同伴们恶作剧过分，他表示不悦和不能接受，大家却不以为意，一如既往取笑他、捉弄他，作为老师怎么办？把它当成校园欺凌来论处吗？照理来说，在当事人已经表示不悦和不接受的情况下，同学们继续恶作剧，那就很难否认他们主观上没有恶意了。可要是所有的学生都信誓旦旦，纷纷辩解没有故意伤害同学，那该怎么办呢？这个棘手的问题也留到后面再说。

四、报复与欺凌

有的时候，强势的学生故意伤害弱势的同伴也很难归入校园欺凌范畴。例如，甲生口无遮拦，惹是生非，激怒了比他强大的乙生，结果遭到乙生一顿痛打。在这种情况下，老师很难将其认定为一起欺凌事件，而只能把它当作一场普通的打架事件或学生冲突来处理。这就意味着，欺凌中的受害者是无辜的。受害者并没有刺激、招惹、挑衅加害者，却无缘无故遭到对方攻击和伤害。这是判断校园欺凌的第三条基本标准。这条标准将欺凌与强势者事出有因而对冒犯他的弱势者进行的报复性攻击区别开来。

可是，如果乙生不依不饶，逮住甲生的一次挑衅不放，天天为难甲生,或者利用甲生一次小小的冒犯而小题大做,把甲生折磨得痛苦不堪,那么这还是普通的学生冲突吗?这难道不是欺凌吗?如果说一个孩子因为受到冒犯或挑衅而报复对方在一定程度上算是一种自然反应的话,那么到何种程度人们会普遍地认为它反应过度变成了欺凌呢?有经验的老师会告诉我们,这要看行为人的动机。就是说,看他纯粹是出于报复的动机,还是以报复为借口故意加害对方。这么一来,又绕回到行为人主观恶意的识别难题上来了。

学校发生的不少学生伤害事件中,受伤害的学生未必无辜。有些学生虽然弱小,势单力薄,却不是省油的灯。他们没心没肺,喜爱招惹同学,或者出言不逊冒犯同学,甚至动手动脚骚扰同学,最终自食其果,遭到同学的反击和报复。这样的事情在中小学屡见不鲜。[1] 西方有不少学者把这类伤害事件也归入校园欺凌范畴,[2] 这就构成了一种所谓的"受到激惹的欺凌"或"因激惹而起的欺凌"。例如,奥维斯就注意到校园欺凌行为往往发生在没有明显激惹的情况下,因而提出将无明显激惹这一特点追加为校园欺凌定义的一个新条件,可他又将那些因挑衅同学而受到报复性攻击的学生归入受害者的行列,称之为"主动受害者"或"激惹型受害者"。[3] 这种理论表述的不一致令人费解,也易引起误会。在情况不明、暂时无法对校园伤害事件进行定性时,将惹是生非、自作自受的激惹型受害者视为一种特殊类型的受害者,与"无辜受害者"相提并论,[4] 不失为一种明智之举。但这并不意味着力量不

---

[1] Hanish, L. D. & Guerra N. G. Predictors of Peer Victimization among Urban Youth[J]. Social Development, 2000(9): 521—543.
[2] Griffin, R. S. & Gross A. M. Childhood Bullying: Current Empirical Findings and Future Directions for Research[J]. Aggression and Violent Behavior, 2004(9): 379—400.
[3] Olweus, D. Bullying at School: Basic Facts and Effects of a School Based Intervention Program[J]. Journal of Child Psychology and Psychiatry, 1994(7): 1171—1190.
[4] Rigby, K. The Method of Shared Concern: A Positive Approach to Bullying in Schools[J]. Australian Council for Educational Research Ltd., 2011.

均等的学生冲突或伤害事件就一定构成校园欺凌,也不意味着其中的激惹型受害者就是受欺凌者,除非被激惹的强势学生借报复之机故意加害激惹者。

可问题在于,学校里很少发生欺凌者连借口都找不到的欺凌事件。社会心理学研究表明,伤害事件会引发加害者内心的认知失调,[1]认知失调所引起的不适感又会驱使其在内心进行自我辩护,[2]而自恃聪明正派的加害者在自我辩护中会进行归咎受害者的选择性道德推脱。[3]由于他们长期与受害者朝夕相处、紧密互动,可能早就结下了许多恩怨,从中找到受害者的闪失为自己的伤害行为辩解并不困难。事实上,几乎每一次校园欺凌事件的调查和听证,都可以听到欺凌者形形色色"错不在我而在对方"的自我开脱。[4]

对校园欺凌当事者的个案叙事研究还表明,一些老练的欺凌者甚至暗中设局,诱使弱小同学情绪失控,先做出冒犯或挑衅行为,然后以此作借口,为自己的欺凌行为打掩护,对其进行猛烈的攻击,让受欺凌者有苦难言、百口难辩。他们甚至利用校方不知情或片面知情,借校方之手进一步打击受欺凌者。欺凌者一旦得手,受害的学生就会对校方逐渐失去信任和信心,最后连向老师报告和求助的念头都可能泯灭。

因此,认定校园欺凌之前需要了解事情的起因,以受害者未激惹加害者作为欺凌判断的一个基本标准;在受害的弱势学生貌似先有过错或失当行为的情况下,还需要谨慎观察和分析,查明弱势者先有的过失

---

[1] 利昂·费斯汀格. 认知失调理论[M]. 郑全全,译. 杭州:浙江教育出版社,1999.
[2] 艾略特·阿伦森,乔舒亚·阿伦森. 社会性动物(第12版)[M]. 刑占军,黄立清,译. 上海:华东师范大学出版社,2020.
[3] Bandura, A. Selective Moral Disengagement in the Exercise of Moral Agency[J]. Journal of Moral Education,2002(2):101—119.
[4] 卡罗尔·塔夫里斯,艾略特·阿伦森. 错不在我:人们为什么会为自己的愚蠢看法、糟糕决策和伤害性行为辩护?[M]. 邢占军,等,译. 北京:中信出版社,2014.

与强势者的攻击之间是否存在实质性关系。如果两者确实存在必然的或实质性的关系,才将伤害事件排除在校园欺凌之外。否则,弱势者的过失或不受人欢迎的个人特质就不过是强势者蓄意加害的借口。在这种情况下,加害就是欺凌。

五、伤害与欺凌

即使有学生滥用自身的优势力量蓄意加害无辜的同学,也未必就能构成校园欺凌。欺凌不只是一种客观事实,还是一种主观感受;不同的人有不同的感受,小孩子的感受又与成年人大不相同。不顾当事人的主观感受,就无法认定校园欺凌。顾及当事人的感受,又使得校园欺凌的认定工作变得异常复杂。

总的来说,学术界对于校园欺凌后果的认识不断加深,大致上复演了个体从小到大欺凌判断的发展历程。人们在观察和思考校园欺凌时,起初十分关注欺凌所造成的有形后果或可见影响,即身体伤害及物质损失。但很快就发现,物品被损坏、被侵占或被不告而取等是否给学生带来受欺凌的感受,取决于这类情况是否给他们造成消极的情感体验。小孩子跟成年人的不同之处在于,他们当中有相当一部分人并无物力维艰、得来不易的切身感受,因而对于自己的书本、书包、学具以及衣物等私人物品无缘无故遭人损坏或侵占未必会有强烈的不快。只有当他们为此感到可惜和心痛时,才可能有被伤害、受欺负的感觉。因此,学术界从一开始就没有将物质损失作为校园欺凌的定义和识别标准,而以身体和精神伤害作为基本标准去认定欺凌。

甚至以身体伤害作为欺凌认定标准都会发生问题。学校中发生的一些身体伤害看似相当轻微,如手臂被同学狠狠地拧了一下,在医学上简直不值一提,可在孩子们身上却是真实的疼痛,甚至痛得忍不住流泪；而另一些身体伤害，如大腿被同学撞出乌青块，在医学上是可以认定的伤害，受伤学生却未必觉得它有被同学拧一下那么痛苦。这并不是说撞伤人的大腿就不是伤害，也不是说它比拧痛人的胳膊伤害轻，而是说欺凌的认定不得不顾及受害者对伤害的主观感受。正因为如此，1986年日本文部省为统一全国校园欺凌的统计口径，重点强调欺凌是针对弱于自己的人，给对方持续施加身体、心理的攻击，使对方感受到深刻的痛苦。欺凌归根结底乃是一种精神伤害或心理伤害。

一旦把受害者的痛苦感受视为欺凌认定的基本标准，人们在识别校园欺凌时才会将关注的目光聚焦到身体伤害或心理伤害给受害人造成的精神痛苦上。痛惜、疼痛、愤怒、不甘、心酸、委屈、屈辱、失落、孤独、苦闷、心慌、恐惧、畏缩、怨恨、抑郁、厌学等，都是各种欺凌给人带来的直接的痛苦感受，一言以蔽之，全都是精神上的痛苦。即使是纯粹的身体伤害，感受痛苦的也不是身体，而是心理或精神。有鉴于此，2006年日本文部科学省重新界定校园欺凌，特别强调，某人只要遭到来自与其有一定关系者的心理的和物理的攻击而感到精神痛苦就算是欺凌。[1]这就明确了：无论是身体伤害，还是心理伤害，只有给受害人造成了精神上的痛苦，才可能是欺凌。客观的伤害即使事实上没有令人感受到精神痛苦，也要制止，但不必视为欺凌。

进而言之，校园欺凌给受欺凌学生造成的是一种特殊的精神痛苦。对于学生特别是对于自我意识处于觉醒和发展之中的青少年学生来说，欺凌真正令人痛苦的并不是可见的身体伤害和物质损失，甚至不是由此带来的直接的心理痛苦，而是自信心和自尊感的逐渐丧失。众目

---

[1] 文部科学省初等中等教育局児童生徒課，国立教育政策研究所生徒指導・進路指導研究センター.平成18年以降のいじめ等に関する主な通知文と関連資料[EB/OL]. (2013-06-12)[2016-03-14]. https://www.mext.go.jp/ijime/detail/__icsFiles/afieldfile/2013/06/12/1327876_01_2.pdf.

睽睽之下，自己遭受欺凌，无法招架；即使招架，也无力有效保护自己；为了避免更大的伤害和羞辱，被迫放弃反抗；这么窝囊的事，在同学当中传播，甚至传到了网上，为更多的人所知……这一切不仅会加深受欺凌者对欺凌者、旁观者、传播者的怨恨、仇视，也会使受欺凌本人感到无力、无助、窝囊，深深地陷入自我贬低的痛苦之中。这才是欺凌给人精神上造成的最大痛苦！一个人只有意识到欺凌的终极后果是令受害人看不起自己时，才能看到欺凌的本质。因此，识别和判断校园欺凌的第四个基本标准，更加确切地说，是受害者自感窝囊，陷入了自我怀疑、自我贬低的精神痛苦之中。这条标准将真正的校园欺凌与诸多普通的学生冲突及校园伤害事件区别开来。如何确认受害学生感受到了精神上的痛苦，如同如何确认加害者有主观恶意一样，是校园欺凌识别与认定的难题。

身为教师，你也许遇到过：一位少年面对强势同学蓄意加害，不卑不亢，勇于交涉，迫使对方住手并且道歉；或者，不屈不挠，勇于抗争，捍卫自己的人格和尊严。即使在交涉或抗争中吃亏，身体和心理受到一定的伤害，也不会觉得自己备受欺凌。他用自己的勇气和智慧，把一起可能的欺凌事件转变成了一场力量不均却人格平等的同伴冲突！他并不觉得窝囊，更没有自我贬低。他也希望所有的知情者都把这事件看成是普通的同伴冲突，而不将其视为校园欺凌。这种情况下，身为教师应该怎么看待和处理这件事呢？

身为教师，你也许遇到过：一位少女面对某个淘气男生的故意捉弄和一群猥琐男生的围观起哄不予理睬。惹急了，她反戈一击："这种小屁孩的伎俩，姑奶奶才不上当！喜欢我，就明说呀。"所有男生被说得不好意思，再也不敢惹这位泼辣的女同学了。这位女生显然受到了骚扰，可她用勇气和智慧教训了那帮男生，捍卫了自己的人格和尊严。身为他们的老师,得知这样的事后应该怎么办?

　　深谙校园生活和学生关系的老师都很明智,即使心中认定类似事件属于校园欺凌,也不会轻率地将它们当作欺凌事件来处理。因为欺凌不仅涉及客观事实,也涉及主观感受。"欺凌"其实是一个标签,它对小学中低年级学生意味着有人是弱小的,对中学生则意味着有人是懦弱的窝囊废,是一个会产生二次伤害的标签。所以,教师在处理学生冲突时,通常都会尽量避免使用这个标签。更何况,学生本人并没有觉得自己受到欺凌。在这种情况下,身为他们亲爱的老师何必火上浇油,给学生添堵?何不顺水推舟,就把事情当成普通的学生冲突或校园伤害事件加以处理呢?最大限度地保护学生免受伤害,难道不是大家的共同心愿么?作为当事学生的家长,乃至于在一旁吃瓜围观的民众,又何必去追究老师有没有明确把伤害事件当作校园欺凌来处理呢?

六、从行为判断到生态判断

　　以上分析表明,我们无法单纯以攻击行为或伤害行为来认定校园欺凌。电影《悲伤逆流成河》中,易遥在同学顾森西的鼓动下,对欺负她的人进行了数次猛烈的反击。体育课上,唐小米用排球偷偷砸易遥的头,易遥就公开用球砸她的脸;课间休息时,唐小米的跟班悄悄往易遥头发上粘口香糖,易遥把黏着口香糖的那缕头发剪下来当着大家的面粘回对方的额头上;唐小米擅自动用易遥的钱请客,易遥当众把她按在地上殴打;一个男生朝易遥头上浇冷水,并且辱骂她,易遥逮住机会在食堂里把他浇成了落汤鸡……如果仅从易遥的行为及其后果来看,那她的所作所为就是欺凌。这么一来,她非但不是校园欺凌受害者,反而是对同学施暴的欺凌者。电影的情节正是沿着这个方向推进的——教导主任在大会上警告易遥,严厉批评她行为恶劣,影响极坏。校方之所

第三章 欺凌与疑似欺凌

以冤枉易遥,是因为校方犯下了多数校园欺凌干预者和研究者都在犯的错误——根据行为及其后果做出有关欺凌的行为判断。

欺凌并不只是一个动作或一种行为,而是一起完整的事件。完整的校园欺凌事件包含起因、经过和结果。从起因上说,校园欺凌中的受害者并未激怒加害者,无缘无故受到攻击;加害学生有主观恶意,蓄意攻击自己的同学。从过程上说,校园欺凌受害者对加害者的攻击行为无法招架,无力自保。从结果上说,校园欺凌的受害学生因伤害感到精神痛苦,甚至陷入自我贬低和自我否定的苦闷之中。一般来说,根据上述四条标准,针对一起情况简明、边界清晰的校园伤害事件,就足可以做出精准的欺凌判断。

如果情况复杂,边界不清,那么,即使不以行为为单位,而以事件为单位对校园欺凌进行事件判断,也有严重的局限性。想象一下:假使电影《悲伤逆流成河》里那位教导主任了解到易遥殴打唐小米,起因是唐小米擅自掏易遥的书包,用易遥的钱请同学吃蛋糕,那么他会对这起事件做出怎样的判断和处理呢?由于在这起冲突中唐小米貌似吃了更大的苦头,校方不会判唐小米在欺负易遥,当然也不会判易遥纯粹是在欺负唐小米。但校方可能以唐小米有错在先、易遥以暴力报复在后,把这件事看成是一起因激惹而起的校园欺凌事件,认定易遥是欺凌者,而唐小米是激惹型受害人。校方更有可能把这件事当作普通的学生冲突来加以处理,对双方各打五十大板——既批评唐小米行为恶劣,惹是生非,也责怪易遥滥用暴力,影响极坏。校方这么处理依然没有公正对待易遥,更没有从这起事件中深挖出隐藏在学生中的校园欺凌。其原因就在于,干预者并没有去深究唐小米怎么会擅自动用易遥的钱请客,因而也不会预先评估这么干预会给双方进一步造成什么样的后果。

如果不把上述几件事分别当作孤立的事件加以评判,而将它们联

无人贻恨：
校园欺凌判断与干预

系起来，并且放在易遥所在的班级和学校生活背景下加以考查，既注意到这几件事发生之前易遥的遭遇，又注意到事后易遥的遭遇，结论可能就不一样了。事前易遥遭到了以唐小米为首的一伙学生的持续欺凌，这几件事是长期欺凌的延续！如果事后易遥太平无事，不再受欺凌，那么确实可以说易遥经过有效反抗，捍卫了自己的人格、尊严和权利，最终把同伴欺凌成功地转变成了同伴冲突。这种情况下，学校把这些事件当作学生冲突来处理，是公平的、合理的，对易遥也是一种保护。因为，这种情况下几乎没有哪个高中生愿意被学校认定为自己受到了欺凌。毕竟，"受欺凌"是一个标签，暗示受欺凌者弱小、无能、窝囊。易遥在校会上被点名批评时脸上流露出的那一丝得意也显示，她宁可被学校严厉批评滥用暴力，也不愿意被大家看作一个受欺凌者。

可惜的是，易遥在这几起事件中的激烈反抗并没有起到有效的自我保护作用，她反而因此成了全校同学心目当中的暴力女，承受了全校同学更为严重的排斥。她最终因为一位同学的意外身亡而受到怀疑和牵连，再度受到言语欺凌——同学们诬蔑她是"杀人凶手"，逼得她绝望到不得不以跳河自杀来证明自己的清白。从这整个过程来说，换言之，从易遥所在学校和班级的生活背景上看，上面提及那几起事件都是易遥受到攻击和伤害的校园欺凌事件。

总之，欺凌判断是事件判断，而不是行为判断。更准确地说，欺凌判断不是以单个行为为单位的判断，甚至不是以孤立事件为单位的判断，而是以整体事件为单位的判断。我们无法对单个的行为（如易遥殴打唐小米）做欺凌判断，甚至无法对一起孤立的事件（如唐小米惹得易遥殴打她）做欺凌判断，只能从整体背景出发对具体事件做欺凌判断。因为，校园欺凌有的时候并不是一起孤立的事件，而是一起起相互关联着的事件。这些事件塑造了一种关系，或者说，构成了一种生态。这种情况下需要的是关系判断或者说是生态判断。

七、校园欺凌的判断标准

考察校园欺凌的判断标准,其实就是在揭示校园欺凌概念的基本内涵。综合上面的考察,所谓校园欺凌,就是学生恶意地对并未激惹他们的同伴进行压倒性的或令对方无法招架的身体或言语或社交攻击,使之感到精神上的痛苦。欺凌中,受欺凌者并未激惹欺凌者,欺凌者却蓄意加害,对受欺凌者进行了压倒性的攻击令其无法招架,受欺凌者因无力自保而感到精神痛苦。典型的校园欺凌事件包含上述四个基本条件,缺少任何一个条件或者任何一个方面情况不明,就不能归属于欺凌,最多属于非典型欺凌。

校园欺凌事件既有客观方面,又有主观方面。客观言之,校园欺凌包含受欺凌者并未激惹欺凌者,欺凌者却对受欺凌者进行了压倒性的攻击令其无法招架这两个方面的事实;主观言之,校园欺凌包含欺凌者蓄意加害的主观恶意,也包含受欺凌者精神痛苦的主观感受。在校园欺凌的识别与认定中,欺凌的客观方面比较容易把握,其主观方面的把握却是难点。在真相不明,一时不能确证加害者主观恶意或受害者主观感受的情况下,最明智的办法就是绕开难点,先不急于定性,暂不将伤害事件认定为校园欺凌,而把它当成普通的学生冲突或疑似欺凌事件加以干预。一线教师不必像理论工作者那样弄清楚真相才着手研究,即使在不明真相时也要对学生中发生的伤害事件立即采取干预行动。教师有一线行动者的优势,可以在干预中了解学生、了解真相、了解隐情,在此基础上再对所处理的事件进行定性也为时不晚。

教师介入学生冲突事件或疑似欺凌事件,运用上述四条判断校园欺凌的基本标准,和当事人以及全体目击者共同澄清该事件是否属于校园欺凌,就已经在对学生进行反欺凌教育了。在这个过程中,如果孩子们明白了欺凌必定包含伤害者的主观恶意和受害者的精神痛苦,就不会把同学无意的伤害行为看作欺凌,也不会把他者本人并不觉得精神痛苦的冲突行为说成是欺凌。如果孩子们能够把欺凌与相互取乐式的玩笑打闹区别开来,就不会把打闹过火发生的摩擦和伤害看作欺凌。如果孩子们能够把欺凌与单方面取乐但无伤害故意的取笑和捉弄区别开来,就会懂得恶作剧的分寸和底线在哪儿。这样一来,就可以让孩子们更加自觉地避免陷入疑似欺凌的困扰之中,也可以让孩子们少一点受欺凌的感觉。这不就是一种简便而有效的认知干预么?

其实还有更加巧妙的做法。在校园欺凌干预和研究中,就有人故意把校园欺凌当作普通的学生冲突加以修复性调解。[1] 还有人保持中立,始终把所介入的事件当作疑似欺凌事件加以调解,既不事先侦查欺凌过失,也不责备欺凌嫌疑人,刻意避免他们为伤害行为进行自我辩解,以防他们在自我辩解中归咎受害同学从而萌生敌视和恶意,想方设法保留或唤起欺凌嫌疑人内心的良知、善意和同情心,引导其聚焦于对受害者处境的共同关切,主动终止伤害行为并与受害者达成和解。[2] 甚至有人既往不咎,把冲突双方弄在一个学习小组里,让他们在互教互学中彼此渐生好感,自动化解恩怨。[3] 其中的道理何在、妙处何在?这都是十分有趣的问题,需要用另外的话题来展开讨论(详见第十二至十五章)。

---

[1] Johnson, D. W. & Johnson R. T. Restorative Justice in the Classroom: Necessary Roles of Cooperative Context, Constructive Conflict, and Civic Values [J]. Negotiation and Conflict Management Research, 2012(1): 4—28.
[2] Pikas, A. New Developments of the Shared Concern method[J]. School Psychology International, 2002(3): 307—326.
[3] Aronson, E. & Patnoe S. Cooperation in the Classroom: The Jigsaw Method[J]. Pinter & Martin Ltd., 2011.

第四章

学生心目中的校园欺凌

第四章
学生心目中的校园欺凌

前一章所说的校园欺凌,是国际学术界在研究中共同构建的一个学术概念。其认定校园欺凌的标准,也是在校园欺凌干预和研究中逐渐明确和完善起来的。然而,人们在校园欺凌事件的认定和处理中发现,校方认定的欺凌未必得到学生的认可,不但嫌疑人否认自己的所作为是在欺凌同伴,连受害学生往往也不承认自己遭到同学的欺凌。我们就曾经遇到过一位少年,他承认自己在厕所里遭到高年级学生的围殴和勒索,却矢口否认自己被人欺负了。我们也不时遇到相反的情况,有些学生报告的欺凌事件,经调查和审议,校方最终却不认定其为欺凌事件。可见,学生心目中的欺凌与学校老师所认定的校园欺凌并不全然一致。

这种欺凌判断的不一致存在于师生之间,也存在于学校、家庭、社会之中,甚至存在于学术界。我曾在两次国际会议上发表过对校园欺凌的看法。我主张,从教育的角度宜将"校园欺凌"与"校园暴力""校园犯罪"区分开来,够得上叫"校园暴力"和"校园犯罪"的行为就不再以"欺凌"相称。校园欺凌还没有严重到"暴力"或"犯罪"的地步。把达到暴力或犯罪程度的行为轻描淡写地称作"欺凌",不但会淡化其严重性,也会对教育提出过分的要求。教育并非万能,用教育措施去反抗暴力和犯罪,其作用相当有限。在反校园欺凌方面,教育倒是大有可为。校园里减少甚至消除了欺凌现象,自然就有效地防止了更严重的暴力和犯罪行为的发生,但不能因此就要求教育直接承担起反抗暴力和犯罪的责任。

我曾经强调,一件事情称得上是欺凌,必须满足一些条件。这些限制条件可以帮助我们界定和识别校园中的欺凌行为,以免忽视或夸大校园欺凌现象。首先,欺凌必须是强势者针对弱势者的伤害行为,包括通常所说的大欺小、强欺弱、熟欺生、众欺寡等。双方势均力敌,彼此伤害不是欺凌。弱势的一方也有可能对强势的一方发动攻击,即便得逞了也不能算作欺凌。其次,欺凌必须是强势一方恶意地对弱势一方采取的伤害行为。无意之中伤害别人,不能算是欺凌。如果有学生觉得自己受了欺负就算成是欺凌的话,如果把学生无意之中伤害同伴的行为视作欺凌的话,校园欺凌事件就会大量增加。再者,即使强势一方故意以招惹伤害我们为乐,如果我们并没有感受到他们的恶意,我们也不会觉得受到了欺凌。强势一方的伤害恶意被受害者感受到了,才最终构成了一起欺凌事件。有些事情在旁人看来分明就是欺负,当事者本人却不觉得受到了欺负。如果有旁观的学生将其视为欺负加以报告,校园欺凌事件又会增加不少。总之,欺凌既有客观的一面,又有主观的一面。欺凌的客观方面,指的就是事实上发生了伤害,并且是强势者针对弱势者的伤害,伤害到了弱势者无法招架、无力自保;欺凌的主观方面,指的是这种伤害乃是强势的一方有意施加,并且其恶意为受害者所感知。[1]

这样界定校园欺凌,立即引起了争议。一位在日本留学多年的同事认为,我给欺凌下的定义与日本不同,也不符合国际惯例。用恶意去限定欺凌,会掩盖日益严重的校园欺凌现象。他列举了多起欺凌事件,可是我用上述概念框架加以分析,认定它们并不是真正意义上的欺凌事件。我的这位同事当即表示不满,他提醒我:"是不是欺负不能由你说了算!"我对此欣然赞同:"一件事件是不是欺负,确实不能由我说了算,也不能由你说了算。是不是欺负,应该由当事人说了算!"

我对欺凌定义的立场跟我的个人经历有关。[2] 个人的亲身经历

---

[1] 黄向阳.中国の学校における「いじめ」対策:思いやりの気持ちを身につける[C]//土屋基規,P. K. スミス,添田久美之,折出健二.いじめととりくんだ国々——日本と世界の学校におけるいじめへの対応と施策.ミネルヴァ書房,2005:123—136.
[2] 黄向阳.欺负与反抗:个人的经历[J].中国德育,2016(6):19—24.

使我意识到,不同年龄阶段的孩子对欺凌有不同看法。这种当事人立场,引导着我们去研究不同年段的学生对欺凌的定义和判断。经深度访谈,我们发现,小学低年级学生眼里的欺凌跟成年人的欺凌判断大不一样,[1]相关研究的综述也表明个体在欺凌界定上不但存在文化差异或国别差异,也存在年龄差异。

一、奥维斯欺负者/受欺负者问卷

虽然学童间的欺凌是一种久远的历史存在,校园欺凌是一种遍及全球的普遍现象,但是对于这种现象的研究却时间不长。关于校园欺凌及其干预的研究,发轫于20世纪70年代的北欧。斯堪的纳维亚学者对令当地人头痛不已的团伙欺凌"磨兵"(mobbing)现象的关注,正式开启了校园欺凌的研究。1973年,挪威卑尔根大学奥维斯教授出版《学校中的攻击:欺凌者与替罪羊》,[2]1975年,瑞典乌普萨拉大学皮卡斯教授出版《我们这么阻止欺凌》。[3]如果将这两部专著视为开山之作,那么,校园欺凌研究仅有半个世纪的历史。这个领域的研究虽然历史不长,却取得了大量研究成果,其中一些出乎意料的发现跟本研究有相当的关联。

奥维斯为了对校园欺凌状况进行调查和实证研究,于1983年研制出《奥维斯欺负者/受欺负者问卷》,[4]经试用于1996年发表了修订版,[5]

---

[1] 黄向阳,顾彬彬,赵东倩.孩子心目中的欺负[J].教育科学研究,2016(2):12—19.
[2] Olweus, D. Hackkycklingar och översittare: Forskning om skolmobbning[M]. Stockholm: Almqvist and Wiksell, 1973; Olweus, D. Aggression in the Schools: Bullies and Whipping boys[M]. Washington, D. C.: Hemisphere Press (Wiley), 1978.
[3] Pikas, A. Så stoppar vi mobbning[M]. Stockholm: Prisma, 1975.
[4] Olweus, D. The Olweus Bully/Victim Questionnaire[M]. Research Center for Health Promotion (HEMIL). Bergen: University of Bergen, 1983.
[5] Olweus, D. The Olweus Bully/Victim Questionnaire. Revised version[M]. Research Center for Health Promotion (HEMIL). Bergen: University of Bergen, 1996.

无人贻恨：
校园欺凌判断与干预

我国在 1999 年引入。[1] 该问卷以学生自我报告的方式呈现学生最近两个月里实施、遭受、目击校园欺凌的频率以及对相关环境的感知。例如，在受欺凌频率的调查项目上给出 5 个选项，让被试根据自己的情况做出选答：

① 最近两个月未受欺负
② 最近两个月受欺负一两次
③ 每个月受欺负两三次
④ 大约每周受欺负一次
⑤ 每周受欺负好几次

为了确保被试准确作答，问卷在指导语中还对欺凌做出了特别的说明，告诉被试，如果一个学生遭到另一个学生或多个学生下列行为，他或她就受到了欺凌：

☐ 说刻薄伤人的话，或者嘲笑他或她，或者给他或她取刻薄伤人的绰号；
☐ 在朋友群里完全忽视或排斥他或她，或者故意不让他或她参与事情；
☐ 击打、踢踹、猛推、推搡他或她，或者将他或她锁在房间里；
☐ 说有关他或她的谎话或散布有关他或她的虚假谣言，或者

---

[1] 张文新,武建芬,K. Jones. Olweus 儿童欺负问卷中文版的修订[J].心理发展与教育,1999(2):8—12, 38.

第四章
学生心目中的校园欺凌

传递刻薄的条子并且试图使其他学生不喜欢他或她；

□ 其他类似的伤害事件。

为了避免被试无条件地将上述情况视作欺凌，问卷指导语最后还做出了限定。一方面告诉被试，"当我们谈到欺凌时，这些事情反复发生过，而且被欺凌的学生难以自卫。当一名学生被人以刻薄伤人的方式反复取笑戏弄时，我们也把它叫作欺凌"；另一方面又提醒被试，"当以一种友好和开玩笑方式进行取笑戏弄时，我们就不把它叫作欺凌。当两个势均力敌的学生争吵或打架时，这也不是欺凌"。这些限定突出强调了欺凌的重复性、力量不均衡性以及故意伤害的特点。

由于指导语的细致周到以及操作上的简便易行，奥维斯问卷广受欢迎，成为世界各地学校以及学术界进行校园欺凌调查和研究使用最广泛的工具。用这套问卷所收集的数据不仅是众多学术研究的基本素材，也是许多地区和学校判断校园欺凌现状和干预效果的基本依据。

二、个体欺凌定义的年龄差异

然而，一些研究者发现被试在奥维斯问卷调查中的自我报告令人费解。例如，英国谢菲尔德大学心理学系教授史密斯(Peter K. Smith)和他的同事惠特尼(Irene Whitney)在20世纪90年代初曾经用奥维斯问卷对6 000余名中小学生进行调查。他们发现学生从7岁到16岁受欺凌比率存在年龄差异，并且呈稳定的下降趋势。其中，一个学期内偶尔或时常受欺凌的学生的比率，从三四年级的30%—35%下降到六七年级的17%—18%；每周受到一次或多次欺凌的学生的比率，从三年级的18%下降到六七年级的7%左右。[1] 由于奥维斯问卷仅适用于七八岁以上具有一定阅读能力的学生,因而不能靠它去调查小学低年级学生受欺凌的比率。史密斯根据调查所发现的学生受欺凌比率逐年下降趋势,倒推5—7岁的小学低年级学生受欺凌的比率高于35%,这显然有悖常识,匪夷所思。

对于上述年龄趋势的解释,众说纷纭。有人推测,低年级学生在学校里有更多比他们年长的学生,这些人都处于可以欺凌他们的位置。还有人推测,低年级学生还没有获得有效处理欺凌事件和阻止进一步欺凌的社会技能和自信。而史密斯等人则倾向于认为,低年级学生对于什么是欺凌有着不一样的界定,并且随着年龄的增长而改变。

这种解释或猜想,让史密斯对奥维斯问卷产生了怀疑。他与马德森(Kirsten Madsen)合作,改用访谈法收集研究信息。他们提出"你觉得欺凌是什么意思?""你能不能给我们举一些欺凌的例子?"这样的问题,去采访5岁儿童乃至成年学生。结果显示:5岁小孩与年龄大的孩子相比较,他们更多地使用直接欺凌的例子(包括打人),而且所描述的欺凌行为很少涉及重复性及未激惹性等特征。[2] 为了使年幼的被试和年长的被试使用相同的欺凌定义报告自己实施、遭受和目击欺凌的频率,史密斯对奥维斯问卷调查的指导语进行了改进,特别说明孤立和排斥同伴也是欺凌行为,属于间接欺凌。里韦尔斯(Ian Rivers)与史密斯等人在使用奥维斯问卷进行的另一项调查结果显示,年龄较小的孩

---

[1] Whitney, I. & Smith, P. K. A Survey of the Nature and Extent of Bullying in Junior/Middle and Secondary Schools[J]. Educational Research, 1993, 35(1): 3—25.
[2] Madsen, K. & Smith P. K. Age and Gender Differences in Participants Perception of the Concept of the Term Bullying [C]. Poster presentation at 6th European Conference in Developmental Psychology, Bonn, 1993.

子并没有把年龄较大的年龄组中普遍认定的间接欺凌行为算成是欺凌。[1]

史密斯推测,这可能是因为年龄较小的孩子在回答问题时忘记了指导语中的特别说明。然而,台湾同行的一项有关奥维斯问卷指导语的对比研究显示,使用指导语的调查结果与未使用指导语的调查结果并无显著差异。[2] 这意味着奥维斯问卷的指导语在调查中并没有起到指导被试答卷的预想作用,或者说接受调查的学生并不受他人提示(包括指导语)的影响,而根据自己对欺凌的理解去回答问卷中提出的问题。

奥维斯问卷调查所造成的困惑,激发起史密斯对欺凌定义的个体差异的研究兴趣。史密斯与斯莱文(Sara Levan)合作,将奥维斯问卷指导语部分也改造成为了调查的内容。他们用图画展示奥维斯问卷指导语中列举的欺凌行为,同时增加描绘学生之间发生的友好行为以及似是而非欺凌行为的图画。他们将这些图片逐一呈现给60名6—7岁的小学二年级学生,让他们辨认每幅图片所描绘的情形是不是欺凌。结果显示:这些6—7岁的小学生对欺凌含义的理解有着自身的特点,根本不顾图画问卷预设的间接欺凌和直接欺凌的界定;许多孩子将欺凌的界定扩大到了不一定重复的偶然行为,以及在其他方面不合欺凌认定条件的打架行为和攻击性行为。最为明显的是,他们将欺凌与打架斗殴混为一谈。史密斯和莱文由此推断,年龄越小的孩子对欺凌的界定越宽泛,进而指出:如果年幼孩子对欺凌的界定比年长孩子更宽泛,

---

[1] Rivers, I. & Smith, P. K. Types of Bullying Behaviour and Their Correlates[J]. Aggressive Behavior,1994,20(5):359—368.
[2] Li-Ming Chen & Ying-Yao Cheng. Prevalence of School Bullying among Secondary Students in Taiwan: Measurements with and without a Specific Definition of Bullying[J]. School Psychology International,2013, 34(6):707—720.

那就意味着欺凌行为经历随着年龄的增长而明显减少这一变化趋势并不像看起来那样真实,也可能不那么令人担忧。[1]

为了验证上述假设,史密斯从谢菲尔德大学转到伦敦大学金史密斯学院任教之后,在20世纪末与两位同行合作做了两项访谈研究。第一项访谈,对象是48名学生,分为7—8岁三年级组、9—10岁五年级组、11—12岁七年级组、13—14岁九年级组。研究者询问他们现在以及小时候对欺凌的看法,他们受人欺凌的经历,欺凌者是与他们同岁还是更大或更小,他们如何应对欺凌,随着年龄增长被欺凌的次数减少的原因。第二项访谈,对象是159名参与者,分为5—6岁幼儿学校组、9—10岁小学组、15—16岁中学组、18—29岁成人组。研究者询问他们"欺凌是什么意思?""能不能举一些欺凌的例子?"研究结果显示:幼儿对欺凌有不同的定义,他们对欺凌的定义随着年龄的增长而变化;这是奥维斯问卷调查显示的学生自我报告的受欺凌次数随着年龄增长而减少的主要原因。[2]个体在欺凌定义上的年龄变化于是成了一种值得关注和研究的现象。

三、史密斯卡通测试

史密斯最终放弃了奥维斯问卷,而改用自己研制的专用测评工具,去考察欺凌定义上的国际差异和个体差异。利用奥维斯问卷进行的国际比较显示,校园欺凌现象存在巨大的国际差异。例如,根据世界卫生组织"学龄儿童健康行为"国际调查项目组所公布的原始数据进行的分

---

[1] Smith, P. K. & Levan S. Perceptions and Experiences of Bullying in Younger Pupils[J]. British Journal of Educational Psychology, 1995, 65(4): 489—500.
[2] Smith, P. K., Madsen K., & Moody J. What Causes the Age Decline in Reports of Being Bullied at School? Towards a Developmental Analysis of Risks of Being Bullied[J]. Educational Research, 1999, 41(3): 267—285.

析显示,自我报告在校受欺凌的少年被试比率,最高国家(立陶宛)是最低国家(亚美尼亚)的 9 倍。[1] 如此之大的国际差异,令人不由得怀疑不同国家和地区的被试眼中的欺凌不尽一致,或者说,不同语境中与欺凌相关的用词所指不尽一致。基于一项有关欺凌定义的跨文化研究,[2] 史密斯在 21 世纪初设计了一套尽可能避免文字表述干扰的卡通试题,用 25 幅简笔漫画呈现学校中发生的欺凌及疑似欺凌情境(见图 4-1)。

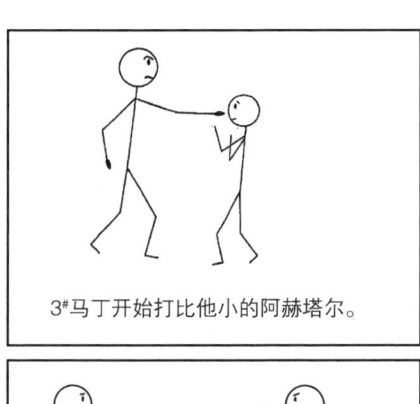
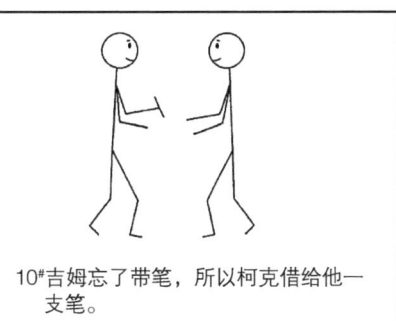
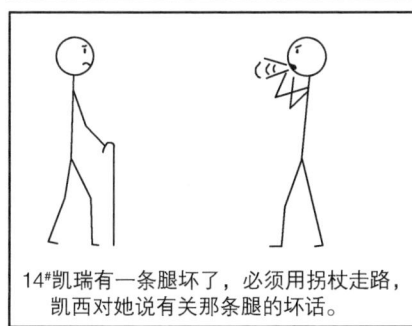
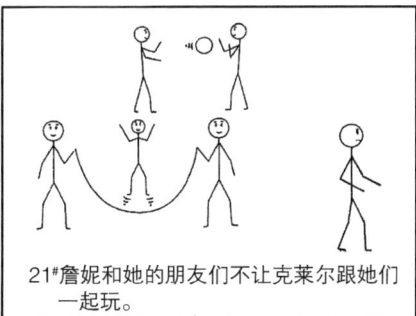

图 4-1 史密斯卡通试题四例

---

[1] 顾彬彬,黄向阳. 校园欺凌的真相——基于学龄儿童健康行为国际调查报告的分析[J]. 教育发展研究,2017,37(20):23—30.
[2] Smith, P. K. Comparison of Bullying Definitions within and across Cultures[M]. S. Sharp, ed., Bullying Behaviour in Schools. London:NFER-N,1999:37—38.

这 25 幅卡通画展现的都是学生在校互动的情形,除 2 幅(10#、18#)呈现亲社会行为外,其余描绘的多数是消极行为。另外两幅没有攻击性的卡通画分别与相应的攻击性卡通画配对:一幅卡通(8#)展示了一种消极的却是偶然的行为,与之相匹配的是一幅展示一个类似行为却是有意为之的卡通(9#);另一幅卡通(16#)表现友好的用言语取笑同伴的情形,与之相匹配的是一幅表现类似取笑却令取笑对象难堪的卡通(17#);还有一幅卡通(4#)呈现因遭挑衅而起的攻击行为;其余的卡通画涵盖了身体攻击(1#—7#)、直接的言语攻击(11#—15#)、社会排斥攻击(19#—23#)以及间接的关系攻击(24#、25#)。卡通试题的设计还考虑到了对欺凌的定义标准的比较,其中,欺凌的重复性在一些卡通(5#、12#、20#)中有明确表现,而力量不平衡性则在另一些卡通(3#、7#、21#)中有所表现。此外,卡通还涉及种族歧视(13#)、性别歧视(22#、23#)、残障歧视(14#)、性取向歧视(15#)等主题。[1]

这套卡通试题虽然是为考察不同国家与欺凌相关的习惯用词实际所指的差异而设计的,但卡通试题实际呈现的情境还是具有比较明显的西方学校文化特征。为了更加充分地涵盖东方国家(特别是有儒家传统的东亚国家)校园欺凌的形式,同时把新兴的网络欺凌也涵盖进来,史密斯及其团队 2016 年对这套卡通试题进行修订,形成了一个包含 40 个情境的扩展版。原来 25 幅卡通全部保留,但措辞上有所改善,更加通俗,以便学生理解。另外增加了 15 幅新的卡通,其中 7 幅涉及社会排斥,4 幅涉及年龄或年级优势地位的滥用,

---

[1] Smith, P. K., Cowie, H., Olafsson, R. & Liefooghe, A. Definitions of Bullying: A Comparison of Terms Used, and Age and Sex Differences, in a 14 - Country International Comparison[J]. Child Development, 2002, 73(4): 1119—1133.

2幅涉及网络欺凌,1幅在欺凌问题上模棱两可,以及1幅呈现学生中性互动。[1]

四、欺凌定义的国际差异与年龄差异

史密斯借助自己研制的图文并茂的测评工具,组建了一个国际合作研究团队,在14个国家和地区开展测试。[2] 被试包括604名8岁学童和641名14岁少年。研究者对被试宣称要完成一项"卡通作业",要求他们用自己国家指称欺凌的习惯用词(如英语bullying,挪威语mobbing,意大利语prepotenza,violenza,日语いじめ,汉语"欺负""欺凌")去指认每张卡通画描绘的情形,借此开展有关欺凌定义的用词国际比较测试。结果显示:各国习惯用词所指的欺凌确实并不完全一致,有宽有窄。

这项研究顺便也考察了相关的性别差异和年龄差异,结果显示:8岁学童对卡通情境主要作攻击性和非攻击性的区分,将所有攻击行为视如欺凌;14岁少年则从攻击性卡通情境中区分出包含多种攻击的欺凌、言语攻击加身体攻击的欺凌、单纯的言语欺凌、社会排斥欺凌、单纯的身体攻击、以身体为主的攻击。就是说,他们不仅将普通的打架斗殴与身体欺凌区别开来,也把言语欺凌和社会排斥欺凌区别开来。但是,卡通测试结果也显示,14岁少年将通过言语挑拨离间之类涉及间接关系的欺凌跟单纯的言语欺凌混为一谈,而不像成熟的成

---

[1] Smith, P. K., Kwak, K., Hanif, R., Kanetsuna, T., Mahdavi, J., Lin, S. F., Olafsson, R. and Ucanok, Z. Linguistic Issues in Studying Bullying-Related Phenomena: Data from a Revised Cartoon Task[M]//Smith, P. K., Kwak, K., & Toda, Y., eds. School Bullying in Different Cultures: Eastern and Western Perspectives. Cambridge: Cambridge University Press, 2016: 280—298.

[2] Smith, P. K., Cowie, H., Olafsson, R. & Liefooghe, A. Definitions of Bullying: A Comparison of Terms Used, and Age and Sex Differences, in a 14 - Country International Comparison[J]. Child Development, 2002, 73(4): 1119—1133.

年人那样将其作为一种独立的欺凌形式识别出来。这些发现表明,儿童对于欺凌的理解存在一种逐渐分化的发展趋势:先从攻击行为中区分出欺凌,进而从欺凌中区分出各种具体形式,最终识别出间接的关系欺凌。

由于卡通测试提供的信息相当有限,上述推论还有待进一步证明。特别是有关欺凌的理解或定义上的变化究竟是儿童认知与情感发展的一种表现还是儿童经历所造成的一种结果,这个问题还有待查明。于是,史密斯接下来与金斯顿大学的蒙克斯(Claire P. Monks)合作,在伦敦做了一项卡通测试与个人欺凌卷入经历访谈相结合的实证研究。结果显示,男孩和女孩对欺凌行为的表征没有显著差异,卷入过欺凌的孩子与未卷入过欺凌的孩子对欺凌行为的表征也没有显著差异。但是,不同年龄组的孩子对欺凌行为的表征存在明显差异。其中,4—6岁儿童以及8岁儿童只从行为结果这单一维度描述欺凌的特征,即依据行为是否具有攻击性将欺凌行为与非欺凌行为区分开来;而14岁少年以及成年人则从行为的意图和结果这两个维度表征欺凌,并且从欺凌卡通中区别出了身体欺凌和非身体欺凌(社会/关系欺凌或言语欺凌)。[1] 这项研究表明,个体对欺凌的定义不同与性别无关,与是否有卷入过欺凌的经历无关,但与年龄有关,年龄越大越有可能从多个维度去界定欺凌。

我国学者高秋凤和李晓东也利用史密斯研发的卡通试题并辅以重点访谈,调查中小学生对于欺凌的理解。结果显示:学生对于各类欺凌严重性的认知不存在明显的性别差异,但存在显著的年级差异。

---

[1] Monks, C. & Smith, P. K. Definitions of "Bullying": Age Differences in Understanding of the Term, and the Role of Experience[J]. British Journal of Developmental Psychology, 2006, 24: 801—821.

尽管中小学生一致认为身体欺凌比言语欺凌及间接欺凌更严重,但在言语欺凌与间接欺凌严重性认知方面存在年级差异,四、六年级学生认为二者严重性程度相当,八年级学生则认为间接欺凌不如言语欺凌严重。研究者由此推断,六年级似乎是对言语和间接欺凌的严重性认知开始分化的一个转折点。研究者还报告了学生对欺凌界定标准的认同程度:大多数中小学生认为欺凌应具备伤害性特征,而不将缺乏伤害性的冲突情境视为欺凌;大多数中小学生不认同重复性是欺凌的必要特征,他们在访谈中表示有些伤害仅发生一次就足以认定为欺凌。[1] 实际上,他们的研究结果还显示,学生对未激惹性和力量不均衡性作为欺凌的基本特征的认同比率随着年级升高而提高(见表4-1)。

表4-1 冲突情境的认同率及严重性认知的平均数和标准差

冲突情境分类	欺负类型或缺乏欺负界定的某一特征	认同率				严重性 M/SD
		小四	小六	初二	合计	
符合四个特征	身体欺负	94.30	94.48	97.38	95.38	4.06/0.69
	言语欺负	75.95	76.55	72.70	75.13	3.59/0.85
	间接欺负	82.63	73.33	68.63	74.60	3.45/0.95
缺少某一特征	缺乏伤害性	82.30	75.80	80.20	79.20	2.10/1.20
	缺乏重复发生性	20.78	22.94	29.08	24.32	3.31/0.71
	缺乏未被激惹性	45.85	52.10	61.65	53.35	3.13/0.93
	缺乏力量非均衡性	61.43	63.47	68.60	64.57	1.66/0.34

注:对符合四个特征的情境,认同率为判为是的比率,对缺乏某一特征的情境,认同率为判为否的比率。

总之,随着对学生心目中的欺凌的实证研究的开展,学术界已经查

---

[1] 高秋凤,李晓东.中小学生对欺负行为的理解[J].中国临床心理学杂志,2012,20(1):93—95.

明学生对欺凌的定义存在年龄差异,对欺凌形式还存在逐渐分化的发展趋势,对欺凌的表征或认定似乎也存在一种从单维向双维甚至多维发展的趋势。由于涉及因素众多,这些发现已经远不只是一个儿童欺凌概念或定义的发展问题了。

第五章

个体欺凌判断发展趋势

第五章
个体欺凌判断发展趋势

当儿童说一件事情是欺凌而另一件事情不算欺凌时,其中当然涉及他们对欺凌的个人定义。但总体而言,这已经不是一个概念或定义问题,而是一个判断问题。儿童判定某种行为或某件事情是欺凌或不是欺凌,就是在做欺凌判断。无论做出肯定的或否定的欺凌判断,都有意无意地在使用某种评判标准。如前面的综述所言,学童起初以行为是否具有攻击性或伤害性来下欺凌判断,但是到少年时代却能够在攻击行为中进一步区分出欺凌行为来。他们将平常的打架斗殴与欺凌区别开来,而不像小孩子那样将打架斗殴视作欺凌,说明他们开始使用冲突双方力量不平衡作为欺凌判断的一个重要标准。少年学生还将社会排斥判定为欺凌,并将其与言语欺凌区分开来,表明他们对欺凌的伤害逐渐聚焦到精神伤害上,从而对许多非身体伤害也做出肯定的欺凌判断。少年学生不只从行为的伤害性或攻击上做出欺凌判断,还从行为的动机上做出欺凌判断,能够将无意之中产生伤害的行为排除在欺凌之外。少年学生这种对行为动机的关注,甚至可能进一步扩大为对冲突行为发生的更为复杂起因的关注,从而对因激惹而起的伤害行为是否属于欺凌感到左右为难。因此,儿童的欺凌判断并不只是对某种行为是否属于欺凌的简单判断,更是一种综合运用欺凌认定的个人标准对伤害行为或攻击行为进行欺凌定性的复杂判断。

需要进一步查明的是:儿童欺凌判断上的年龄差异是否具有或在多大程度上具有普遍性?个体欺凌判断上的年龄变化是不是一种稳定的变化从而显示出某种发展规律?其中关键在于查明:儿童欺凌判断所使用的标准或依据是否存在规律性变化?假使确有规律可循,我们特别好奇:儿童从何时起开始普遍使用前面学术界和实践界共同构建的那套校园欺凌判断标准中的某个标准?儿童又从何时起普遍使用其中的两个或多个标准?他们最终是在什么时候开始能够综合运用整套标准做出成熟的欺凌判断？最后，我们试图弄清楚：儿童所用的标准或依据在一个年龄阶段的欺凌判断中是否存在某种内在的关联，从而使该年段的欺凌判断与其他年段的欺凌判断有着某种结构性差异？

一、欺凌判断卡通测试

从面上回答上述问题，史密斯研制的卡通测试依然可能是最为简便而有效的测评工具。但是，我们采用的是史密斯2019年推荐的卡通测试题，并且使用了不同于研发者原初的分析框架。史密斯在这个版本中，更换了数幅卡通，如将对残障同学说坏话改为孤立残障同学，撤除了因激惹而起的攻击行为以及多幅身体攻击画面，相应地增加数幅涉及取笑同学食品、辱骂社会地位低的同学、网上威胁或孤立同学的情况，总之增加了更多的言语欺凌和间接欺凌情境。此外，这一版还对其中涉及肤色及性取向歧视的卡通作了特别的变通说明，建议对此敏感或陌生的国家或地区用其他欺凌情境替代。我们将其中那幅表现性取向歧视的卡通更换成了被史密斯放弃的那幅表现因激惹而起的攻击行为的卡通，并且按照工具使用的操作要求对卡通文字说明中的人名进行了汉化（见表5-1）。

表5-1 卡通测试文字说明一览表

1# 小海不喜欢小乔，小乔也不喜欢小海，小海打小乔，小乔也打小海。

2# 莉莉打比她小的小林。

3# 小希每到课间休息就打小罗。

4# 丽丽对小艾说，要是小艾不给她钱，就打小艾。

5# 小安伙同他的朋友们一起打小罗。

6# 安妮比娜娜低一个年级，因为安妮不同意娜娜的意见，娜娜就打她。

第五章 个体欺凌判断发展趋势

续　表

7#　小刚和小明互相打闹,还哈哈大笑。

8#　阿泰几乎每天都偷吃小芙的午饭。

9#　马克每天都让他的同班同学小刘给他拎书包。

10#　阿曼每天都让比她低一年级的阿伟给她拎书包。

11#　小肖拍下小马被人打的视频,放在网上给大家看。

12#　佳佳借用小何的尺子,不小心把尺子弄断了。

13#　小强拿起小米的尺子,然后把它折断。

14#　阿力把阿布的书撕了。

15#　小马忘了带笔,所以阿梅借给他一支笔。

16#　阿丹对阿珍说坏话。

17#　安安每个星期都对小戴说坏话。

18#　小朱针对丽丽说有关她的肤色的坏话。

19#　小卢因为小戴父母穷还不争气,经常骂小戴。

20#　沙沙打丁丁,因为丁丁说沙沙是笨蛋。

21#　阿昌拿小刚的头发开玩笑,他俩都笑了。

22#　阿益拿小苏的头发开玩笑,小苏很难过。

23#　飞飞嘲笑特特吃的那种食物。

24#　温迪每到课间休息就给苏菲发下流的短信。

25#　小华到处讲小刘的下流故事。

26#　小苏在学校厕所的墙上写小朱的坏话。

27#　小李在QQ空间发布威胁梅梅的信息,很多人都能看到。

28#　小艾问小海想不想玩。

29#　琪琪今天不让小邓玩。

30#　娜娜从不让琼琼玩。

31#　小乔和他的朋友们不让马克跟他们一起玩。

32#　没人想和莉莉结对活动。

33#　学校里没有人和阿发交朋友。

	续　表
34# 女孩子们不让马克和她们一起跳绳,因为他是个男孩。	
35# 男孩子们不让丽丽踢足球,因为她是个女孩。	
36# 没人愿意和丽丽玩,因为她只有一条腿,需要拄着拐杖走路。	
37# 同学们从不跟涛涛说话,因为他在班上成绩一直很差。	
38# 小玲进教室时,李娜和她的朋友们突然停止说话不吭声。	
39# 班级里每个人都把小马当空气对待。	
40# 小华在QQ空间里告诉每个人不要和李夏说话。	

上述卡通文字说明呈现的学生互动情境涉及校园欺凌判断的四个基本标准,即冲突双方是否势均力敌、受攻击方是否激惹在先、攻击方是否怀有恶意、受攻击方是否感觉受到伤害以及感受到的是身体伤害还是精神伤害。因此,卡通测试所获得的数据,将从"势均力敌 VS. 力量不平衡""激惹 VS. 未激惹""结果 VS. 动机""故意 VS. 无意""身体伤害 VS. 精神伤害""感知 VS. 未感知""反抗 VS. 不反抗"等双向维度进行配对分析,以描述和分析儿童欺凌判断形式在年龄上的变化和发展趋势。

二、欺凌判断访谈

然而,上述双向维度设计使得我们无法通过卡通测试来观察和分析被试在一个欺凌或疑似欺凌情境中如何综合运用其个人标准进行欺凌判断。为此,我们从2015年底到2016年初在上海、广州、南昌、南通、安顺、通辽等地进行了校园欺凌访谈调查。邀请了668名小学生、初中生、高中生、大学生和研究生以口头报告(小学二年学生)或书面报告(其他年级年段的学生)的方式,分别描述一件在学校里发生的欺负人的事件以及一件有人认为是欺负而自己却认为不是欺负的校园事件。我们要求受访对象写明事情发生的起因、经过和结果,并且简要说明判定它是或不是一起欺负人的事件的理由。其中有448份报告(学生分布见表5-2、表5-3、表5-4)合乎基本要求,成了我们分析学生欺凌判断的原始材料。

表5-2 欺凌判断访谈对象学段分布一览表

学 段	人 数(人)	百分比(%)
小学生	148	33.04
初中生	46	10.27
高中生	102	22.77
大学生	126	28.13
研究生	26	5.80
总 计	448	100

表5-3 欺凌判断访谈对象年龄分布一览表

年 龄(岁)	人 数(人)	百分比(%)
8	6	1.34
9	15	3.35
10	53	11.83
11	48	10.71
12	38	8.48
13	26	5.80
14	5	1.12
15	5	1.12
16	41	9.15
17	38	8.48
18	17	3.79
19	13	2.90
20	39	8.71

续　表

年　龄(岁)	人　数(人)	百分比(%)
21	53	11.83
22	20	4.46
23	9	2.01
24	11	2.46
25	6	1.34
26	3	0.67
缺失	2	0.45

表5-4　欺凌判断访谈对象年龄分布一览表

性　别	人　数(人)	百分比(%)
男	210	46.88
女	232	51.79
不明	1	0.22

我们对学生描述的校园欺凌事件和非欺凌事件进行了起因、经过和结果方面的编码处理,数据统计分析显示学生的欺凌判断存在年段差异,并且呈现出一定的发展趋势。

(一)基于力量对比的欺凌判断

接受访谈的小学生和初中生所报告的校园欺凌事件大多数并未提及涉事双方存在力量不均衡,而高中生、大学生、研究生报告的欺凌事件则大多数提及这种力量不均,其中,高中生、大学生提及这种欺凌特征的比率一样(见表5-5)。这显示,个体从高中阶段开始倾向于将涉事双方力量不均作为欺凌判断的标准之一,而在进入高中之前则容易将欺凌混同于打架斗殴、互怼相骂、互不理睬。如果说力量不均是欺凌最重要的特征之一,就可以说我国学生在进入高中后开始具备比较成熟的欺凌判断。

表 5-5 涉及当事双方力量不均的欺凌判断

	小学生		初中生		高中生		大学生		研究生	
	人数(人)	百分比(%)	人数(人)	百分比(%)	人数(人)	百分比(%)	人数(人)	百分比(%)	人数(人)	百分比(%)
未示或未强调	93	62.84	35	76.09	17	16.67	21	16.67	6	23.08
以大欺小	17	11.49	1	2.17	11	10.78	18	14.29	4	15.38
恃强凌弱	12	8.11	4	8.70	9	8.82	21	16.67	5	19.23
仗势欺人	2	1.35	0	10.87	11	10.78	13	10.32	1	3.85
倚众欺寡	21	14.19	5	2.17	48	47.06	43	34.13	7	26.92
纵恶欺善	3	2.03	1	1.00	6	5.88	7	5.56	2	7.69
其他	0	0.00	0	0.00	0	0.00	3	2.38	1	3.85
总计	148	100	46	100	102	100	126	100	26	100

接受访谈的学生报告的主要是以大欺小、恃强凌弱、仗势欺人、倚众欺寡、纵恶欺善之类的校园欺凌事件。表 5-5 显示,除了初中生报告最多的是仗势欺人事件,其他 4 个群体(小学生、高中生、大学生、研究生)提及最多的校园欺凌都是倚众欺寡。当学生只能用一个例子来说明自己对欺凌的理解时,尽管倚众欺寡事件似乎是最适用于突显欺凌的力量不均特征,但是我国初中生对同伴倚仗权势或社会关系上的优势欺负人更加敏感。

(二)基于行为后果的欺凌判断

无论哪个学段的学生,根据攻击行为对受攻击者产生的伤害性后果来下欺凌判断的人数都占多数。但从趋势上来说,接受访谈的初中生未从后果出发进行欺凌判断的比率最高(超过2/5)。相对而言,学生的欺凌判断所依据的后果中,强调有形的损伤甚于精神伤害,强调受欺凌者蒙受身体伤害甚于受欺凌者蒙受财物损失;初中生在强调受欺凌者输了或吃亏方面明显高于其他学段的学生,而强调受欺凌者感觉精神痛苦方面则明显低于其他学段的学生;有11.49%的小学生、20.59%的高中生、23.02%的大学生以及26.92%的研究生提及欺凌使受欺凌者感觉精神痛苦,整体上呈上升趋势;仅有个别高中生、大学生、研究生在报告中进一步提及欺凌行为导致受害人自感窝囊、自我贬低,而接受访谈的小学生和初中生没有一个提及这方面的后果(见表5-6)。

表5-6 基于行为后果的欺凌判断

	小学生		初中生		高中生		大学生		研究生	
	人数(人)	百分比(%)	人数(人)	百分比(%)	人数(人)	百分比(%)	人数(人)	百分比(%)	人数(人)	百分比(%)
未示或未强调	56	37.84	19	41.30	38	37.25	37	29.37	7	26.92
受欺凌者蒙受财物损失	14	9.46	2	4.35	2	1.96	6	4.76	1	3.85
受欺凌者蒙受身体伤害	39	26.35	4	8.70	27	26.47	19	15.08	5	19.23
受欺凌者输了或吃亏了	13	8.78	20	43.48	12	11.76	17	13.49	5	19.23
受欺凌者感觉精神痛苦	17	11.49	1	2.17	21	20.59	29	23.02	7	26.92
受欺凌者自感无能窝囊	0	0.00	0	0.00	1	0.98	9	7.14	1	3.85
其他	9	6.08	0	0.00	1	0.98	9	7.14	0	0.00
总计	148	100	46	100	102	100	126	100	26	100

以上描述意味着,我国学生多从有形的后果角度做出欺凌判断,随着学段的提高,才有1/5的高中生、1/4左右的大学生和研究生的欺凌判断开始兼顾隐形后果或精神伤害,但是鲜有学生根据欺凌致使受害人自我贬低这种严重后果来做欺凌判断。换句话说,我国学生一般不会到了攻击行为令人感到无能窝囊时才认定它是欺凌。

(三)基于行为起因的欺凌判断

无论哪个学段的学生,根据攻击行为起因做出欺凌判断的人数都占多数。从总的趋势上来看,依据原因进行欺凌判断的学生比率随着学段的升高而增加,特别是从高中开始迅速增加。唯有初中阶段是个例外,这个阶段的学生报告的欺凌事件未提及起因的人数超过2/5,明显高于小学生,更明显高于高中生。

除3名小学生、1名高中生、1名大学生和3名研究生之外,几乎所有提及起因的欺凌报告都将欺凌归因于欺凌者的主观动机,并且在初中有所反复的情况下呈现出如下总的变化趋势:欺凌者取乐或泄愤归因比率随学段升高而下降,欺凌者谋利归因的比率随学段升高而升高,欺凌者蓄意伤害归因的比率随学段升高而升高并且高中以上学生明显高于小学和初中学生。可以说,学生聚焦欺凌者主观恶意并自觉以此作为欺凌判断标准大约始于高中阶段(见表5-7)。

表5-7 基于行为起因的欺凌判断

	小学生		初中生		高中生		大学生		研究生	
	人数(人)	百分比(%)	人数(人)	百分比(%)	人数(人)	百分比(%)	人数(人)	百分比(%)	人数(人)	百分比(%)
未提或未强调	57	38.51	20	43.48	14	13.73	7	5.56	2	7.69
环境或客观因素	3	2.03	0	0.00	1	0.98	1	0.79	3	11.54

续 表

	小学生		初中生		高中生		大学生		研究生	
	人数(人)	百分比(%)	人数(人)	百分比(%)	人数(人)	百分比(%)	人数(人)	百分比(%)	人数(人)	百分比(%)
欺凌者想取乐(好玩)/泄愤	43	29.05	20	43.48	21	20.59	36	28.57	6	23.08
欺凌者想谋取好处	30	20.27	3	6.52	27	26.47	28	22.22	8	30.77
欺凌者蓄意伤害受欺凌者	11	7.43	3	6.52	37	36.27	45	35.71	7	26.92
其他	4	2.70	0	0.00	2	1.96	9	7.14	0	0.00
总计	148	100	46	100	102	100	126	100	26	100

(四) 基于关系背景的欺凌判断

受访学生所述的多数欺凌事件不但提及欺凌者的主观动机，还提及欺凌行为发生的关系背景。学段越高，提及关系背景的比率越高。其中，提及欺凌发生于欺凌者讨厌或看不惯受欺凌者某个方面的比率随学段升高而升高（初中例外）。而无论哪个学段，提及欺凌发生于受欺凌者没有过错并未激惹欺凌者的比率都是最高，接近或超过50%，其中初中最高（73.91%）、高中最低（46.08%），总的趋势是随学段升高而升高。但是，在高中和大学受访对象中有接近1/5的欺凌报告提及：欺凌发生于受欺凌者有错在先，受欺凌者激惹了欺凌者。表明他们注意到了一种特殊的欺凌行为，对因激惹而起但超出报复尺度的伤害行为做出了欺凌判断（见表5-8）。[1]

---

[1] 黄向阳.学生中的欺凌与疑似欺凌——校园欺凌的判断标准[J].全球教育展望,2020(9):13—24.

表 5-8　基于行为背景的欺凌判断

	小学生		初中生		高中生		大学生		研究生	
	人数(人)	百分比(%)	人数(人)	百分比(%)	人数(人)	百分比(%)	人数(人)	百分比(%)	人数(人)	百分比(%)
未提或未强调	42	28.38	7	15.22	13	12.75	7	5.56	0	0.00
欺凌发生于受欺凌者有错在先激惹了欺凌者	15	10.14	3	6.52	19	18.63	25	19.84	2	7.69
欺凌发生于欺凌者讨厌或看不惯受欺凌者某个方面	12	8.11	2	4.35	20	19.61	21	16.67	10	38.46
欺凌发生于受欺凌者没有过错并未激惹欺凌者	71	47.97	34	73.91	47	46.08	65	51.59	13	50.00
其他	8	5.41	0	0.00	3	2.94	8	6.35	1	3.85
总计	148	100	46	100	102	100	126	100	26	100

（五）基于反抗行为的欺凌判断

总的来说，受访学生报告的欺凌事件提及受欺凌者反击或反抗行为的比率呈现上升趋势（高中例外）。也就是说，在做欺凌判断时，学段越低的学生越不顾受欺凌是否作了反抗反应，而学段越高的学生越有可能把受欺凌者的反应作为事件定性的参考。在考虑受欺凌反应再作欺凌判断的过程中，除了少数学生将反抗有效的事件依然判定为欺凌之外，大多数校园欺凌报告中要么提及受欺凌者不敢反抗或没有反抗，要么提及他们虽有反抗但是依然无效（不能保护自己）或者效果不明，这两种报告的比率都有随报告者学段升高而提高的趋势。这表明,学生随着学段的升高,而越来越多地将受欺凌不能反抗或无效反抗作为欺凌判断的一个重要参考标准(见表5-9)。

表5-9 基于反抗行为的欺凌判断

	小学生		初中生		高中生		大学生		研究生	
	人数(人)	百分比(%)	人数(人)	百分比(%)	人数(人)	百分比(%)	人数(人)	百分比(%)	人数(人)	百分比(%)
未提或未强调	94	63.51	29	63.04	72	70.59	42	33.33	15	57.69
不敢反抗或没反抗	11	7.43	3	6.52	14	13.73	44	34.92	5	19.23
反抗但无效	12	8.11	11	23.91	7	6.86	24	19.05	6	23.08
反抗且有效	10	6.76	2	4.35	4	3.92	12	9.52	0	0.00
反抗但效果不明	21	14.19	1	2.17	5	4.90	4	3.17	0	0.00
总计	148	100	46	100	102	100	126	100	26	100

(六)学生的非欺凌判断

最后来看一看受访学生描述的"别人认为是欺凌,但自己不认为是欺凌的事件"。他们做出非欺凌判断的理由多种多样,其中提及最多的是两类理由:认为它们是正当的行为或自保的行为或相互取乐之类的正常行为;认为受攻击者有错在先,是他们先激怒了攻击者,或者双方都有错或有误会,或者虽有是非但不清楚谁对谁错。还有一个较多提及的理由,即认为虽有伤害并非故意。这三种情况在各个年段都有相当的比率。所不同的是,部分受访小学生以受攻击者最终没有吃亏做出非欺凌判断,部分高中生则以受攻击者并未感到精神痛苦做出非欺凌判断。这些非欺凌判断与上述欺凌判断在形式结构上存在高度一致性(见表5-10)。

表5-10 学生的非欺凌判断

	小学生		初中生		高中生		大学生		研究生	
	人数(人)	百分比(%)	人数(人)	百分比(%)	人数(人)	百分比(%)	人数(人)	百分比(%)	人数(人)	百分比(%)
没有理由/没有讲这方面的事	27	18.24	6	13.04	27	26.47	37	29.37	9	34.62
冲突双方势均力敌或双方自认为势均力敌	1	0.68	2	4.35	2	1.96	5	3.97	1	3.85
受攻击者最终没有吃亏	22	14.86	4	8.70	1	0.98	1	0.79	1	3.85
受攻击者并未感到精神痛苦	2	1.35	1	2.17	12	11.76	3	2.38	0	0.00
伤害并不是故意的	22	14.86	4	8.70	7	6.86	24	19.05	4	15.38
受攻击者有错在先激惹了攻击者/双方有错或有误会/有是非但不清楚谁对谁错	31	20.95	12	26.09	20	19.61	21	16.67	5	19.23
受攻击者反抗捍卫自己的尊严	0	0.00	1	2.17	0	0.00	0	0.00	1	3.85
过错者认错、道歉、改过、弥补过失	1	0.68	1	2.17	2	1.96	2	1.59	0	0.00
其他(正当、自保、相互取乐)	42	28.38	15	32.61	31	30.39	32	25.40	5	19.23
总计	148	100.00	46	100.00	102	100.00	126	100.00	26	100.00

(七)个体综合性欺凌判断

综上所述,即使是年幼的小学低年级学生,也不是像有的学者指出的那样,仅仅只从一个维度去做欺凌判断,他们对一种行为进行欺凌判断多多少少会考虑这种行为的起因和背景。但是,总的来说,个人的欺凌判断确实存在一个从行为判断到事件判断再到关系判断的发展历程。儿童在小学低年级关注行为的可见后果(如财物损失或身体伤害),对校园欺凌倾向于做行为判断;到初中则将伤害行为及其前因后果联系起来,倾向于对校园欺凌做事件判断;而上了高中特别是上大学之后,甚至能够超越伤害事件本身,聚焦于双方关系,倾向于对校园欺凌做关系判断,或者将事件置于一个更大背景之下做出生态判断,既考虑事件发生的班级或学校整体氛围,也考虑事件发生后所产生的广泛影响或长远影响(见表5-11)。

表5-11 个体综合性非欺凌判断

	小学生		初中生		高中生		大学生		研究生	
	人数(人)	百分比(%)	人数(人)	百分比(%)	人数(人)	百分比(%)	人数(人)	百分比(%)	人数(人)	百分比(%)
无法确定	4	2.70	2	4.35	1	0.98	0	0.00	0	0.00
行为判断	73	49.32	9	19.57	47	46.08	14	11.11	2	7.69
事件判断	67	45.27	32	69.57	49	48.04	35	27.78	10	38.46
生态判断	4	2.70	3	6.52	5	4.90	77	61.11	14	53.85
总计	148	100.00	46	100.00	102	100.00	126	100.00	26	100.00

三、欺凌判断的参与式研究

我们将上述发现运用于校园欺凌的认知干预,采取发展性干预策略,在小学阶段将干预重点放在引导学生去感知和化解欺凌行为的恶意上,在初中阶段则将干预重点放在引导学生去感知和化解欺凌关系上。虽然在团体辅导上取得了比较满意的效果,从一定程度上印证了调查研究所取得的基本结论,但在个案辅导或调解中却发现个体的欺凌判断并不处于一种稳定的发展状态。学生(尤其是进入青春期的学生)一旦卷入校园欺凌事件,他们对卷入事件的判断便显得扑朔迷离。不但欺凌实施者和旁观者很可能矢口否认自己实施了或目击了欺凌,就连受害者都有可能在内心否认自己受到欺凌。

这种现象表明,个体的欺凌判断并不是纯粹的客观判断,而是带有鲜明情感色彩的主观判断;换句话说,个体的欺凌判断并不是纯粹的事实判断,而是一种特殊的道德判断。将一起校园伤害事件认定为欺凌,意味着不仅承认伤害事实,而且认定其出于恶意,并且性质恶劣,在道德上不可接受。欺凌判断这种性质导致学生在未卷入欺凌事件与卷入欺凌事件时对于校园欺凌采取不一样的态度。特别是进入青春期的学生,由于自我意识的觉醒和发展,一旦卷入欺凌事件,他们的欺凌判断与自我意识就可能发生冲突,陷入认知失调的困境之中。正如费斯汀格(Leon Festinger,1919—1989)认知失调理论所预测那样,个体一旦拥有了相互对立的认知,内心就会感到别扭和难受,驱使个体想方设法消除或减轻内部的认知失调。他们要么改变其中一种认知,要么给两种认知添加新的因素,以弥合两者之间的差距,从而使它们协调共存于内心。[1]阿伦森进而指出,大多数严重的认知失调都跟失调者的自我认知有关。人们普遍对自己持有正面的自我认知,内心一旦出现与之对立的认知,则普遍倾向于采取与自我认知相一致的策略,去缓解自身

---

[1] 费斯汀格.认知失调理论[M].郑全全,译.杭州:浙江教育出版社,1999.

的心理失调。[1] 对于校园欺凌事件卷入者来说,这意味着他们会在内心对所经历的欺凌事件做出否定判断,或者想方设法将其合理化。

这种发生在校园欺凌卷入者内心为捍卫自我认知而进行的欺凌判断,一般难以从校园欺凌问卷调查和普通的学生访谈中查明,而只能通过卷入者不设防的坦诚叙事中获知,或者通过参与校园欺凌案件的处理,在听取各方陈述和申辩的过程中加以透视。在近五年时间里,我们有幸得到有关学校或当事人的信任,先后在全国各地开展基于儿童欺凌判断发展的校园欺凌干预试验,其中包括 2 项通过合作学习干预同伴排斥试验(通辽和南通)、1 项激惹型学生欺凌调解试验(上海)、3 项学生团伙欺凌调解试验(南通和上海)、1 项学生欺凌同伴调解模拟训练试验(上海),全程参与 6 起严重校园欺凌事件处理的咨询工作(上海、广州、芜湖),开展了 11 场校园欺凌干预团体辅导或模拟训练工作坊(上海、合肥、石河子)。我们的校园欺凌干预实践或试验有成功,也有失败。但是,我们通过这样的参与研究获取了大量有关校园欺凌实施者、受害者、旁观者对于所卷入事件的看法以及他们自我辩解和相互指责的各种理由或借口,从中可以梳理出这三类卷入者不同环境下自我认知与欺凌判断的相互作用方式。这方面的发现,校正了我们对于儿童欺凌判断发展的认识——卷入欺凌事件的学生内心对欺凌事件的看法尽管有其年龄特征,但其中的变化又远不是依靠线性的发展趋势就可以简单预测、描述和解释的。

---

[1] Ableson, R. P., Aronson, E., McCuire, W. J., Newcomb, T. M., Rosenberg, M. J. and Tannenbaum, P. H., eds. Theories of Cognitive Consistency: A Sourcebook[M]. Chicago: Rand McNally, 1968.

第六章

儿童的欺凌概念

第六章
儿童的欺凌概念

从当事人立场出发去界定和识别欺凌,可能是现有观察、调查、分析、研究中比较少见的方法。我们比较习惯于从旁观者的立场出发,去调查和分析校园中的欺凌现象。几乎所有的调查都给我们带来了差不多一样的坏消息和好消息。坏消息是,调查显示出来的校园欺凌现象远比我们想象的、估计的严重得多。好消息是,学生在调查中报告的欺凌事件随着年龄增长或年级的升高而逐渐减少。我们对此充满好奇:为什么年龄大的高年级学生报告的欺凌事件会明显少于年幼的低年级学生呢?是不是因为低年级学生把许多算不上欺负的冲突当成了欺凌事件呢?是不是学生形成了比较成熟的欺负概念后,才不会像小孩子那样动辄说自己受到了欺负呢?鉴于多数调查问卷或欺凌量表都是让学生报告打人或挨打的次数,有没有叫别人绰号或被取绰号……以此来统计校园欺凌发生的次数,我们完全有理由怀疑许多调查报告夸大了校园欺凌现象。或者说,不同年龄阶段的学生对欺凌有不同的理解和感知,现有的调查和测评可能未加分别,把学生们报告的欺凌事件统统视如成年人所理解的欺凌。

可是,不同年龄阶段的学生对欺凌的理解有着本质的不同么?他们会像前面描述的那样,只把强势一方对弱势一方的恶意行为视为欺凌么?简要的回答是:幼儿生活在一个没有欺凌的世界。随着年龄慢慢长大,才逐渐感受到欺凌。他们的欺凌概念是个人发展和社会建构的结果。然而,对7名8岁左右的小学二年级学生的欺凌判断访谈表明,小孩子心目中的欺凌与成年人观念中的欺凌概念大相径庭。这个年龄阶段学生描述的欺凌事件往往都有肢体接触,并且无过错方在冲突中吃了亏,或者受到不对称伤害。学童普遍从行为的客观后果和客观原因出发下欺凌判断,既不依据伤害者的主观恶意,也不在意冲突双方是不是势均力敌。这个年段的反欺凌教育的重点在于,当他们与同伴发生矛盾时,引导他们把关注的目光从同伴的外部行为转向同伴的真实意图,引导他们学会恰当地表达自己的真实意图,以促进其人际技能、友善关系及欺凌概念的发展。

一、个体欺凌概念的社会建构

话说我小时候淘气,跟堂弟玩得不开心,就会动手打人。婶婶说:"你是哥哥,怎么可以打老弟呢?"有一回我出手太重,被婶婶看见,她令我伸出打人的那只手,用鞭子重重地抽了几下。我的手被抽得生痛,却不敢告诉妈妈。我打人在先,生怕让妈妈知道了再挨一顿骂。有一次,婶婶打我,被我妈撞见。我妈质问我婶:"你一个大人家,怎么可以打毛桃崽子呢?就算毛桃仔有错,你也不要打他呀!"妯娌俩就吵了起来。

要是在小学阶段,我可能会认为我欺负了堂弟,我婶也欺负了我。但当时我并没有觉得自己是在欺负人,也没有觉得被人欺负了。我甚至没有听到婶婶说我欺负了他儿子,也没有听到我妈说我婶欺负了我。两个几近文盲的山村女子护犊心切,相互指责,却无论如何都不说自己的孩子受到了欺负。这并不表示我妈没有是非,不明事理,不知道我是在欺负小弟弟同时又被婶婶欺负。她那时不过是在竭力避免幼小的我意识到这是欺负而已。所以,假使我6岁时你问我:有没有人欺负你?有没有欺负过人?我很可能说没有,因为我的脑子里根本就没有欺负的概念。你或许会先向年幼的我解释什么才算是欺负,再问我有没有受过欺负。我可能会告诉你:我奶奶欺负我。我一尿床,她就打我小屁屁。你听了大概会凌乱吧?

不光是我,所有的孩子在人生最初的若干年里都不会有欺负的概念。幼儿生活在一个没有欺负的世界里,即使事实上受到欺负,也不

第六章
儿童的欺凌概念

可能向人报告说他们被人欺负了。他们至多会告诉亲人,某某某打了他一下,或者咬了他一口,拧了他一下,或者,某个小朋友不让他玩某种游戏……仅此而已。幼儿不会使用"欺负"这个词,更没有欺负或受欺负的感觉。欺负这个概念很可能是个体发展和社会建构的产物。

儿童究竟从何时起有欺负概念,是一个值得研究的问题。就个人而言,我是在进了小学才逐渐有了欺负和被欺负的意识的。如前所述,我幼时淘气,经常惹是生非。母亲管束不住,在我6岁时就把我送进了学堂,说是要让老师来收拾我。我一进学堂就看见班上所有的同学都比我高大,特别是跟我同桌的那个女生大我好几岁。我年龄虽小,却是班上唯一不用老师教就能在本子上书写自己名字的学生。老师很惊讶,当场表扬我。同学们就注意上了我,一下课就有人发现我还在穿开裆裤。大家围着我起哄:看呀——他露出小鸡鸡喽!我赶紧用手捂住前面,他们又喊:看呀——他露出大屁股喽!我只好一只手捂前面,一只手捂后面,狼狈不堪。大家笑得更凶了。我第一次尝到被众人嘲笑的滋味,孤立无援。我觉得丢脸,心里难过,直埋怨我妈让我穿开裆裤上学。

如果在中学,全班同学围观取笑我的穿着,我会感到受到羞辱和欺负。但小学入学第一天同学们笑我穿开裆裤时,我只是感到丢脸难过,没觉得被大家欺负了。我们在最近的研究中发现,这是一种普遍的现象。小学一二年级的孩子都是客观因果论者,只把身体上的攻击看成是欺负,不会把取笑、排挤、精神虐待之类看上去没有伤及身体或者伤害极其轻微但实际上使人内心痛苦难受的行为视为欺负。[1]

---

[1] 黄向阳,顾彬彬,赵东倩.孩子心目中的欺负[J].教育科学研究,2016(2):12—19.

我大约在小学二年级萌生欺负的意识,渴望当一个能够欺负女生的男子汉。那时男女同桌,男生在桌子上画一条"三八线",不让同桌越界。为了得到男孩子们的认同,我也学他们的样,壮起胆子在课桌上画出"三八线"。我的同桌根本不吃这一套。我挤过去,人家就挤过来。我力气小挤不过人家,就使用阴招偷偷地在"三八线"上涂上墨水,弄脏了同桌的衣裳。同桌生气了,把我摁在地上狠扁。我打不过,就揪住她的头发不放。男生们在一旁起哄,取笑我不会打架,只会拉女孩子的头发。我痛感奇耻大辱,不争气地坐在地上抹眼泪……那个时候,我们山村男生当中有许多不会明说但能意会的潜规则,例如:敢欺负女生才算是男子汉,光明正大地欺负女生是光荣的,用阴损的方式针对女生(拉人家的头发、弄脏人家的衣服)是可耻的……我想成为男生中的一员,所以我试图欺负我的同桌。我非但没有成功,阴损下流的行为反而成了笑柄。我很快意识到,即使用阴损的方式把同桌弄哭了,大家也不会承认我欺负了女生。当时全班公认我欺负不了女生,连我自己也这么认为。朦胧的意识里,欺负就是强者攻击弱者,打得过人家才是强者。我恨自己无能,更恨自己在众目睽睽之下被女生打倒在地。我宁愿自己被她偷偷打成重伤,也不愿意让这么多同学看到我无力还击。

我没欺负成同桌,反倒像是同桌欺负了我。同桌打得我无力还手,还有众多同学围观起哄,按照现行标准属于典型的欺负行为。可在当时,没人认为那个女生欺负了我,我自己也没觉得受到了欺负。事情是我惹起的,我有错在先。正如同学们笑我穿开裆裤,错不在同学起哄取笑,而在我自己穿了开裆裤,或者说,错在我妈让我穿开裆裤上学,活该被人笑话;同理,我招惹同桌在先,还弄脏人家的衣服。打不过人家,就活该挨打。其实那个年段的孩子都差不多,是十足的报应论者,相信善

第六章
儿童的欺凌概念

有善报,恶有恶报,信奉以牙还牙,以血还血。在孩子的心目中,让有过错的人受到惩罚是天经地义的,因此教训有错在先的同伴不算欺负,无缘无故地殴打没有过错的同学才是欺负。[1]细想起来,幸亏自己当时没觉得受了欺负。把挨打归咎于自己惹是生非,比起觉得自己清白无辜受人欺负来,毕竟要好受得多。

我第一次感觉受到欺负是在小学三年级。那时,我弟弟也上学了。有一回,放学途中邻村一个五年级的大男孩无缘无故殴打我弟弟。我忍无可忍,冲上去厮打对方。可我们兄弟俩联手也不敌人家,被打得头破血流,哭着回家。母亲问明缘由之后,带着我们兄弟俩去邻村讨要说法。见到对方家长,我母亲就生气地质问:"你们家孩子怎么可以这样欺负细伢仔?"对方家长拉出自家孩子,指着他脸上的伤痕说:"我家毛桃也受伤了!"还反问:"你们家两个打我们家一个,到底是谁欺负谁呀?"双方就吵了起来。这是我第一次听到大人明确地把一起冲突说成是欺负。双方就这件事究竟属于以大欺小还是属于以多欺少展开了热烈的"学术讨论",引来众多村民围观和议论。我不大懂他们啰唆什么,只知道我和弟弟受伤更多更重。我们吃亏了,所以是那个五年级男生在欺负我们!

我马上意识到,承认自己受到欺负是一件很丢脸的事,因为那表示我们是弱小的一方。两个人还打不过一个人,真是没有用!尽管我妈没有这样说我们,但我当时心里就是这么想的。我宁愿对方家长拉着哭哭啼啼的孩子来我家告状,也不愿意在众目睽睽之下听凭我那可怜的妈妈在人家门口反反复复地痛诉:"我们家毛桃小呀,一个8岁,一个7岁,怎么打得过你一个后生条仔?明明是你在欺负毛桃子嘛!"母亲的

---

[1] 黄向阳,顾彬彬,赵东倩.孩子心目中的欺负[J].教育科学研究,2016(2):12—19.

痛诉令我备感屈辱。我虽然才8岁，却深切地感受到公开承认受人欺负比受欺负本身还窝囊。因为公开承认自己受了欺负，就等于公开承认自己懦弱无能。那时我就暗暗发誓：今后决不让人欺负；万一被人欺负，也决不让更多的人知道，尤其不能让父母知道，他们知道了就会嚷嚷出去，令我更加难堪。

二、聚焦行为后果的欺凌判断

我小学低年级的经验表明，我的欺凌概念是在力量不均的人际冲突中萌生并逐渐发展的，但在做欺凌判断时，我并不关注冲突双方是否势均力敌，而只关注冲突的客观结果，在乎输赢，在乎是不是一方占便宜而另一方吃亏。一旦在冲突中吃亏，就会觉得自己受人欺负了。同时，我并不会把自己招惹在先而引起的同伴报复看成是欺负行为，说明我在做欺凌判断时也会关注冲突的客观原因。总之，我小学低年级时围绕特定行为或动作进行欺凌判断——主要从行为的客观后果出发，偶尔也兼顾行为的客观原因，去判断特定行为是不是欺凌。这跟我长大之后有着明显的不同。问题是：这是一种普遍的现象吗？

为了回答这个问题，2015年10月，我们对6个省、自治区、直辖市14所学校513名小学四年级以上的各年级学生进行了问卷调查，另外还对7名小学二年级学生进行了访谈调查（见表6-1），要求接受调查的学生详细地描述一起学校里发生的欺凌事件，并且解释认定它为欺负行为的理由；同时要求他们描述一起有人说是欺负但自己并不认为是欺负的校园事件，也要说明理由。每个学生都讲述一起校园欺凌事件，透过520个欺凌事件，以及各个年段学生的描述和解释，大致可以看出学生个体对欺凌的理解和感知的变化趋势（详见第五章）。

第六章
儿童的欺凌概念

表 6-1 校园欺凌访谈对象一览表

编号	性别	年级	出生年月
ZP0101	女	小学二年级	2007年12月
ZP0102	男	小学二年级	2007年10月
ZP0103	男	小学二年级	2008年2月
ZP0104	女	小学二年级	2008年1月
ZP0105	女	小学二年级	2007年10月
ZP0106	男	小学二年级	—
ZP0107	男	小学二年级	2007年11月

让我们先来看一看二年级小学生眼里的欺负是什么样子。因为这么小的学生阅读和书面表达能力有限，我们没有使用问卷调查，而对他们进行了面对面的访谈。访谈由一名参与研究的小学老师在自己任教的班级里实施。鉴于访谈内容比较复杂，我们对访谈对象作了刻意的挑选，其中5位学生的学习成绩比较优秀，表达能力比较强。但是为了有所比较，也在班级里选择了一个相对弱势的孩子作为访谈对象。从访谈记录上看，前5位小学生都能够理解访谈者的指导语及问题，能够比较清晰地描述和解释自己感知到的欺凌事件。但是，第6位小学生的回答不知所云。他虽然提到有位同学推他，却不能描述事情的起因、经过和结果，也不能解释自己为什么觉得受到了欺负（ZP0106，男，二年级）。我们不清楚这位小男生如此不同于其他同伴，到底是因为没有欺负概念或者表达能力不够，还是因为担心或害怕而不愿意多说。

6位访谈对象中，有5位是在访谈者执教的一个班级里，他们当中3人提及同一位同学欺负人，3人提及同一位同学受到欺负。多人提及的受欺负者名叫刘梅（化名），她得过小儿麻痹症，走路有点跛。学生们的描述出乎访谈者的意料。刘同学的妈妈曾经专门来学校，说班级里的孩子们怎样帮助刘梅,她又多么喜欢来学校。通过访谈才知道有的孩子会踢她、打她,令访谈者感到震惊。更令人震惊的是,孩子们口中提到的那位欺负者居然是班长兼体育委员吴军(化名)。这两个孩子都引起了我们的高度关注,但是为保护刘同学,我们并没有打扰她,只追加了对吴同学的访谈。我们对这个多名同学眼里的欺负者充满好奇:他脑子里的欺负是什么样子?会跟我小时候的欺凌判断相似么?

三、客观因果论

吴班长(ZP0107,男,二年级)听完访谈指导语之后显得有些惘然,他反复地问:"欺负?欺负?欺负?"仿佛是第一次听到这个词语。所以,无论是讲述欺负的事情,还是讲述不算欺负的事情,都花费了相当长的时间。吴班长费力地说出了一件校园里发生的欺凌事件,其大致的经过是:甲同学和乙同学在一起玩,玩到后面弄得不开心。甲推了乙一把,乙倒下的时候压在身后的丙同学身上。乙向丙道歉,丙原谅了乙。老师看他俩没什么事,就把甲叫去训话。访谈者追问吴同学:到底是谁欺负了谁?我们猜想他可能会说甲欺负了乙,也可能会说乙欺负了丙。他经过思考后给出的回答是:乙欺负了丙。他的理由是:同学之间如果有不开心的事,要和老师说,不应该追逐打闹,然后压到小朋友。很显然,吴班长做出欺负判断,所依据的是直接的行为后果。

这位班长还描述了另一起班级事件:陆同学拿走了刘同学的橡皮,刘就打了陆一下。吴班长认为,陆同学拿走刘同学的橡皮不算是欺负,刘同学不应该打人。他的理由是:陆同学没有橡皮,如果写错了字就不能够擦掉,所以刘同学应该把橡皮借给她。吴班长以陆同学的实际需求,或者说,以陆同学写错了字不能擦掉这个客观事实为由,替她不告而取他人物品的行为辩解,其中的逻辑与他前面做出欺负判断的逻辑如出一辙——都不顾行为的动机,而只关注行为的结果。

这不是个别现象,而是这个年龄阶段的普遍现象,尽管也有例外。请看下例:

T:你能够说一件有人认为是欺负而你却认为不是欺负的校园事件吗?

S:我们有一个同学,在快乐活动日吹长笛。休息的时候,跑来跑去,他就用手把别人的笛子口给抹脏了,然后又擦干净了。我觉得这不是一件欺负的事情。

T:为什么呢?

S:因为他把别人的笛子口弄脏后又擦干净了,他既帮助了别人,也改掉了自己的坏习惯。

(ZP0105,女,二年级)

这个小女生也是从行为的客观后果出发做出非欺负判断。她不在乎自己的同学调皮捣蛋恶作剧。在她看来,就算他弄脏了别人笛子,只要他最后把笛子擦干净,就不算欺负人。非但不是欺负人,反而是在帮助人了!这位女生在做出欺负判断时沿用了同样的思路:

T:请你说一件在学校里发生的欺负人的事件。

S:这件事情已经有几个星期了。我们班的刘梅腿不好,别人用脚踢她。

T:谁用脚踢她?

S:我们班级里的同学什么的,要去踢她。男生女生都用脚踢她。

T:为什么踢她呢?

S：因为别人感觉她很弱，就会去踢她。她不会还手，因为她的手脚都不好。

T：你为什么觉得这是欺负人的事情呢？

S：因为我们帮助别人的事是好事，比如说帮助别人拿饭是一件好事。欺负的话，就是用动手的行为来做一件不好的事情。

（ZP0105，女，二年级）

这名女生在解释同伴欺负人的时候提到了被欺负对象的弱小、不会还手，在说明自己做出欺负判断的理由时却不提及这一点，强调的是"用动手的行为来做一件不好的事情"才是欺负的基本特征。

由于这个阶段的学生做欺负判断时聚焦于行为的客观结果，他们能够感知并报告出来的欺凌事件往往都是显而易见的行为攻击，如用手打人或推搡，用脚踢人踹人，用身体撞人压人。但是，他们不会把平时的打闹视为欺负，尽管其中包含了大量的肢体接触。他们如此对待平时打闹，并非出于平时打闹没有恶意，而是因为其中并无谁占便宜、谁吃亏的区别。一旦出现有人占便宜、有人吃亏的情况，打闹就会被他们看成是欺凌事件了。正如一个小女生（ZP0101，女，二年级）所描述和解释的那样，甲同学踢了乙同学一脚，乙同学也踢了他一脚。甲同学为了反抗，就向乙同学吐口水。两个人打打闹闹，踢来踢去，不算欺负；甲对乙吐口水，才是欺负。呵呵，要是乙同学反击，也向甲同学吐口水，那就扯平了，又成了打闹了，就不存在谁欺负谁了！所以说，儿童眼中的欺负不是简单看行为的客观后果，而是必定有一方占了便宜而另一方吃了亏特别是身体上受到伤害的后果。

这样的欺负概念或标准，既可能使孩子们夸大欺负现象——他们在动手并且吃亏之后就有可能向老师或父母报告自己受欺负了，也可能使他们漏报一些比身体上吃亏更为严重的欺负现象。下面的访谈就反映了一个孩子的困惑和苦恼。他本来是在说自己受欺负的事，可考虑到对方是自己的好朋友，最终又否认好友是在欺负自己：

T：请你说一件有人认为是欺负而你却不认为是欺负的校园事件。

S：比如说，楠楠。我有时候会和楠楠吵架，楠楠会一直打我。

T：你们为什么吵架？

S：（沉默）

T：她打你，也不是欺负？

S：嗯。

T：为什么你这样想？

S：因为好朋友之间要互帮互助。

T：你和她是好朋友吗？

S：是的。

T：还有其他要说的吗？

S：没有了。

（ZP0103，男，二年级）

即便老师追问还有没有其他要说，这位小男孩依然有苦说不清。这是许多孩子的困惑和苦闷！朋友总是打自己，自己因此很难过。可是因为对方是自己要好的朋友，甚至是最要好的朋友，打得也不算重，并没有在身体上造成多大伤害，可见的后果貌似并不严重，因此好像不能算是欺负。其实，他们痛苦的不是身体，而是内心。可是，他们是客观因果论者，还无法识别那些在友情、亲情名义下的精神控制和虐待。

皮杰亚早已发现，儿童在这个年龄阶段是标准的道德客观论者。[1] 他们在判断一种行为是不是欺负行为，不仅依据这种行为的客观后果，还依据行为的客观原因。请看下面一例。人们或许会感慨小女孩宽宏大量，但请注意她的解释：

T：你能够说一件别人认为是欺负而你却不认为是欺负的校园事件吗？

S：有时候我写字的时候，他们走来走去，会让我没有办法写字。我觉得这样没有关系。

T：有时候写字时？

S：他们走过来的时候，把我的笔撞了一下。

T：你为什么认为这不是欺负呢？

S：教室里的过道本来就很小，天气冷了就会穿很多衣服。穿得厚了，不大好走，就会碰到。

（ZP0101，女，二年级）

这个小女孩不觉得自己被人欺负了，并不是因为同学们不是故意干扰她写字，而是因为天气冷、大家衣服穿得厚、教室过道狭小等客观原因。出于同样的逻辑，另一个小女孩认为，只要不是对着人吐口水，就不算是欺负人：

T：请你说一件有人认为是欺负而你却不认为是欺负的校园事件。

S：好像有一件事情，也是发生在我们班级里的。就是哲和彦吵架

---

[1] 皮亚杰. 儿童的道德判断[M]. 傅统先, 陆有铨, 译. 济南：山东教育出版社, 1984.

了,我去调解过他们。可是,哲暗地里吐了口水。他们认为这是欺负人的事情。

T：哲对谁吐了口水?

S：不知道,他就在垃圾桶旁边吐了口水。我认为他是在吐痰,而且是在垃圾桶旁边,吐在垃圾桶周围。人家认为他这是在向彦发的气。

T：你为什么认为它不是一件欺负人的事情?

S：因为他没有对彦说你怎样怎样,然后"呸"地吐痰。他是在垃圾桶旁吐口水。但是我认为他是在吐一口痰,而不是对彦暗地里发气。

（ZP0104,女,二年级）

这位小女生认定哲同学没有欺负彦同学,用作解释的是客观事实。她反复强调哲是对着垃圾桶在吐痰,没有对准彦吐口水。这个年龄阶段的孩子是不大可能关注到哲这么做的主观意图的,因此说不出"他不是故意的"这样的话。这个年龄的孩子只从客观的原因出发去理解或解释欺负现象,而不关注欺负者的主观动机,所以他们暂时还不能够用伤害行为是否有恶意来认定欺负现象。只要伤害行为发生,就会说是欺负。不管人家是否有意,都会被他们看成是欺负。

四、报应论

报应论的逻辑是:"以牙还牙,以血还血。""人不犯我,我不犯人。人若犯我,我必犯人。""你打了我,我就要打还你"。"我帮过你,你也得帮我。"……报应论者相信天网恢恢,疏而不漏,不但恶有恶报,而且善有善报。小学二年级学生大多数都信报应论,认为让表现好、做好事的同学受到表扬和奖赏,让表现差、做坏事的同学受到批评和惩罚,是天经地义的;而无缘无故让人痛苦才是伤害,才是欺负。

在我们的访谈对象中,有个小男孩报道了一件他认定的欺凌事件:体育委员曾在体育课上踢了刘同学的屁股一下,刘同学都快要哭了。王同学又踢了她两下,不让她哭出来。他认为,体育委员没有理由就踢同学,是欺负。于是,访谈人继续追问:

T:没有理由踢她就是欺负?是不是有理由了就可以踢她了?
S:应该不是的。但是除非那个人之前做的事情很过分,然后就可以了。
T:过分指什么,能说得再清楚些吗?
S:就是别人认为是错的,他认为是对的。
T:也就是说,如果那个人做的事情很过分,就可以踢他了?
S:应该是的。

(ZP0102,男,二年级)

这个孩子在说明做欺负判断的理由时,虽然提及刘同学手脚有残疾,但是他的重点是在强调无缘无故踢别人才是欺负。根据他的意思,如果刘同学有错在先,做的事情又很过分,例如大家都认为她错了,她还坚持认为自己是对的,那么体育委员就可以踢她。这种情况下就不是欺负。

另一个小男生对欺负的描述和解释也包含了这种逻辑:

T:请你说一件在学校里发生的欺负人的事件。
S:上个学期吴军一直踢我,我就一直打他。那天体育课,他总是

第六章
儿童的欺凌概念

打我。

T：为什么打你？

S：不知道。

T：他怎么打你？

S：用脚踢我。

T：他为什么用脚踢你？

S：我不知道。

T：那他踢过你之后，你问过他原因吗？

S：没有。

T：他踢你的事情，你和老师说过吗？

S：也没有。

T：当时他踢你时，你感觉怎样？

S：我感觉很疼。

T：那你觉得他欺负你了吗？这是一件欺负的事情吗？

S：不是欺负。

T：你这样想的原因是什么呢？

S：有可能我做错事情了，所以他踢我。

T：那这件事情是欺负还是不是欺负？

S：不是欺负的事情。

（ZP0103，男，二年级）

这个男孩子似乎还说不清楚什么是欺负。他起初是在描述一件受人欺负的事情。可是，到最后又否认自己说的是欺负人的事件。在他的心中，如果是自己理亏，有错在先，就活该被体育委员踢几下，那不算是欺负。这明显是一种报应论的思维。但是，这个阶段的孩子还不是十分彻底的报应论者。再过几年他们才会想到,同学有小过错让他受很重的惩罚也是欺负,同学表现正常却不让他参加某些活动也有可能是欺负。那是后话。

五、权威主义

从我们的角度看,几乎所有接受访谈的小学二年级学生描述的欺凌事件,隐隐约约都有强势者针对弱势者的特征。虽然不明显,但依稀可见。问题是,他们解释自己做出欺负判断的原因时,几乎都不提及这个最重要的欺负特征。即使他们中多人提到有人欺负班上一个身体有残疾的同学,也几乎没有人从"强欺负弱"这个角度去评论。如前所述,有个小女孩在解释同伴欺负人时提及被欺负者的弱小,可在说明自己做欺负判断的理由时并未提及这一点,强调"用动手的行为来做一件不好的事情就是欺负"(ZP0105,女,二年级)。还有一个小男孩在解释他为什么认为体育委员是在欺负刘同学时,倒是提到了刘同学手脚有残疾,但他重点强调的是体育委员无缘无故连踢刘同学数下(ZP0102,男,二年级)。这可能不是无意的疏忽,否则不会成为一种普遍的现象。

小学二年级学生还处在崇拜强力,遵从权威的阶段。在他们眼里,权威和强势者制定和执行规则,操纵和统治这个世界,是理所当然的。王同学是体育委员,并且得到老师的授权,管理乱糟糟的体育课堂的纪律,因此他有权用自己的方式处置违反纪律的同学。他们唯一不能接受的是,体育委员无缘无故地踢打没有做错事、没有违反纪律的同学。他管理同学不是欺负,没有理由就打人才是欺负。正因为崇拜强力,遵从权威,他们不大可能从自己感受到的欺负事件中,识别出大欺小、强欺弱、干部欺负群众这样的典型的欺负特征。有鉴于此,可以说这个年龄阶段的孩子并不具备真正的欺负概念。

第六章
儿童的欺凌概念

但是,也有例外。请看下面的访谈记录:

T:请你说一件在学校里发生的欺负人的事件。

S:上体育课的时候,吴军很讨厌刘梅,然后就把刘梅的椅子使劲往桌子上推,都快把她挤扁了。我认为这是一件不好的事情。因为刘梅是残疾小朋友,我们要多照顾她,多关心她,而不是挤她。

T:对,是要多照顾她。那为什么会发生这样的事情?

S:因为平常吴军很讨厌刘梅。刘梅上课时会偷偷地笑,吴军就让我看,说课上刘梅偷笑的样子很难看。但是我觉得刘梅偷偷地笑是她自己的事情。

T:你为什么觉得它是一件欺负人的事情?

S:因为刘梅平时没有做坏事,也没有故意对吴军怎样。他却对刘梅这样。况且刘梅是一个残疾小朋友,身体不太好。所以我认为这是一件欺负人的事情。

(ZP0104,女,二年级)

这个小女生在描述和解释中也强调无缘无故是她判定一起事件为欺负的首要依据,但她已经把刘同学身体有残疾跟她受欺负紧紧地联系在一起,表明她的欺负概念中已经有"强欺弱"的朦胧意识。另外,小女孩还将体育委员欺负残疾小朋友归因于他讨厌那个残疾小朋友。虽然小女生还没有据此明确认定欺负者怀有恶意,但她不像其他同龄人那样只注意导致欺负发生的客观因素,她在强调欺负者的主观动机!这是一个非常特别的女孩子,她平时很爱看书,她的理解和认知能力都比同龄同学发展得好,她对欺负的见解也反映出她的卓尔不群。她对欺负的看法在她这个年龄阶段还很少见,但代表儿童欺凌概念进一步发展的方向。这种发展趋势从小学高年级开始变得越来越明显。

六、儿童欺凌概念的发展

综上所述,我们访谈过的那7个8岁左右的学生讲述的欺凌事件,几乎全都不满足我们对欺凌概念所作的限定。他们心目中的欺凌都是一些发生肢体接触后导致无过错方吃亏或受到不对称伤害的事件。他们对一件事件做出欺凌判断,根本不依据欺凌者的主观恶意,也几乎不在意欺凌事件是不是大欺小或强欺弱。他们报告的校园欺凌事件内含的欺凌概念外延相当宽泛,他们眼里的欺凌跟我们心中的欺凌大相径庭。他们用铁的事实证明本书第三章对欺凌的界定不过是一厢情愿,自说自话。

我们似乎应该放弃对欺凌所作的条件限定,不再把欺凌界定为强势的一方对弱势的一方的恶意伤害。可是,作为成年人尤其是作为研究者,我们可以满足于持有一种跟8岁孩童一模一样的欺凌概念吗?就在犹豫不决之时,我们在那组接受访谈调查的小学二年级学生中发现了一个异类——她旗帜鲜明地认定,体育委员讨厌残疾小朋友,就无缘无故地殴打残疾小朋友,是一件欺负人的事情(ZP0104,女,二年级)。这个女生的欺凌判断,还不足以让我们坚持最初对欺凌概念所作的限定,但是让我们看到另外一种可能。我们猜想,儿童的欺凌概念会经历一个发展过程,从只顾欺凌的外部后果(对身体的伤害)逐渐过渡到兼顾欺凌的内部后果(对心灵的伤害),从关注欺凌的后果逐渐过渡到关注欺凌者的恶意,最后成为一个个对欺凌有成熟概念的个体。

这是一个新的假设,有待于检验。通过系统分析各个年龄阶段的孩子自述的欺凌事件,或许可以证实儿童欺凌概念的这个发展性假设,甚至可以识别出个体具备成熟的欺凌概念大致的年龄阶段。我们根据个别二年级学生开始从行为动机出发下欺凌判断,猜想这种情况到三四年级会逐渐增多。然而,一次小范围的调查证伪了这种猜想。为了研发反校园欺凌的教材,我们曾经对一所小学四年级一个班的学生作过校园欺凌的问卷调查,结果大失所望。那些接受调查的四年级小学生绝大多数不知道什么是欺负,甚至没有听说过这个词,所以无法回答问题,统统交了白卷。虽然没有为教材开发收获到素材,却让我们意识到儿童真正具备欺凌概念的年龄比我们想象的要晚。

虽然某些个案显示有的学童在八九岁时就已经初步形成了在乎冲突双方力量对比以及行为动机的欺凌概念,[1]但这并不是一种普遍的情况。如果想查明这种欺凌概念形成的关键年龄究竟是在几岁或在几年级,那就需要做长时间的纵向追踪研究,或者做大范围跨年龄的横向比较研究。我们所做的跨学段横向比较研究(详见第五章)显示,多数学生进入少年期或者说进入初中后才会持有在乎冲突双方力量对比以及行为动机的欺凌概念。

---

[1] 黄向阳.欺负与反抗:个人的经历[J].中国德育,2016(6):19—24.

第七章

少年的欺凌判断

第七章
少年的欺凌判断

中国对校园欺凌现象开展调查研究时间不长，但从一开始就与国际接轨，采取国际学术界通用的概念框架和测评工具。我国研究者像国外同行那样，强调欺凌是力量较强的一方在未被激怒的情况下就有意地对力量较弱的一方反复实施的攻击行为，将强势方对弱势方的殴打、抢夺或损害物品、辱骂、讽刺、取外号、造谣、排挤等行为统统算作欺凌。我在2002年召开的一次国际学术会议上对此提出了异议：不加分辨，把打人、踢人、抢夺他人物品、骂人、说风凉话、讽刺人、给人取外号之类的行为，一律视为"攻击行为"或"欺凌行为"，很可能会夸大校园欺凌现象。

在2003年的一次国际研讨会上，我进一步提出从当事人角度界定欺凌行为——强势方恶意地攻击弱势方且攻击所致伤害为弱势方所感知，才最终构成一起欺凌事件。这个定义方案被收录于日本2005年出版的《打击欺凌的国家——日本及世界各国学校为解决欺凌问题采取的对策》一书，[1]从欺凌者和受欺凌者的立场去定义欺凌逐渐成为一种共识。日本甚至更为激进，1986年文部省从欺凌者一方界定欺凌，强调欺凌是针对弱于自己的人，给对方持续施加身体、心理的攻击，使对方感受到深刻的痛苦；2006年文部科学省改从受欺凌方界定欺凌，强调只要某人遭到来自与其有一定关系者的心理的和物理的攻击而感到精神痛苦，就算是欺凌。[2]我认为，这样认定欺凌或许更接近欺凌的真相。

如前所述，我对欺凌的认识跟个人的经历有关，是逐渐形成的。我

---

[1] 黄向阳. 中国の学校におけ「いじめ」対策：思いやりの気持ちを身につける[C]//土屋基规,P. K. スミス,添田久美之,折出健二,编. いじめととりくんだ国々——日本と世界の学校におけるいじめへの対応と施策. ミネルヴァ書房,2005：123—136.

[2] 文部科学省初等中等教育局児童生徒課国立教育政策研究所生徒指導・進路指導研究センター. 平成18年以降のいじめ等に関する主な通知文と関連資料[EB/OL]. http://www.mext.go.jp/ijime/detail/1336271.htm.

小时候打过比自己小的人,也被比自己大的人打过,还被全班同学起哄取笑过。[1]今天从旁观的立场看我的许多个人经历,可以说,我从小到大既是个欺凌者,又是个受欺凌者。可是,回首往事,我在经历那些事件的时候却有不同的感受——幼小的我生活在一个没有欺凌的世界,既没有觉得自己欺负了别人,也不觉得受到了欺负。即便懵懂逐渐形成欺凌概念,小时候对欺凌的看法跟现在的看法好像很不一样。追溯个人成长的历程,可以更加直观地阐释我们在跨学段访谈中隐约发现那些有关个体欺凌概念及欺凌判断的发展规律(详见第五章)。

一、从正面概念到负面概念

人一般都是慢慢长大的,在成长中逐渐认识这个世界。我却因为一次刻骨铭心的受欺负经历,早早地了解欺负的真相,变得谨慎起来——不再像幼年时代那样淘气,惹是生非。我因此平安地度过了少年时代,没有受人欺负,也不欺负人。可是,我初中的女同学可能不同意我的说法。

我在读初一时曾经和班上的男生做过一件事情,被班上的女生认定为欺负。那是一天傍晚,晚自修之前我们男生在教室外的操场上玩木菟游戏。那是一种类似"木头人"或"冰冻人"的抓人游戏:分成两队,一队抓人,一队躲避。躲避方的队员被追到无路可逃时喊一声"木菟",原地不动,等待本方有活动能力的队员来救援——被本方队员碰触过后才能恢复自由,加入游戏中。在活动状态中若被抓人方队员碰触到,就必须出局。不知是谁起头,大家一边玩,一边高呼"打倒日本帝国主义!打倒日本帝国主义!"铃声响后大家涌入教室,只见好几个女生正

---

[1] 黄向阳.欺负与反抗:个人的经历[J].中国德育,2016(6):19—24.

围着一个女同学。那个女生呜呜啼哭,边哭边说:"你们欺负人!你们欺负人!"女生们对着鱼贯而入的男生怒目而视,弄得我们莫名其妙。事后才知道,那位女同学因为个子矮小,小学时被人取绰号叫"日本婆"。人家以为,男生在木菟游戏喊"打倒日本帝国主义"就是针对她,所以觉得受了欺负,特别气愤,特别委屈。其实,我们之前并不知道她有这个绰号,高喊"打倒日本帝国主义"毫不针对她,怎能说我们欺负了她呢?如果有人觉得自己受了欺负就算是欺负的话,如果把无意之中伤害同伴的行为都视为欺负的话,学校和班上的欺负事件就太多了!我觉得女生指责我们男生欺负人实在冤枉,可惜当时没有向女生解释以消除误会,造成了事实上的伤害。

女生抗议男生欺负人,男生觉得冤枉,表明人到初中对欺凌的态度起了变化。记得小学低年级时,我渴望能够"像男子汉那样"成功地欺负一下那个同桌的女生,到了初中则不再像小学低年级时用欺负弱小来逞能,不再把欺负人看成是一件光荣的事。换句话说,欺凌在小学生那里是一个正面概念,在初中生当中则是一个负面概念。可以说,个体的欺凌概念是由社会建构的,同时又是个人成长的发展结果。

二、从物质损失到心理伤害

女生的抗议还显示少年时代的欺凌概念也有了新变化——少年心目中的欺凌不仅包括有形的身体上的攻击和伤害,还包括辱骂之类所致的精神伤害与痛苦。这跟我们在小学时判断大不相同。

小学中低年级时,我们十分关注欺凌所造成的有形后果或可见影响,即身体受到伤害,或者蒙受物质损失。进入初中,物品被损坏、被侵占或被不告而取等是否给我们带来受欺凌的感受,取决于这类损失是否给我们造成消极的情感体验。小孩子跟少年的不同之处在于,如今有相当一部分小孩并无物力维艰、得来不易的切身感受,因而对于自己的书本、书包、学具以及衣物等私人物品无缘无故遭人损坏或侵占未必会有强烈的不快。人到少年时,会将物品跟自己联系起来。自己的物品被损坏或侵占时,若感到可惜和心痛时,就可能有被伤害、受欺负的感觉。

少年学生的目光聚焦到身体伤害或心理伤害给受害人造成的精神痛苦上。痛惜、疼痛、愤怒、不甘、心酸、委屈、屈辱、失落、孤独、苦闷、心慌、恐惧、畏缩、怨恨、抑郁、厌学等,都是各种欺凌给人带来的痛苦感受。诸如此类的感受全都是精神上的痛苦。即使纯粹是身体受伤,血流不止,感受痛苦的也不是身体,而是心理或精神。无论何种痛苦,本质上都是心理感受,是精神痛苦。

少年学生正处于自我意识觉醒和发展之中,渴望同伴的认可和接纳。对于他们来说,欺凌真正令人痛苦的并不是自己的同辈给自己造成的那些可见的身体伤害和物质损失,甚至不是由此带来的直接的心理痛苦,而是自信心和自尊感的逐渐丧失。众目睽睽之下,自己遭受欺凌,无法招架;即使招架,也无力有效保护自己;为了避免更大的伤害和羞辱,被迫放弃反抗;这种遭人羞辱而无力反抗的事,在同学当中传播,甚至在网上反复传播,为更多的人所知……这一切不仅会加深受欺凌者对欺凌者、旁观者、传播者的怨恨、仇视,也会使受欺凌本人感到无力、无助、窝囊,深深地陷入自我贬低、自我否定的痛苦之中。这才是欺凌给人精神上造成的最大痛苦!一个人只有意识到欺凌的终极后果是令受害人看不起自己时,才能看到欺凌的本质。

我现在感到惭愧,当年虽是无意却因口无遮拦而事实上伤害到一位无辜的女生。我又感到庆幸,当时其他女生没有袖手旁观,而是围着那个委屈得痛哭的同伴,牵着她的手或者扶着她的身体,不住地安慰

第七章
少年的欺凌判断

她。其中一个女生还挺身而出,站起来痛骂我们这群无聊的男生。女生们有情有义的举动不但给了受伤害同伴极大的安慰,在化解其精神痛苦的同时,也极力维护了她的尊严,避免她陷入自我贬低的深渊。

三、从客观原因到主观动机

上例中,男生拒不承认欺负了女生,则意味着少年的欺凌判断也发生了重大变化——我们从道德客观论者慢慢变成了道德主观论者,[1]主要不从行为的客观后果出发,而从行为的主观动机出发,去判断一种行为是否属于欺凌。少年心目中,欺凌乃是强势方恶意地对弱势方采取的伤害行为。无意之中伤害他人,不能算是欺凌。从初中开始,学生逐渐分得清欺凌与玩笑、打闹的界线,甚至能够将一些并无恶意的捉弄、恶作剧与欺凌区分开来。欺凌判断虽然依然要看行为的后果,但更重行为的动机。

记得上初中时某天中午下课铃响起,同学们一窝蜂般涌出教室,跑向宿舍,拿上饭盒拥向食堂。我动作慢了一拍,赶到宿舍时找不着自己的饭盒。等到舍友们一个个买饭回来,又没见他们错拿饭盒。可他们一个个满脸坏笑,我就猜其中有鬼。我到处翻找,始终不见饭盒。我饥肠辘辘,一想到食堂就要到点关门,就发急了。可是,他们像是商量好似的,逐个向我保证没有藏我的饭盒。他们还信誓旦旦,相互作证说在场的同学没有动过我的饭盒。这话提醒了我,还有一个舍友没回来。我在大家的哄笑中冲出宿舍,只见那个家伙笑嘻嘻地站在不远处。他将一盒饭菜递了过来,一本正经地对我说:"你出来晚,我就替买饭了。"我哭笑不得,极力掩饰内心的不快和尴尬,也一本正经地表示感激:"真

---

[1] 皮亚杰.儿童的道德判断[M].傅统先,陆有铨,译.济南:山东教育出版社,1984.

不好意思,多谢你请客吃饭了!"我清楚这家伙是在开玩笑捉弄我,并无恶意,只不过想从我身上找乐子而已。我顺竿儿爬,不给他饭菜票,笑纳了他代买的午餐,让他也吃了个哑巴亏。

少年时代的同学关系就是这样,充满了相互打趣和恶搞,给紧张的学校生活增添了不少轻松活泼的元素。但因缺乏经验,这种玩闹和恶作剧有时会过火、失去分寸,弄得被捉弄对象尴尬难堪,甚至很不开心。这种疑似欺凌在一定条件下可能会演化成真实的欺凌(详见第九章的分析),但是它们本身并无伤害捉弄对象的恶意。捉弄对象一旦当真,将同伴的恶作剧视为欺凌,就会感到痛苦和愤怒,甚至以牙还牙。在捉弄对象表现出难堪时,如若恶作剧者及时收手,并且表达歉意、释放善意,就可以消除误会,避免冲突。就像我那位舍友用替我买饭的方式捉弄我,我没有感觉其中有什么恶意,反而隐约感受到这位舍友暗藏的善意和亲昵。我乐意接受,我恨不得他这样多捉弄我几回。

四、以事件为单位的欺凌判断

人到少年时代会从行为的动机出发进行欺凌判断,一般不会将同伴因无意之过而致的冒犯和伤害行为认定为欺凌。随着年岁的增长,有人甚至会将来自同伴的某些故意的伤害行为也排除在欺凌之外。

我读高中时班上有一个男生特别调皮。他姓卫,坐在教室里最后一排,经常带领班上的男生捉弄跟他同坐一排的一位女同学。那位女同学姓吕,个子高,有点胖,体态丰满。有一次体检,卫同学偷看到了吕同学的体检表,获知其胸围有91厘米。那天,碰巧数学测验卷发了下来,吕同学成绩名列前茅,那么难的题目竟然得到91分!于是,卫同学就给她取了一个绰号,叫她"91"。吕同学课间休息一出教室,卫同学就会把后门栓上,弄得她只好从前门进教室,让全体男生都向她行注目

第七章
少年的欺凌判断

礼。她倒落落大方,敢用眼睛扫视咱们这帮心怀鬼胎的男生。

有一回,吕同学如厕归来迟到了。见老师开始上课,她就试图从后门溜进教室,卫同学却愣是不开门。吕同学先是急切呼叫卫同学的名字,卫同学装着没听见。她再轻声叫唤:"老弟,开门!"还是没有反应。她柔声央求:"大哥,求你开一下门!"那位大哥架不住了,只好乖乖地开门,偷偷放她进了教室。

上了大学,同学们各奔东西。许多年后再次相聚,回想那段年少的岁月,感慨万千。有人问吕同学:"当年我们男生那么招惹你,你怎么不生气?"吕同学一脸不屑:"这种小屁孩的伎俩怎么奈何得了姑奶奶?喜欢我,就明说呀!"在场的男生都有点不好意思,但一下子释怀了——明明是咱们在捉弄人家,可人家并没有觉得受到欺凌,这太出乎意料了!

我从此意识到:一种行为算得上是欺凌,还得加一个条件,那就是,弱势的一方必须感受到伤害方的恶意。像吕同学那样将同伴针对自己的某些过分行为理解为开玩笑甚至是一种表达好意的特殊方式,才没有受欺凌的感觉。

不同于童年时代以行为作单位,依据行为的外部表现及其客观后果下欺凌判断,少年时代是以事件为单位,依据行为及其前因后果下欺凌判断。少年时代的欺凌判断不再是简单的行为判断,而是更为复杂的事件判断,即包含对欺凌的起因、经过、结果的判断。个体对欺凌经过进行判断,既有对攻击行为的认定,也有对攻击方滥用优势力量的认定,从而做出有人借助自身优势力量攻击他人的欺凌判断。这其实就是前一章所描述的小孩子都能做出的有关欺凌的行为判断。在此基础上,少年的欺凌判断还会考虑行为的前因(欺凌者有故意伤害的企图)与后果(受害人感受到了伤害所带来的痛苦)。成熟的事件判断还会将欺凌的起因与结果综合起来考虑,在意受攻击方是否感受到攻击方的恶意。一些在外人看来的欺凌事件,当事人本人并没有感受到恶意,并未觉得受到欺凌。如果有旁观者将其视为欺凌告诉当事人,或者宣扬出去,无异于是在给人添堵。

第八章

走向成熟的欺凌判斷

第八章
走向成熟的欺凌判断

回顾自己的成长经历,我发现我在学术上发表的有关欺凌的基本观点,早在高中就已经成形了。由于早早认识欺凌的真相,我努力避免欺凌他人,也努力避免遭遇欺凌。可惜我少年时代一直生活在团结友爱的环境里,鲜有与欺凌作斗争的经历。这种人生缺失,给我步入成人世界之后无力应对欺凌和压迫埋下了隐患。幸好我在大学终于被人欺凌了一回。在成人之际遭遇欺凌和反抗欺凌的经历,让我对欺凌的真相有了更加深刻的认识,对欺凌进行判断的心智更加成熟。

一、成年反欺凌心得

我上大学时肉类供应一度紧张。每当大排面世,食堂的窗口前就会挤满"肉食动物"。好不容易遇上一回吃大排的机会,排在队伍前面有望买到大排的吃货们都不愿意让人加塞。有一回,快要轮到我买菜时,一个素不相识的大个子男生强行插队,挤在我的前面加塞。如果那是个女生,我很可能默认。如果是小个子男生,我可能放他一马,也可能将他撵出队伍。可偏偏是个大个子男生,招呼不打就挤在我前面,我感受到冒犯和挑衅。我前面还有几个同学,他不在他们面前插队,偏偏挑选在我面前插队。这个大个子男生分明就是不把我这个瘦小的男生放在眼里嘛!

我强忍不快,客气地请他去后面排队,还指了指窗口里台面上那满满一大盘大排,安慰他:"轮得到你的!"我知道说了未必有效,但不能不有所表示,否则就太窝囊了。大个子看我一眼,就不再理睬我。我一下子就感觉受欺凌了,心里很不爽,却又无可奈何。论个头,论力气,我都不是这个大个子对手,我可不敢对他动手。

无数只羊驼奔腾而过。就在我委屈之际,眼见着身前的大个子走近窗口,就要买上大排了。我不甘心就这么被这个家伙给碾压了,大声地告诉炊事员:"他插队,别卖给他!"身后队伍里的同学纷纷附和:"是呀,不要卖给插队的!"炊事员做出了积极的响应。她叫大个子去后头排队,又示意我上前把饭盒递过去。

大个子一脸尴尬,却赖着不走,硬是挡在窗口,不让我递饭盒买大排。僵持之中我突然发力,把他挤到一边去。等买好大排,我感觉衣领被揪住,身子就要后倒。我猛地一转身,看见正是大个子在动粗,我血涌上头,顺手将手中那盒热气腾腾的饭菜全扣在他脸上。两人就此打将起来。众人纷纷上前劝阻,将我们分隔开来,但我还是挨了重重的几拳。

我心有不甘,难以平静。打听到那个男生的宿舍号码,就冲向他的宿舍,我要找他算账!那个人见我单刀赴会,找上门来,面露惊讶。我晃着空饭盒对他说:"你插队,还打人,你必须向我道歉!"他没有道歉,但在舍友劝说之下,尴尬地向我伸出了右手。到了这个份上,我也伸出了右手。我们握了握手,我俩的恩怨就此揭过。

一切都来得那么突然,我来不及细想就做出了一系列反应。先是劝阻大个子的插队行为,接着反击他的蛮横霸道和侵犯行为,最后还去追究他的责任,逼他认错道歉。事后有人说我太冲动,损失了一碗饭一块大排,还挨了人家几记老拳,不值得。我承认,身为天之骄子为了一块大排跟同学大动干戈,还打输了,确实是丢人现眼。放到现在,遇到类似的事,我肯定不会那么计较,那么冲动。可那时我才20岁,血气方刚。被一个比我弱小的人插队,我可以不吭声,因为我不会因此感到受了欺凌。被大个子加塞,我就处在了被欺凌的境地,一声不吭,屁都不敢放一个,那我就太懦弱了!人家挡住我,不让我买饭买菜,我能忍气吞声不采取行动么?被人家像拎小鸡似的拎起来了,再不反抗,腰杆子还能直起来么?我是打输了,可我的反击改变了事情的性质——将欺

第八章
走向成熟的欺凌判断

凌事件变成了打架事件。这对我很重要。我宁愿因反抗而挨打,也不愿可怜巴巴地任人欺压。打这一架,品行上或许是个污点,却有助于心灵的成长,让内心变得更加强大——对自己也向世界宣告:我不惹事,但也不怕事!

二、与自我感知的关联

大学里这起冲突让我意识到,欺凌的关键不在于欺凌者的恶意攻击,也不在于受欺凌者对恶意攻击的感知,而在于受欺凌者的自我感知——感到自己毫无勇气、能力和办法对付欺凌者的恶意攻击,为自己容受欺凌而感到窝囊,更为这种窝囊无能的表现被旁人所知而感到屈辱。如果这个判断准确的话,那么,反欺凌直接而有效的方法就是反抗。面对欺凌,只要奋起反抗,那种被欺凌的窝囊感、屈辱感就会一扫而光。

反抗不一定能阻止别人的攻击和伤害,反而有可能使自己吃更大的亏。但反抗是在表达不屈的意志,捍卫不容侵犯的尊严。所以,只要一反抗,欺凌关系立即就瓦解,变成双方实力不对等但人格尊严对等的冲突关系。正如我用反抗把一起欺凌事件变成了打架事件,虽然挨了几拳,却不觉得自己被人欺凌了。经此一架,我更不怕恃强凌弱者了,所以我敢上门去找他算账。冲突双方最终握手言和,不只是有道德上的意义,更有现实的心理意义。那意味着我赢得了对方的敬佩,食堂里发生的不愉快不再是谁欺负谁的计较,而是两个男人之间的冲突。

许多人遭到比自己强势的人恶意攻击,不敢反抗,让欺凌得逞,几乎都是因为自感处于弱势,畏惧强势者。他们觉得反抗也没有用,或者担心反抗招致更强的攻击、更多的痛苦、更大的耻辱,因而放弃反抗,逆来顺受。即使有所反抗,也忐忑不安,仿佛自己理亏。他们在恐惧中忘记了弱小本身并不是罪过,欺负弱小才是罪过。自己没有过错,反抗欺负、反抗欺压、反抗压迫乃是正义的行动,何惧之有?!

欺凌者、欺压者、压迫者才是真正忐忑不安的理亏心虚者。他们表现嚣张,内心却充满恐惧——害怕引起公愤,害怕受到法律或校规的追究,害怕遭到报应性惩罚,害怕遭到报复性伏击,更害怕受压迫者奋起反抗。我当年单刀赴会追索歉意时,从那个大个子惊讶的眼神里就觉察到了他内心的惶恐。欺凌就像纸老虎,看上去很可怕。可你一旦鼓起勇气,奋力反抗,就不会觉得自己窝囊无能,不会觉得自己可怜兮兮在受人欺凌,实际上就把欺凌关系给瓦解了。

况且,你只要开始反抗,很快就会找到行之有效的反抗手段。你会发现,反抗的手段多种多样,不限于动手反击,不一定要以牙还牙。就像我发声制止那大个子插队,联合其他同学抵制他插队,劝炊事员别卖大排给他,将他赶出队伍,挨打之后强硬地要求他认错道歉……这些统统地都属于反抗,货真价实的反抗!

三、聚焦关系的欺凌判断

有意思的是,当我将这个故事讲给小学四年级学生听时,他们认为我受欺负了。他们纷纷列举我所受的欺凌:我被大个子插队了,被他凶凶地瞪了一眼,被他拦住不能买菜了,被他拎小鸡了,挨他打了。总之,我受到了好多欺负!即使我表示我并没有觉得自己被欺负,他们听了也依然坚持说事实上我就是受欺负了。显然,他们是以行为或动作为单位进行欺凌判断的。

初中生就不一样。在一次反欺凌工作坊中,一群初二学生为我的反抗喝彩,并且一致认定我因为反抗有力没有受到欺凌。在他们眼里,欺凌并不只是一个动作或一种行为,而是一起完整的事件。完整的校园欺凌事件包含起因、经过和结果。从起因上说,校园欺凌中的受害者是无辜,他们并未冒犯或招惹加害者,却无缘无故遭受到攻击;加害学生有主观恶意,蓄意攻击自己的同学,故意伤害同学,令其感到痛苦难堪。从过程上说,校园欺凌者滥用了自己的某种优势力量去攻击或侵犯同学,校园欺凌受害者对加害者的攻击行为无法招架,无力自保。从结果上说,受欺凌者确实受到了伤害,并且因伤害感到精神痛苦,甚至陷入自我贬低和自我否定的苦闷之中。我那么得意地讲述这段大学经历,少年学生据此断定我丝毫没有受欺负的感觉。总之,他们的欺凌判断,不再是小儿科式的行为判断,而是事件判断。

接受访谈的高中生及大学生在评论时,特别强调了初中生未提及的三点:一是我虽然还是吃亏了,但没有丢面子(失去尊严);二是不打不成交,他们很好奇,询问我后来有没有跟那大个子男生成为好朋友;三是他们很欣赏我们打架时旁边的人没有看热闹,而是纷纷劝架,就算打输了也不会被人笑话。正如第三章已经指出的那样,这种欺凌判断不是以孤立事件为单位的判断,而是将一起一起事件建立关联的整体判断,是聚焦同学关系并置于同学关系之中的判断,是一种相当成熟的欺凌判断。

四、个体发展与社会建构的交互作用

我的个人经历和心路历程表明,欺凌概念和欺凌判断是个体发展与社会建构交互作用的结果。我在记事之初并无欺凌概念,我的欺凌概念是在与人交往中尤其是在力量不平衡的人际互动中逐渐形成的。我童年时代刚刚萌发的欺凌概念是一个正向概念,以能够欺凌女生和弱小为荣,以受人欺凌为耻;直到少年时代,我才对欺凌有了负面看法,觉得恃强凌弱是可耻的行径。童年时代,我从行为的客观结果上做出欺凌判断;少年时代,我根据施害者的主观恶意做出欺凌判断;成年后,我依据弱势方受攻击后的自我感知做出欺凌判断。由此推测,个体的欺凌概念和欺凌判断的发展似乎存在年龄特征。这个假设在一定程度已经得到检验,有关欺凌判断的问卷及访谈调查确实显示了个体对欺凌的判断存在年龄特征,呈现一种从行为判断向事件判断再向关系判断进化的发展趋势(详见第五章)。

反过来说,将我的欺凌与反欺凌的个人经历(第六到八章)作为例证,相当直观地支持了我在欺凌判断访谈研究中获得的一般性结论(详见第五章第二节)。但仔细比较可以发现,我的个人经历与我的访谈对象一般发展趋势在细节上有出入,这表明,基于本人经历的结论未必适用于他人。例如,我因为特殊的际遇,从8岁起就清晰地感受到承认自己受了欺负很丢人,因此下决心不让人欺负,受欺负了也不让亲人知道。其实,多数小学生乐意在人面前承认自己是弱小,一旦遭受攻击就向老师和家长汇报,甚至喜欢说自己被人欺负了。进入初中,有了清晰的自我意识,才会在受到欺凌时备受煎熬,既渴望正义得到伸张,又不愿意承认自己是弱者被人欺凌了。又如,我从未遭受极其严重的欺凌,反抗欺凌的经历才说得轻飘飘。有些孩子长期受到严重欺凌,要他们奋起反抗谈何容易?再如,男生面对的多是直接欺凌,女生则更可能遇到间接欺凌。遭受孤立和排挤的感受,会不会不同于被人殴打和辱骂呢?对付间接欺凌和对付直接欺凌,方法一样吗?

上述分析或追问显然在提示,欺凌判断虽有年龄特征和发展趋势,但同时也存在个体差异和群体差异。这或许可以解释有关我个人经历的叙事研究结果与我对学生欺凌判断的访谈研究结果何以在细节上有出入。不过,这种不一致恐怕还另有原因。我访谈对象所报告的校园欺凌事件,有一部分是报告者本人受同伴欺凌的经历,更多则是他们目

第八章
走向成熟的欺凌判断

击或道听途说来的同伴欺凌事件;而我在叙事研究中报告的全部是自己的个人经历,其中有遭受同伴欺凌的事件,也有欺凌同伴的事件。如前所述(详见第五章第三节),作为欺凌事件卷入者所做的欺凌判断深受其自我认知的影响,而作为道听途说者并未卷入其所获知的同伴欺凌事件之中,针对间接获知的事件进行判断就不怎么受制于其自我认知。正是出于这样的考虑,接下来的三章将分别重点考察校园欺凌实施者、目击者和受害者的欺凌判断,以及由此引起的心理和行为变化。

第九章

从疑似欺凌到确实欺凌

第九章
从疑似欺凌到确实欺凌

这里谈论的是校园欺凌,但欺凌并不限于校园。单位里有欺凌,那是职场欺凌;村子里、小区里有欺凌,那是社区欺凌。阶级压迫可谓阶级欺凌,种姓歧视可谓种姓欺凌,种族歧视可谓种族欺凌,国际霸权可谓国际欺凌。可以说,欺凌无所不在,其表现形式五花八门,且层出不穷。就校园欺凌而言,就有身体欺凌、言语欺凌、关系欺凌等多种类型。无论是根据欺凌认定的学术标准,[1]还是根据相关法规的界定,[2]学生欺凌不限于依仗体力或年龄上的优势,侵犯和伤害弱小同学的身体,损坏同学的衣物,抢夺和讹诈同学的钱财,迫使同学为自己效劳。学生欺凌也指恶语伤人,说同学坏话,违背同学意愿传播其隐私,或者无中生有造谣、传谣,毁坏同学的名声,用粗话、脏话辱骂同学,给同学取叫不雅的绰号,用语言威胁恐吓、折磨、羞辱同学。学生欺凌还指活动中故意忽视和排斥同学,挑拨离间破坏同学关系,仗势欺人,倚众欺寡,结伙疏远、孤立和排挤异己。如此界定欺凌的话,几乎每个学生都受过欺凌,几乎每个学生都欺凌过别人。

有意思的是,多数成年人都记得学生时代被人欺凌的经历,却打心眼里否认自己欺凌过别人。不信的话,可以回想一下刚才读到我说你可能否认自己欺凌过别人这句话时的心理反应。这种心态影响到我们对校园欺凌的反应:得知自己的孩子受同伴欺负,我们怒不可遏,一定要讨回公道;得知自己的孩子欺负同伴,我们矢口否认,想尽办法把事情圆说成是孩子打闹过头,或者解说成是没有伤害故意的恶作剧。听到别人家的孩子遭受校园欺凌,我们感同身受,甚至比自己受欺负还难受。我们义愤填膺,充满伸张正义的激情,强烈要求惩治那帮肆无忌惮的坏蛋、恃强凌弱的恶棍。这个时候我们全然忘记了自己也曾经欺负

---

[1] 黄向阳.学生中的欺凌与疑似欺凌——校园欺凌的判断标准[J].全球教育展望,2020(9):13—24.
[2] 中华人民共和国未成年人保护法[M].北京:法律出版社,2020.

过别人,也没有意识到自己的孩子也可能参与校园欺凌。怎么会这样?这究竟是怎么回事?

人们普遍认为,凡是欺负同学的孩子都是坏孩子,坏孩子才干坏事欺负同学。好人不干坏事,好孩子不欺负同学。这是一种与事实不符的迷信或偏见。研究已经证明,好人也干坏事,好孩子也欺负同学。[1]要是留意的话,就会发现,有些人是父母跟前的乖孩子,老师心中品学兼优的好学生,众多同学眼里的好伙伴。他们对多数同学相当友善,彬彬有礼,却对某个与众不同、被大家看不顺眼或者看不起的同学很不客气,伙同众人甚至带头取笑、捉弄、攻击、孤立、排挤这类同学。他们拥有正常的是非观念,并且自认为自己既聪明又正派,总之认为自己是好人。正因为他们拥有如此积极的正面的自我认知,一旦做出伤害同学的事,就会发生非常糟糕的心理变化。这种变化如果没有得到恰当的疏导,就会生发出越来越明显的恶意,进而强化并合理化类似的伤害行为,由衷地相信自己没有干坏事欺负同学。学术上对于这种心理与行为的互动过程有诸多解释,[2]其中,认知失调理论以及由此发展出来的认知一致理论或自我一致理论颇具说服力,而且为中止这种互动过程提示了有效的干预取径。

一、伤害行为引起的认知失调

孩子们在一所学校一个班级里共同学习,朝夕相处,形成亲密的同学关系;且有老师们在一旁严密监管和相机教导,他们几乎不可能一开

---

[1] Hymel, S., Schonert-Eichl, K. A., Bonanno, R. A., Vaillancourt, T. and Henderson, N. R. Bullying and Morality: Understanding How Good Kids Can Behave Badly[M]//Jimerson, S. R, Swearer, S. M. and Espelage, D. L. eds. Handbook of Bullying in Schools: An International Perspective. Routledge, 2010: 101—118.
[2] 伍鳞,白仲琪.为何不道德行为容易重复发生?——基于心理学的解释[J].华中师范大学学报(人文社会科学版),2019,58(2):184—192.

第九章
从疑似欺凌到确实欺凌

始就心怀恶意去伤害自己的同学。可是,正因为长期朝夕相处,学生间难免发生磕碰和摩擦。更何况,儿童生性喜爱嬉戏打闹,在学校生活中容易形成许多成年人看不上甚至不理解的恶趣味,比如,给同学和老师取各种各样只有他们自己觉得好玩的绰号,拿好朋友的尴尬事取乐开玩笑,或者联手去捉弄恶搞某个同学,或者使小性子邀集一伙同伴起哄某个同学,从中取乐。学生间绝大多数的矛盾都源于这种相互取乐式的玩笑和打闹,或者缘于只想取乐却无意伤害同伴的取笑、捉弄和恶作剧。诸如此类的行为乃是学校所不喜,所不许,一旦发生就会被劝阻,被喝止,甚至遭到训诫或惩罚,但是它们并不属于校园欺凌。即使它们产生了实际的伤害,学校依然不会将学生本无意伤害同伴的攻击行为当成校园欺凌来处理。[1]

问题在于,这类行为一旦过火,产生误会、矛盾、伤害,受害学生会难过,肇事学生也会忐忑不安。肇事者心中不安,一方面是因为担心要承担责任,甚至受到责备和惩罚;另一方面是因为他们发现自己做了错事,而这种新认知又与自己已有的认知并不一致。这种心理现象就是社会心理学家费斯汀格(Leon Festinger,1919—1989)所说的"认知失调"(cognitive dissonance)。[2] 根据费斯汀格的理论,正常人的内部认知是相互协调的,不可能同时拥有两种或多种心理上不一致的认知(观念、态度、信仰、观点)。可是,人们在生活和学习中又会不断形成新的认知;当新的认知与已有认知不一致时,就发生认知失调。如在前述学生伤害事件里,肇事学生像大多数人那样对自己持有积极的认知,认为自己是聪明正派的好人,同时又发觉自己干了一件伤害同学的坏事,心中便有了两种相互矛盾的认知。肇事者心里一边想"我是好人不干

---

[1] 黄向阳.学生中的欺凌与疑似欺凌——校园欺凌的判断标准[J].全球教育展望,2020(9):13—24.
[2] 费斯汀格.认知失调理论[M].郑全全,译.杭州:浙江教育出版社,1999.

坏事"，一边想"我干了伤害同学的坏事"，就会产生认知失调。越是自认为聪明正派的学生，认知失调越严重。

这种认知失调令当事人感到极其不舒服。对于正常的人来说，若是一时拥有了相互对立的认知，内心就会感到别扭，感到难受。认知失调越严重，当事人内心就越难受。这种难受感好似饥饿感，又像好奇心，令人不舒服，驱使个体进一步思考或者采取行动。如同饥饿感促使人寻找食物，好奇心促使人去打探究竟，认知失调的不适感也是一种内驱力，促使人想方设法消除或减轻内部的认知失调。那么，学生在嬉笑、打闹、恶作剧中伤及同学时，无法容忍自己的内心存在两种相互对立的认知（"我是好人不干坏事"与"我干了伤害同学的坏事"），这种认知失调所造成的不适感会促使他们做出什么样的心理或行为反应呢？

从理论或逻辑上说，可能存在三种认知协调策略。第一种是"存旧拒新"策略，即坚持原有认知（"我是好人不干坏事"），否定新的认知（"我干了伤害同学的坏事"）；第二种是"弃旧纳新"策略，即放弃原有认知，接纳新的认知；第三种是"新旧兼修"策略，也就是给新旧认知添加新因素，弥合新旧认知之间的差距，从而使两者协调共存于内心。然而，由于伤害行为所致的认知失调事关自我认知，或者说事关积极正面的自我形象，肇事学生几乎不可能像人们普遍期待的那样选用第二种策略（承认自己伤害到同学）进行认知协调。在缺乏外部压力或恰当疏导的情况下，加害者普遍采取第一种策略缓解自身的认知失调。

正如阿伦森的发现，正常人一般都认为自己是好人不干坏事，是聪明人不干蠢事，总之持有积极的自我认知或正面的自我形象。因此，一旦内心出现与之冲突的认知，进而发生认知失调，人们普遍倾向于采取与这种正面自我认知相一致的协调策略，去减轻甚至消除内心的认知失调。[1]对于校园伤害肇事者来说,这种认知协调策略意味着他们会设法在内心对伤害事故进行合理化。

二、缓解认知失调的自我辩护

由于自我认知在个体认知系统中居于核心地位,校园伤害肇事者几乎无一例外地采取与他们的自我认知相一致的协调策略,通过对伤害行为的合理化去减轻内心的认知失调。阿伦森将这种内部合理化伤害行为的心理过程称作"自我辩护"(self-justification)。[2]

根据观察和研究,校园伤害肇事者会在内心进行形形色色的自我辩护。[3]其中,捍卫正面自我认知最为直截了当的自我辩护,就是在心里否认自己干了伤害同学的坏事,或者否认自己所做的事产生了伤害。肇事者在心里要么说:"我只是吓唬她一下,又没有真打她。""他看上去并没有受伤。"要么说:"我们只是在打打闹闹。""我是弄痛了他,可他也弄痛了我,同学之间这么玩一玩很正常。"要么说:"我在伸张正义给他一个教训。"他们一旦否定自身行为的伤害性,或者视之为正常行为,甚至视之为正当行为,他们对自身行为的判断就变得与他们的正面自我认知一致起来了,心里就会好受许多。

可是,有些伤害显而易见,不容否定。肇事者在内心不得不承认伤害事实,就会进行淡化伤害的自我辩护,以伤害其实微不足道为由说服自己:"我出手很轻的。""有人在小题大做。""玻璃心,一碰就碎。"伤害

---

[1] Aronson, E. Dissonance Theory: Progress and Problems[M]//Ableson, R. P., Aronson, E., McCuire, W. J., Newcomb, T. M., Rosenberg, M. J., and Tannenbaum, P. H., eds. Theories of Cognitive Consistency: A Sourcebook. Chicago: Rand McNally, 1968: 5—27.
[2] 艾略特·阿伦森,乔舒亚·阿伦森.社会性动物(第12版)[M].邢占军,黄立清,译.上海:华东师范大学出版社,2020:47—87.
[3] 顾彬彬.恶意是怎么消失的——"共同关切法"与"皮卡斯效应"[J].教育发展研究,2020(22):65—76.

者甚至进行美化伤害的自我辩护,以伤害行为另有大益为由说服自己:"我这么收拾他,别人就不会再修理他了。""这是防止她受到更大的伤害。""他会从中吸取教训,从此以后不再闯祸了。"如此淡化或美化自己的所作所为,肇事者的认知失调就会得到缓解,内心就会趋于平静。

若是伤害严重,无法淡化,更无法美化,肇事者在内心不得不承认伤害严重,他就会诉诸动机进行自我辩护,以自己不是故意为由说服自己:"我不过是开了个玩笑而已。""我只是想取乐,并没有想要伤害对方。""这是个意外事故。""我其实是在对她表示好感,根本就不想伤害她。""这是个无心之过。""我并不是故意要打他。因为所有人都在打他,所以,我也打了他。不是我的错。"肇事者一旦在内心将伤害合理化为无心之过,其对自身行为的判断就能与其自我认知协调起来,内心就不会那么纠结了。

如果在内心承认自己就是想故意整同学,整人者通常就会进行归咎对手或归咎环境的自我辩护,以自证清白,自我免罪。整人者在自我辩护中认为自己是无辜的,是被强迫做出了伤害行为。他们说服自己相信:"这是个不可理喻的危险分子,我不先动手就会遭殃。""我这样做,他才不敢把我做过的事情捅出去。"他们甚至说服自己相信自己的所作所为不过是对挑衅行为做出的正当防卫反应,在内心不停地对自己说:"是他先惹我的。""谁叫这个家伙臭显摆。""这是她必须付出的代价,谁让她前几天朝我翻白眼。""他对女生出言不逊,这是他应得的教训。"如果受害方确实无辜,肇事者无法说服自己将过错归咎于对方,便转而归咎于环境,说服自己相信自己的所作所为乃是环境所迫,而非个人所愿,从而实现自我免罪。"不是我先打的,是别人先打的。所以不是我的错。""很多人都打了他。其实,所有人都打了,我只是轻轻打了他一下……"肇事者一旦将责任推给他人,或者推给不可抗拒的环境,就会原谅自己的伤害行为,甚至觉得自己在做正当的事情。[1] 施害者用诸如此类的借口说服自己是迫不得已才伤害同学时,他们对于自身行为的判断就能与其正面自我认知一致起来,从而心安理得。

综上所述,校园伤害肇事者因伤害同学的行为而发生认知失调,自我一致的内在动力驱使他们在内心通过增加种种有关伤害事件的新认知进行自我开脱。这种自我开脱既可以承认自己做了伤害同学的基本事实,又可以坚守一向积极的自我认知,从而减轻因伤害而起的认知失调。有所不同的是,上述多数自我辩护一般来说并不会引发进一步的伤害行为,反而会使继续加害失去理由或借口;唯独承认自己有伤害故意的自我辩护往往会引发进一步的加害行动。这是因为,施害者说服自己相信加害行为是一种迫不得已的自卫行为或报复行为,其实就是为自己开脱责任——"不是我的错""错不在我",而将过错归咎于受害者——"是他的错,他活该"。这种归咎会加深施害者对受害者的恶意。

三、自我辩护中的道德推脱

校园伤害肇事者内心从否认伤害到淡化或美化伤害,从承认伤害——否认主观故意到承认主观故意——归咎受害人,其自我辩护的强度在不断增加。越自以为聪明正派的施害者,越有可能陷入归咎受害者的自我辩护之中。当施害方的自我辩护聚焦于受害方的问题时,受害方在施害方心目中的形象就会越来越坏,直到最后变成他们的眼中钉、肉中刺。

施害者在内心承认有伤害故意又为之辩护,几乎都会从受害方寻找借口,将伤害之过归咎于受害者。如前所述,施害者通常会拿受害者

---

[1] Bandura, A. Selective Moral Disengagement in the Exercise of Moral Agency[J]. Journal of Moral Education, 2002, 31(2): 101—119.

当下的以至过往的某种过失或冒犯行为来为自己的伤害行为辩护。受害者做过对不起施害者的事，成了施害者消除因伤害而起的认知失调的最具自我说服力的理由。除此之外，施害者还经常拿受害者与众不同且不受人待见的某种特征当作自我辩护的借口——"不是我的错，是他自己太奇葩，跟我们大家都不一样。"

同学与众不同的体型、身高、长相、发育状态、装束成了一些施害者的借口。如同在一群体型正常的学生中"胖子"和"绿豆芽"容易成为众人的笑柄一样，在一群胖子当中体型好的学生也容易成为大家排斥的对象；如同长相丑的学生可能会被取"恐龙"之类的绰号一样，长相俊秀的学生也可能被同学招惹甚至骚扰；如同一群小屁孩可能会嘲笑恶搞提早发育的伙伴一样，进入青春期的少男少女又可能会取笑那些还没有发育的同伴；如同穿着朴实的学生群体可能看不惯打扮时尚或奇特的同伴一样，穿着时鲜的学生群体也可能看不起穿着寒碜的同学。受害者诸如此类与众不同的身体或生理特征，成了施害者内心自我辩护的借口。

同学与众不同的个性和社会特征也可能成为伤害的借口：活泼的学生群体可能排斥文静木讷的同伴，文静的学生群体则可能对活泼话多的同学翻白眼。同学与众不同的成就和表现也可能成为同伴攻击和伤害的由头：学业成绩好的学生群体可能不待见成绩差的同学，学习成绩差的学生群体则可能不待见成绩好的同学；与老师关系亲密的学生群体可能排斥疏远老师的同学，与老师关系平淡的学生群体则可能忌讳与老师关系亲密的同学……尽管这些借口非常琐碎，极其无聊，在旁人看来根本就不能成为他们攻击和伤害同伴的正当理由，但是它们确实经常成为施害者在内心替其伤害行为进行自我辩护的借口。

阿伦森发现，这种"错不在我"而将伤害过错归咎于受害者的自我

第九章
从疑似欺凌到确实欺凌

辩护,会使施害者进一步的攻击行为变得更加容易。在自我一致的内在动力驱使下,施害者以更严重的攻击加害于受害人,以证明之前的自我辩护。[1]他们从具体归咎受害人的某个过失、某种冒犯、某方面令人讨厌的个人特点,逐渐演变成对受害者本人进行归罪甚至诋毁,以说服自己相信受其攻击的人可恶至极,可恨至极,活该倒霉。班杜拉(Albert Bandura,1925—2021)发现,这种由"错在对手"的归罪会引起施害者对受害者的贬低和愤恨,为更严重的虐待提供了进一步的道德辩护。[2]

施害者在这种道德辩护的鼓舞下,甚至可能在施害过程中发动更多同学参与围攻,引来更多的同学进行围观。围攻和围观不仅加剧受害人的痛苦,也放大施害者的快感。从认知失调理论与认知一致理论的角度看,围攻和围观还助长施害者的嚣张气焰——在施害中公然为自己的行为辩护,痛斥受害人的种种不是。而目击受害者遭受虐待,也会引发目击者内心失调,导致他们在心中甚至在口头上贬损受害人。[3]加害者和围观者众口一词的声讨,让加害者心安理得,也迫使受害人在内心修正自我认知。第二次世界大战结束之后诸多的研究早已发现,得到辩护的虐待行为可能比公认的残酷行为对人类造成更严重的后果。未披正义外衣的虐待使作恶者受到谴责,披着正义外衣的虐待则使受害者备受责备;当受害者因为自己的困境受到众口一词的指责时,他们可能最终会相信自己确实具有遭人贬低的那种人格特

---

[1] 卡罗尔·塔夫里斯,艾略特·阿伦森.错不在我:人们为什么会为自己的愚蠢看法、糟糕决策和伤害性行为辩护?[M].邢占军,等,译.北京:中信出版社,2014:20—21.
[2] Bandura, A. Moral Disengagement: How People Do Harm and Live with Themselves[M]. Worth Publishers, 2015:90.
[3] Lerner, M. J. & Miller, D. T. Just World Research and the Attribution Process: Looking back and ahead[J]. Psychological Bulletin, 1978,85(5):1030—1051.

征。[1]因此,与不试图为自己辩护的不人道行为相比,被加害者自我免罪的不人道行为更有可能给受害者灌输自我轻视的情绪。

在班杜拉看来,加害者在心里归罪并诋毁受害人的自我辩护,就是一种道德推脱(moral disengagement)的心理过程。[2]这种心理过程的一面是加害者在内心试图摆脱基于个人道德标准的自我制裁,另一面则是不断对受害人进行丑化、非人化、妖魔化,并且不断加深对受害人的憎恶和敌意。如果说肇事者一开始的伤害行为中尚无明显恶意,甚至可以说几乎没有恶意的话,那么,他接下来因道德推脱式的自我辩解所致的新的加害行为就带有明显的恶意了。如果说他起初的伤害行为还不是名副其实的欺凌行为,至多算是疑似欺凌的话,那么,现在他就真在欺凌同伴了。[3]而且,真正的欺凌一旦发生,自认为聪明正派的欺凌者又会发生更加严重的认知失调,其自我辩护就不再有其他的选项,而聚焦于归罪受欺凌者的选择性道德推脱。

四、道德推脱下的欺凌行为

严重的欺凌会导致自恃正派的欺凌者在强烈的自我辩护中将所有的责任全部归咎于受害者。就像班杜拉的研究所揭示的那样,这种道德推脱最终使攻击者在内心将欺凌对象非人化(dehumanisation)。[4]欺凌者若要摆脱或减弱对自身残酷行为的自我谴责,均普遍倾向于在

---

[1] Hallie, P. P. Justification and Rebellion[M]//Sanford, N. & Comstock, C., eds. Sanctions for Evil. San Francisco: Jossey-Bass, 1971: 247—263.
[2] Bandura, A. Mechanisms of Moral Disengagement[M]//Reich, W., ed. Origins of Terrorism: Psychologies, Ideologies, Theologies, States of Mind. Cambridge: Cambridge University Press, 1990: 161—191.
[3] 顾彬彬.恶意是怎么消失的——"共同关切法"与"皮卡斯效应"[J].教育发展研究,2020(22):65—76.
[4] Bandura, A. Selective Moral Disengagement in the Exercise of Moral Agency[J]. Journal of Moral Education, 2002, 31(2): 101—119.

第九章
从疑似欺凌到确实欺凌

内心认定其攻击对象不是人,即剥夺欺凌对象作为人的资格。欺凌者一旦将欺凌对象非人化,就不再视其为有感情、希望和关切的人类同胞,而视为亚于人类的物体(sub-human objects)。于是,在欺凌者心目中,欺凌对象成了可鄙的"小人""懦夫""笨蛋""蠢货""野蛮人",成了可恨的"坏人""流氓""恶棍""浑蛋""杂种""堕落者""人渣""敌人",成了可恶的"畜生""苍蝇""蠕虫""蛤蟆""癞皮狗""臭狗屎",成了可怕的"妖怪""妖精""怪物""邪物""恶魔""色鬼""丧门星""外星人"。欺凌者一旦将欺凌对象非人化,视之为有不完整的人或人格有缺陷的人,或者将其动物化或妖魔化,就会理直气壮地攻击、奚落、排挤、孤立他们。欺凌者这么做,非但不会感到内疚,更不会于心不忍,反而会有一种主持公道伸张正义的使命感、为民除害的光荣感。到了这个地步,再令人发指的暴力性欺凌,他们都不会觉得有什么不妥。[1]

这样的结果令人震惊和沮丧,所幸并非所有的伤害都会导致施害者从自我辩护到道德推脱以致非人化加害对象的地步。相对而言,严重的伤害更可能导致加害者归罪受害人的自我辩护。米尔格拉姆(Stanley Milgram,1933—1984)在做"服从实验"时注意到,大多数实验对象在按照实验者的要求对出现差错的学习者实施了极其危险的电击之后,都会通过责备受害者来进行自我辩护。[2] 米尔格拉姆的研究报告就有这方面的记录:"很多受试者会在伤害学生之后,对其进行强烈的贬低,'他太愚蠢和顽固了,就应该被电击'这样的话并不少见。在做出伤害行为之后,受试者觉得必须将受害者看成一个毫无价值的人,之

---

[1] 顾彬彬.恶意是怎么消失的——"共同关切法"与"皮卡斯效应"[J].教育发展研究,2020(22):65—76.
[2] 在米尔格拉姆的"服从实验"中,学习者实际上由实验助手扮演,电击其实也是假的。但实验对象对此全然不知情,他们以为真要对学习上犯下错误的人进行电击,以帮助研究者查明惩罚对提高学习成绩的作用。

所以对他进行惩罚,是他的智力和性格缺陷所导致的必然结果。"[1]而戴维斯(Keith Davis)和琼斯(Edward E. Jones,1926—1993)所做的另一项虚拟电击实验则表明:人若自知伤害他人越深,就越需要自我辩护,以维护其面子或正面自我评价。[2] 施害者一旦说服自己相信受害人罪有应得,在伤害他们之后就会更加憎恨他们,这样会导致施害者变本加厉地加害受害人。

也不是每个施害者都需要依靠归咎和诋毁乃至非人化加害对象来减少心理失调。根据认知失调理论与认知一致理论,自尊心最高的人在做过残忍的事之后,会感受到自己的所作所为与他们对自己的高看形成极大的反差,从而产生最为强烈的心理失调,他们会比那些具有平均自尊水平的人更加努力去减轻这种失调。[3] 因此,自我评价高、自我价值感强的人比自我认可度低、自尊心弱的人更有可能通过归罪并非人化伤害对象的道德推脱来进行自我辩护。对于自尊心弱的人,粗暴的伤害行为并不会与他们的自我概念发生太多的冲突。他们反而倾向于自我否定和相对平庸的自我定位,因为他们认为自己并不完美。而那些具有极高自我认可度的人,一旦伤害他人,就必须让自己确信所伤害的是一个可鄙之徒,因为像自己这样的好人是不会伤害无辜的,受到伤害的那些家伙一定是罪有应得。正如格拉斯(David C. Glass,1930—2016)的一项实验所证明的那样,施害者自尊心越强,对其伤害

---

[1] 米尔格拉姆.对权威的服从:一次逼近人性真相的心理学实验[M].赵萍萍,王利群,译.北京:新华出版社,2013:11.
[2] Davis, K. E. & Jones, E. E. Changes in Interpersonal Perception as a Means of Reducing Cognitive Dissonance[J]. Journal of Abnormal and Social Psychology, 1960, 61(3): 402—410.
[3] Aronson, E. Dissonance Theory: Progress and Problems[M]//Ableson, R. P., Aronson, E., McCuire, W. J., Newcomb, T. M., Rosenberg, M. J. and Tannenbaum, P. H., eds. Theories of Cognitive Consistency: A Sourcebook. Chicago: Rand McNally, 1968: 5—27.

第九章
从疑似欺凌到确实欺凌

对象的诋毁就越多。[1]

也不是所有的受害者都会被施害者归罪、诋毁和非人化。根据认知失调与认知一致理论,孤立无助毫无还手之力的受害者,比全副武装有能力还击和抵抗的受害者更有可能遭到施害者诋毁。面对后一种受害者,施害者会感到没有必要通过诋毁他们来减轻因伤害而起的心理失调。博施德(Ellen Berscheid)与同事合作做了一项虚拟的电击实验印证了这一假设。他们让实验对象以为自己将在学习实验中对学习者真的实施电击。实验者告诉一半的实验对象随后要与他们电击过的学习者对换角色,因此他们明白遭其电击的学习者接下来会进行报复。实验结果显示,这一半实验对象几乎没有诋毁那些遭其电击却有同等报复能力的学习者,而另一半实验对象则普遍诋毁那些遭其电击却毫无还击之力的学习者。[2] 这项实验的结果表明,施害者面对力量明显弱于自己根本不可能有效还击的受害人时,内心会有强烈的失调,普遍倾向于通过归罪、诋毁和非人化加害对象来进行自我辩护。

后果严重的校园欺凌事件恰恰具备上述三个条件。欺凌者自认为自己是聪明正派的好人,对受欺凌者保持着力量上的压倒性优势以至对方无法招架无力自保,并且意识到自身行为对欺凌者产生了严重伤害。在这种情况下,欺凌者的认知失调强烈到足以使欺凌者采取归罪受欺凌者的自我辩护,在道德推脱中否定欺凌对象的做人资格。而这种非人化又会引发新的欺凌,从而陷入自我辩护与欺凌行为相互强化的恶性循环。

---

[1] Glass, D. C. Changes in Liking as a Mean of Reducing Cognitive Discrepancies between Self-Esteem and Aggression[J]. Journal of Personality, 1964, 32 (4): 531—549.

[2] Berscheid, E., Boye, D. & Walster, E. Retaliation as a Mean of Restoring Equity[J]. Journal of Personality and Social Psychology, 1968, 10(4): 370—376.

五、破解恶性循环之道

津巴多(Philip Zimbardo)有言,这个世界充斥善与恶,从前如此,现在如此,今后亦复如此;善与恶相互渗透,界限模糊不清。天使可以变成恶魔,恶魔也可以变为天使。天使变成恶魔的例子最典型者莫过于西方有关路西法变成撒旦的宗教传说。路西法是明亮之星,早晨之子,是上帝最宠爱的天使。上帝后来创造了亚当,米迦勒按上帝的旨意将亚当带领到众天使面前让天使们参拜。路西法断然拒绝参拜,率领一群堕落的天使投身地狱,变成了恶魔撒旦。在弥尔顿(John Milton,1608—1674)的《失乐园》中,撒旦作恶多端,却自我辩解:与其在天堂为奴为婢,不如在地狱称王称霸。在以为自己无论如何都不能重返天堂之后,撒旦听信亲信的谗言,实施邪恶计划,以毁坏上帝最爱的杰作来报复上帝。撒旦化身为蛇,引诱亚当和夏娃忤逆上帝,偷吃禁果。上帝将亚当和夏娃贬入人间受苦受难以赎其罪,同时宣称撒旦一族也终将获得救赎。[1]可撒旦一旦走上邪恶之路,就难以回头。撒旦扮演恶魔的角色,谋同女巫继续诱惑人类,为害人间。就像津巴多所说,撒旦一族的恐怖手段孕育出了前所未有的邪恶体系。津巴多在那场颇具争议的"斯坦福监狱实验"中发现了人间类似的悲剧:人类即使是像路西法那样蒙恩于上帝的天使,在日常生活中也有可能因为特殊的际遇而扮演种种社会角色,在不知不觉中对他人做出难以置信的事,从而堕落成魔鬼撒旦。津巴多将这种现象称作"路西法效应"。[2]

校园欺凌的发生和恶化过程就存在类似的"路西法效应"。孩子们

---

[1] 弥尔顿.失乐园[M].金发燊,译.长沙:湖南人民出版社,1987.
[2] 津巴多.路西法效应:好人是如何变成恶魔的[M].孙佩妏,陈雅馨,译.北京:生活•读书•新知三联书店,2015.

第九章
从疑似欺凌到确实欺凌

一开始宛如纯洁无瑕的天使,在求学中团结友爱,结成亲密的同学关系;朝夕相处又不免发生摩擦甚至伤及同学,伤害事故导致自我期许高的肇事者在内心发生严重的认知失调,自我一致的内驱力引导认知失调者自我辩护;自我辩护者一旦在心里将过失归咎于受害人,进行道德推脱,就可以缓解内心的认知失调;但是这种道德推脱又会促使自我辩护者以更进一步的攻击来证明其自我辩护,于是发生真正的欺凌。欺凌导致坚守正面自我形象的欺凌者更加严重的认知失调,进而再次引发上述自我辩护的心理过程;欺凌者从归咎受害人恶化为诬陷受害人,以说服自己相信其攻击对象可恶至极,罪有应得;这种将欺凌对象非人性化的道德推脱,导致欺凌者针对其眼中的"人渣"采取更加凶狠且肆无忌惮的新的欺凌行动。欺凌行为与自我辩护相互作用,相互强化,形成一个内卷的心理闭环,使陷入恶性循环之中的欺凌者难以自拔。在认知失调的压力之下,在自我辩护的引导之下,一个自己和别人心目中聪明而正派的好孩子就这样一步一步地从欺凌嫌疑人变成认知失调者,从自我辩护者变成道德推脱者,最终变成了名副其实的校园欺凌者和众人眼中恃强凌弱的校园霸王和恶棍。

然而,以上所述皆为最坏可能。仔细琢磨天使堕落的整个过程,校园伤害肇事者在每一个环节都有避免进一步自我辩护的其他心理选项。如果肇事者不在心里为伤害行为作自我辩护,或者虽然有所辩护但立即停止,而在行动上改过自新,放弃自我辩解,那么,一切都会不一样。诚然,从口头到心底都承认错误是一件困难的事,对于正在建构正面自我形象的青少年学生尤其如此。可是,一旦口头上公开承认错误,承认欺凌及其伤害的事实,并且不予自我辩解,认错者内心就会发生强烈的认知失调,促使其采取"新旧兼修"的策略进行协调,即在内心同时修正对自我及伤害事件的认知:一方面承认自己确实犯了伤害同学的过错,另一方面认为自己是一个会犯错误但能够坦率承认错误并及时改正错误的好孩子。这两种认知相互一致,认错者的内心重新获得平衡。自我认知修正又会促进认错者进一步采取行动去弥补过失,主动修复自己伤害和破坏的一切。而修复行为又会使补过者在内心进一步将自己看成是虽会犯错却能及时认错、改过、补过的好孩子。也就是说,最初主动的口头认错行为会引导出自我认知修正与友善行为相互促进的良性循环。

以上所述是最好的可能,最理想的结局。但在最好与最坏之间,还有其他选项。普通人在犯错时难免在内心自我辩护以捍卫美好的自我形象,如果校园伤害肇事者的自我辩护止步于在内心否认、淡化、美化其伤害行为及后果,在行动上依然会终止伤害,因为终止伤害与其自我辩护所捍卫的自我认知相一致。问题在于当施害者承认自己有伤害故意时,其自我辩护会陷入归咎、诋毁、非人化加害对象的道德推脱的深渊,致使其进一步采取更加凶狠且肆无忌惮的新的欺凌行动。因此,在疑似欺凌事件刚刚发生时或者欺凌行为尚轻微时,不但需要及时制止欺凌嫌疑人的攻击和伤害行为,更要设法淡化或抑制伤害事件给肇事者造成的认知失调,防止其自我辩护陷入归罪加害对象的道德推脱之中。防止欺凌嫌疑人陷入归咎、诋毁、非人化加害对象的道德推脱的深渊,就是防止其主观恶意的产生及扩大。

研究表明,零容忍欺凌行为,严惩重罚欺凌者,对明目张胆的欺凌行为可以起到一定的制止、威慑和预防作用,但难以改变欺凌者对欺凌行为以及欺凌对象的态度。因为惩罚本身就足以成为停止欺凌的理由,受罚者不再需要另找理由对终止欺凌进行自我辩护和自我说服。[1] 严惩

---

[1] 黄向阳,阿伦森. 不让一个孩子受伤害:校园欺凌与暴力的根源干预[J]. 教育研究,2019(12):145—150.

第九章
从疑似欺凌到确实欺凌

重罚反而会加剧欺凌者的认知失调,激起其对欺凌行为的强烈自我辩护,加深其对欺凌对象的憎恨和敌意,进而采取外人不易察觉的阴暗方式实施更加凶狠的欺凌。由于他们成功地说服自己确信"错不在我",各种迫使其认错、悔过、道歉、承担后果、接受惩罚的措施,在他们眼里就成了一种冤屈、羞辱和不公。他们渴望伸张正义,甚至实施报复,为自己讨回公道。因此,不顾一切对校园欺凌零容忍,对欺凌者严惩不贷,是一种貌似伸张正义实际上却充满风险的粗暴做法。[1]

不要说严惩重罚,连严厉的训斥甚至温和的劝诫都有可能加剧欺凌嫌疑人的认知失调。瑞典乌普萨拉大学皮卡斯教授曾经设计一套谈话脚本,训练和指导大学生使用"劝诫法"(Persuasive Coercion method),到中小学去做青少年团伙欺凌治疗。[2] 皮卡斯发现,欺凌劝诫法的成效受制于劝诫者在劝诫对象心中的权威性。其实,这种方法未必奏效还另有原因。一方面,劝诫含有强制,而强制令人不快,学生即使听从劝诫停止欺凌行为,也未必口服心服,改变对欺凌行为及欺凌对象的态度;另一方面,劝诫中的责备还会激起欺凌者口头和心中的自我辩解,将其引入怨恨和加害欺凌对象的误区。

基于经验教训,皮卡斯发明了"共同关切法"(Shared Concern method),用以调解学生间的疑似欺凌事件。[3] 此法非同寻常之处在于,调解员对事故中的过错保持建设性忽视,不预先侦查过错,不责备欺凌嫌疑人,不强求其赔礼道歉。[4] 这些调解策略淡化或抑制了疑似欺凌事件所致的认知失调,避免了欺凌嫌疑人在自我辩护中产生或加

---
[1] 顾彬彬.从严惩到调解:校园欺凌干预取向的演变及趋势[J].教育发展研究,2019(4):54—63.
[2] Pikas, A. Så stoppar vi mobbning[M]. Stockholm: Prisma,1975.
[3] Pikas, A. Så bekampar vi mobbning i skolan[M]. Uppsal: Ama dataservice förlag,1987.
[4] Pikas, A. New Developments of the Shared Concern Method[J]. School Psychology International, 2002, 23(3): 307—326.

深对受害人的憎恨和敌意。欺凌嫌疑人在调解中逐渐专注于对受害人艰难处境的共同关切,进而主动提出解决问题的建设性方案,最后终止欺凌并与受害人达成和解。这类友好行为引发欺凌嫌疑人一系列新的认知失调,与正向自我认知相一致的自我辩护导致其说服自己相信曾经伤害过的那个同学其实蛮可爱且值得尊重,由此引发更加友善的行为。这种以善意替代恶意、以一个小小的善举(终止欺凌)促发一系列善举(更多的补救和保护行动)的神奇效应,正是共同关切法屡试不爽、几无败例的关键所在。[1] 共同关切法特别适用于学生中间发生的疑似欺凌事件,适用于欺凌事件发生的初期和中间阶段。我国试用者报告,"它对欺凌事件的升级和恶化有着较为有效的管控,对稳定欺凌者和嫌疑人的情绪、改变其思考问题的方式有着较大的帮助,是欺凌事件处理中的前期工作方法"。[2] 其实,共同关切法在严肃处理特别严重的校园欺凌事件中也有用武之地。澳大利亚中小学的实验表明,在严惩欺凌者之前及之后辅以共同关切法加以调解,有助于化解因欺凌行为及惩罚措施引发的怨恨和愤怒,有助于当事双方告别不快的过往,重修于好。[3]

皮卡斯的共同关切法,为欺凌嫌疑人减轻伤害事件所致的认知失调,防止其主观恶意的萌发和蔓延,同时触发其善意和友善行为,开辟了一条非同寻常的道路。在这条道路上,阿伦森甚至走得更远,发明并极力推广一种名为"拆拼法"(Jigsaw method)的小组合作学习方式。[4] 此法不惩罚,不责备,不强求赔礼道歉,也不调解。它对学生间发生过的

---

[1] 顾彬彬. 恶意是怎么消失的——"共同关切法"与"皮卡斯效应"[J]. 教育发展研究,2020(22):65—76.
[2] 孙隽云. 运用共同关切法干预校园欺凌的个案实施[J]. 中小学班主任,2021(9):37—39.
[3] Rigby, K. The Method of Shared Concern: A Positive Approach to Bullying in Schools[J]. Australian Council for Educational Research Ltd., 2011:89—90.
[4] Aronson, E., Blaney, N., Sikes, J., Stephan, C. and Snapp, M. Busing and Racial Tension: The Jigsaw Route to Learning and Liking[J]. Psychology Today, 1975, 8(2):43—50.

欺凌事件心照不宣,既往不咎,而只是将他们安置在拆拼课堂中,将卷入欺凌事件的学生组织在一个学习小组里,让他们在结构化合作学习中不得不互教互学。[1] 这种在学习上帮助对手的行为会引起帮助者强烈的心理失调,缓解失调的自我辩护又会促使帮助者选择性关注帮助对象的优点或可爱之处,逐渐说服自己相信这个家伙其实蛮可爱,是个值得帮助的人。[2] 冲突双方一旦改变彼此的看法和态度,拆拼课堂里就无人可恨了。这种化积怨于合作学习的拆拼法,如同前述化恶意于调解的共同关切法,不都是打破欺凌行为与道德推脱之恶性循环的妙招么?

---

[1] Aronson, E. & Patnoe, S. Cooperation in the Classroom: The Jigsaw Method[M]. Pinter & Martin Ltd.,2011.
[2] 黄向阳,阿伦森.不让一个孩子受伤害:校园欺凌与暴力的根源干预[J].教育研究,2019(12):145—150.

第十章

从袖手旁观到同伴调解

第十章
从袖手旁观到同伴调解

校园欺凌问题从20世纪70年代开始逐渐成为世界各地的公共关切,长期被忽视的反欺凌行动如今已成为一项全球政策重点。[1]我国政府自2016年以来高度重视校园欺凌问题,接连颁布行政命令动员全社会的力量,协助学校治理校园欺凌顽症。其实,反欺凌教育内容早在2003年就以一课的篇幅呈现在我国的一套小学教材《品德与社会》中,[2]并且在2014年列入国家统编教材编写大纲,具体落实在四年级《道德与法治》教材中。[3]这两套教材的主编都是鲁洁教授,反欺凌内容都安排在四年级下学期,但主题有所不同:《品德与社会》教导学生"不做校园小霸王",而《道德与法治》指导学生"遇到欺负怎么办"。前者着眼于对校园欺凌者进行劝诫,后者着眼于对校园欺凌受害者及目击者进行反欺凌训练与指导。这种变化反映我们教育工作者对校园欺凌真相的认识更加全面,更加深入。

小学四年级教材《道德与法治》中的反欺凌一课图文并茂,呈现了一则校园欺凌故事:美欢故意将王玲的文具碰翻在地,不但不道歉,不赔偿被她损坏的钢笔,反而污蔑王玲斤斤计较,还煽动其他同学一起嘲笑王玲小气。教材围绕这个故事引导学生思考和交流对付欺凌的方法:一方面指导学生站在王玲的立场设想受到欺凌怎么办,另一方面引导学生站在同伴的角度思考目睹欺凌怎么办。教材将重点放在后一方面的引导上,呈现了两类行动路向供学生选择,其中包括当面劝阻欺凌或向老师报告之类的关怀行为,也包括旁观和回避之类的漠视行为以及跟着起哄当帮凶之类的欺凌协助行为。教材并没有明示学生作何选择,而是鼓励学生诚实选择,并与同伴交流选择的理由。教材希望学生

---

[1] Gornitzka, C. P. Bullying and Cyberbullying: Global Perspectives[C]. 2019 World Anti-Bullying Forum, 4 June, Dublin, Ireland.
[2] 鲁洁. 品德与社会(四年级上册)[M]. 南京:江苏凤凰教育出版社,2003:19—24.
[3] 道德与法治(四年级上册)[M]. 北京:人民教育出版社,2019.

在对不同选项的后果逐一进行预测和评估基础上，最终能够选择关怀行为，去援助受到欺凌的同伴。[1]

问题是，在现实当中，许多学生目击同伴欺凌，既不愿意无动于衷袖手旁观，也不敢挺身而出制止欺凌；教材提供的选项很可能使学生左右为难。教师教学指导用书弥补了这个缺陷，在袖手旁观和挺身而出之外，给校园欺凌目击者提供了第三种选择，那就是站在中立的立场进行同伴调解。[2] 在一般人看来，反欺凌教育的重点是在欺凌者和受欺凌者身上，如此强调校园欺凌目击者的反欺凌训练与指导，似乎偏离了反欺凌教育的重心；不鼓励目击者挺身而出制止同伴欺凌，反而鼓动他们在同伴欺凌中不持立场当"老好人"，这好像有违教育的宗旨。其实不然。深入分析学生作为第三方目击同伴欺凌的角色和心理反应，才有可能在校园欺凌中切实保护他们并发挥其特殊作用。

一、欺凌目击者的自我认知与欺凌判断

校园欺凌并不只是欺凌实施方与受害方之间的事。典型的校园欺凌必有目击者，他们作为欺凌事件第三方在欺凌中扮演着次要的却是必要的角色。一般情况下，他们当中的大多数是默不作声、保持中立的旁观者。也有学生是虽不参与欺凌但为欺凌敲边鼓的起哄者，甚至是参与或协助欺凌的帮凶。与之相反，欺凌现场的目击者中也有人可能会挺身而出，劝阻或制止欺凌，成为受欺凌同学的保护者；或者虽未当场劝止欺凌行为，却在私下设法安抚受欺凌的同伴，可算是受欺凌同伴的同情者。

---

[1] 道德与法治（四年级上册）[M].北京：人民教育出版社，2019.
[2] 人民教育出版社课程教材研究所小学德育课程教材研究开发中心.道德与法治教师教学用书（四年级上册）[M].北京：人民教育出版社，2019：272—278.

第十章
从袖手旁观到同伴调解

欺凌旁观者、起哄者和帮凶的存在,放大了欺凌者的快感,也加剧了受欺凌者的痛苦。众目睽睽之下遭受欺凌所引起的精神痛苦,既来自欺凌本身,也来自另有他人目睹了、记录了、传播了自己无法招架无力自保的难堪。反之,现场挺身而出的保护者,以及事后出现的同情者,对于受欺凌的同伴无疑是莫大的支持,他们会因此减少孤立无助的惶恐和痛苦;而对于欺凌者来说,目击者对于受害同伴的同情和关心无疑是一种威慑和抗议,让他们有所忌惮,不敢过于嚣张。这样一来,他们无法充分享受欺凌的乐子,甚至因败兴而收手。

基于上述认识,周到的教育工作者在处理校园欺凌案件时,不只面向涉事的施害方和受害方,还面向第三方,劝诫他们目击欺凌时不做冷漠的旁观者,更不做助纣为虐的起哄者和帮凶,同时劝导他们做关心和帮助弱小同学的同情者和保护者。可是,对于未成年学生来说,遇到同伴遭受欺凌时挺身而出劝阻欺凌是要冒风险的,他们有权做旁观者。他们在同学发生矛盾和冲突时不偏不倚的中立,并不是一种缺点,反而可以成为一种可以利用的优势。问题在于学生对目击到的事件所作的判断。不同的判断会引起不同的认知失调,进而对事件及当事人产生不同的态度。校园欺凌目击者的心思远比他们的外表复杂,弄清楚他们的心理过程,或许就可以为他们找到一条恰当处理目击事件的道路。

从社会心理角度观察,校园欺凌事件一旦发生,现场目击者就与之脱不了干系。目击者除了恐惧,担心自己受到牵连之外,内心还有许多纠结。古罗马帝国时期天主教思想家奥古斯丁就坦陈过这种目击同伴欺凌的复杂心理。奥古斯丁在他的《忏悔录》里回顾,他在就读雄辩术学堂时,曾经目睹同学中那些"捣乱鬼"热衷于恶作剧,布设陷阱作弄别人——"欺侮胆怯的新学生,毫无理由地戏弄他们,取笑作乐",可他却居然讨好那些"捣乱鬼"——"和他们在一起,有时也欢喜和他们结交"。

无人贻恨：
校园欺凌判断与干预

这种经历令奥古斯丁内心久久不得安宁，以至于长大成人之后写书向天主忏悔。他承认自己与欺凌者厮混还和他们结交是一种无耻的行径，但又表示自己"无耻之中还带着三分羞恶之心"。他辩解道，自己在内心上始终厌恶那些"捣乱鬼"的欺凌行为，行动上也不与他们同流合污，没有加入欺凌新生的"捣乱鬼"行列。奥古斯丁在忏悔中还指责"捣乱鬼"们以作弄、陷害和取笑新生取乐的恶劣行径无异于魔鬼的行动，进而指出"他们自身先已暗受欺人的恶魔捣乱、诱惑、嘲笑，先已陷入他们作弄别人的陷阱"。[1]这种将欺凌者恶魔化的谴责，其实也是欺凌目击者一种隐晦的自我辩护、自我脱罪、自我安慰。奥古斯丁如此忏悔和辩解，道出了欺凌目击者的普遍心态。

在学校情境中，目击欺凌的第三方学生一般不会贸然选边站队，而倾向于保持中立。可是，默不作声作壁上观并不意味着内心的平静。如前所述，正常的学生对自己都持有积极的自我期许，或者说，拥有正向的自我认知。他们认为自己是善良的人，不做坏事，也不许别人干坏事。他们认为自己是正直的人，有正义感，不做有违正义的事，并且主持公道，伸张正义。当然，他们也自认为是聪明人，不做蠢事。如果他们认定身边发生了同伴欺凌的事件，这样的欺凌判断就会与他们的正向自我认知发生激烈的冲突，引起令其严重不适的认知失调。这种不适会驱使他们要么改变自我认知，要么改变欺凌判断，要么两者都加以改变以至相互协调。[2]

由于自我认知的核心地位，欺凌目击者像其他情形下的正常人那样普遍采取与自我认知相一致的策略，来缓解内心因目击欺凌而发生

---

[1] 奥古斯丁.忏悔录[M].周士良，译.北京：商务印书馆，1996：39.
[2] 费斯汀格.认知失调理论[M].郑全全，译.杭州：浙江教育出版社，1999.

第十章
从袖手旁观到同伴调解

的认知失调。[1] 也就是说,他们为了捍卫内心积极的正面的自我形象,会设法在内心淡化、抑制、消除或改变欺凌判断。欺凌一旦发生或者即将发生,目击者常见的反应之一就是立刻走开。离开现场,可以避免卷入其中受到连累殃及自身,更隐秘的是,可以在一定程度上避免良心不安,或者说,可以缓解认知失调。常言道:眼不见,心不烦。"那是课间走廊上发生的事,当时我去上厕所了,不关我的事啊。""我不知道事情是怎么开始的,也不知道他为什么哭。"回避者可以凭自己不在现场,不知道究竟发生了什么,或者不清楚欺凌的过程和结果,在内心做自我辩护,进行自我安慰,让自己心安理得。

如果不能及时脱离欺凌现场,目击者内心期待有人出面制止同伴欺凌——"他就一个人在那边哭,大家好像什么事情都没有发生",暗中祈祷受欺凌同伴免受伤害或者伤害不重,他们在内心会以此作为理由替自己的不作为进行自我辩护,以维持认知平衡,维护内心的平静。可是,如果欺凌造成了严重的伤害,他们依然会有认知失调的压力。这种情况下,无论是脱离现场的回避者,还是身在现场的袖手旁观者,都不得不采取新的行动,去改变内心对伤害事件的认知。

欺凌目击者主动采取行动去改变对事件的认知时,眼前便有截然相反的两条道路:一条因为归咎欺凌者而通往同情和保护受欺凌者,一条因为归咎受欺凌者而通往支持欺凌的起哄者和帮凶。无论何种行动,都会引起新的认知失调,进而引发新的心理努力和外部行动。所以,最初的选择往往具有决定性。一旦做出选择,自我一致的动力就会驱使人一条道走到底,要么通往光明,要么通往至暗。胡赛尼(Khaled

---

[1] Aronson, E., McCuire, W. J., Newcomb, T. M., Rosenberg, M. J. and Tannenbaum, P. H., eds. Theories of Cognitive Consistency: A Sourcebook[M]. Chicago: Rand McNally, 1968.

Hosseini)那部多少带有自传性质的小说《追风筝的人》就以相当翔实的细节呈现了这两种不同的路向。

二、挺身而出与"哈桑效应"

《追风筝的人》以主人公阿米尔的口吻叙述。阿米尔出生于阿富汗喀布尔一个富贵之家,其父经营地毯生意,富甲一方,家里还有仆人打理。仆人的儿子哈桑是阿米尔的玩伴,虽然各自的父亲分别是哈扎拉人和普什图人,而且有主仆之分,但他们俩亲如兄弟。阿米尔非常任性淘气,时常恶作剧捉弄邻居。每次都是哈桑陪他玩,代他受过。有一回,他们离开家门,闲逛到一个僻静之处,被三个恶少拦住。其中一个叫阿塞夫,另外两个则是他的狐朋狗友瓦里和卡莫。阿塞夫人高马大,相貌英俊,却巧言令色,凶残成性。他曾因与一个小孩争抢风筝,活活将人家的一只耳朵扯下,扔到路边的臭水沟里。阿塞夫恶名远扬。小孩子们背地里叫他"吃耳朵的阿塞夫",一见他总是避之唯恐不及。阿塞夫身为普什图人颇有优越感,他鄙视憎恨哈扎拉人,因而看不惯阿米尔带哈桑出来玩。

例 10-1 拉弹弓的人[1]

"放我们走,阿塞夫,"我说,对自己颤抖的声音感到厌恶,"我们没有碍着你。"

"哦,你们碍着我了。"阿塞夫说。看到他从裤兜里掏出那个东西,我的心开始下沉。当然,他掏出来的是那黄铜色的不锈钢拳套,在阳光下闪闪发亮。"你们严重地碍着我。实际上,你比这个

---

[1] 胡赛尼.追风筝的人[M].李继宏,译.上海:上海人民出版社,2006:40—43.

第十章
从袖手旁观到同伴调解

哈扎拉小子更加碍着我。你怎么可以跟他说话,跟他玩耍,让他碰你?"他的声音充满了嫌恶。瓦里和卡莫点头以示同意,随声附和。阿塞夫双眉一皱,摇摇头。他再次说话的时候,声音显得跟他的表情一样困惑。"你怎么可以当他是'朋友'?"

"可是他并非我的朋友!"我几乎冲口说出。我真的想过这个问题吗?当然没有,我没有想过。我对哈桑很好,就像对待朋友,甚至还要更好,像是兄弟。但如果这样的话,那么何以每逢爸爸的朋友带着他们的孩子来拜访,我玩游戏的时候从来没喊上哈桑?为什么我只有在身边没有其他人的时候才和哈桑玩耍?

阿塞夫戴上他的不锈钢拳套,冷冷瞟了我一眼。"你也是个问题,阿米尔。如果没有你和你父亲这样的白痴,收容这些哈扎拉人,我们早就可以清除他们了。他们全都应该去哈扎拉贾特,在那个属于他们的地方烂掉。你是个阿富汗败类。"

我看着他那狂妄的眼睛,看懂了他的眼色,他是真的要伤害我。阿塞夫举起拳头,向我走来。

我背后传来一阵急遽的活动声音。我眼角一瞟,看见哈桑弯下腰,迅速地站起来。阿塞夫朝我身后望去,吃惊地瞪大了眼睛。我看见瓦里和卡莫也看着我身后,眼里同样带着震惊的神色。

我转过身,正好看到哈桑的弹弓。哈桑把那根橡皮带满满拉开,弓上是一块核桃大小的石头。哈桑用弹弓对着阿塞夫的脸,他用尽力气拉着弹弓,双手颤抖,汗珠在额头上渗出来。

"请让我们走,少爷。"哈桑语气平静地说。他称呼阿塞夫为少爷,有个念头在我脑里一闪而过:带着这种根深蒂固的意识,生活在一个等级分明的地方,究竟是什么滋味?

阿塞夫咬牙切齿:"放下来,你这个没有老娘的哈扎拉小子。"

"请放过我们,少爷。"哈桑说。

阿塞夫笑起来:"难道你没有看到吗?我们有三个人,你们只有两个。"

哈桑耸耸肩。在外人看来,他镇定自若,但哈桑的脸是我从小就看惯了的,我清楚它所有细微的变化,他脸上任何一丝颤动都躲不过我的眼睛。我看得出他很害怕,非常害怕。

"是的,少爷。但也许你没有看到,拉着弹弓的人是我。如果你敢动一动,他们会改掉你的花名,不再叫你'吃耳朵的阿塞夫',而是叫你'独眼龙阿塞夫'。因为我这块石头对准你的左眼。"他泰然自若地说着,就算是我,也要费尽力气才能听得出他平静的声音下面的恐惧。

阿塞夫的嘴巴抽搐了一下。瓦里和卡莫看到强弱易势,简直无法置信,有人在挑战他们的神,羞辱他。更糟糕的是,这个家伙居然是个瘦小的哈扎拉人。阿塞夫看看那块石头,又看看哈桑。他仔细看着哈桑的脸,他所看到的,一定让他相信哈桑并非妄言恫吓,因为他放下了拳头。

"你应该对我有所了解,哈扎拉人。"阿塞夫阴沉着脸说,"我是个非常有耐心的人。今天这事可没完,相信我。"他转向我,"我跟你也没完,阿米尔。总有一天,我会亲自让你尝尝我的厉害。"阿塞夫退了一步,他的跟班也是。

"你的哈扎拉人今天犯了大错,阿米尔。"他说,然后转身离开。我看着他们走下山,消失在一堵墙壁之后。

哈桑双手颤抖,努力把弹弓插回腰间。他的双唇弯起,或是想露出一个安心的微笑吧。他试了五次,才把弹弓系在裤子上。我们脚步沉重地走回家,深知阿塞夫和他的朋友很可能在某个拐角

第十章
从袖手旁观到同伴调解

处等着收拾我们,没有人开口说话。他们没有,那应该让我们松一口气。但是我们没有,根本就没有。

哈桑比阿米尔还小一岁,却挺身而出,竭尽全力保护遭受欺凌的伙伴,表现出令人敬佩的勇气,更展现出令人赞叹的智慧。虽然起关键作用的是哈桑的弹弓,但哈桑并没有真的发射弓袋里装的石子,反而以一种恭敬的口吻称阿塞夫为"少爷",请求阿塞夫放过他们俩。这种低三下四的请求与装弹待发的弹弓达成了一种微妙的平衡,使得阿塞夫及其跟班有所忌惮,又不至于误以为这个哈扎拉小孩是在威胁和挑衅他们。否则,他们可能会被激怒,进而不计后果地疯狂攻击。所以,那个示弱式的请求,并非可有可无。它在维持局面的平衡中发挥了重要作用。正因为阿塞夫意识到哈桑拉开弹弓对准自己却无意于伤害自己,而意在请求他停止进一步的攻击,他才耀武扬威说"我们有三个人,你们只有两个",以实力威胁哈桑,试图胁迫哈桑放下武器。这其实是一种试探,试探挺身而出的哈桑保护伙伴的意志究竟有多强硬。如果哈桑被吓得放下弹弓,就会前功尽弃,非但保护不了伙伴,连自己也要遭殃。所以,哈桑继续张弓不发,用尽可能平静的口气回应和警告阿塞夫,他要是胆敢动手殴打阿米尔,就射瞎他的左眼,让他变成独眼龙。哈桑的刚直终于让阿塞夫放弃了欺凌的打算。

可以说是哈桑的正直以及对阿米尔的忠诚,引导他勇敢地站出来保护阿米尔。但是,天下没有无缘无故的爱与忠诚。根据认知失调与自我一致理论以及相关实验研究的发现,[1]反而是哈桑一次次照顾和保护阿米尔,甚至替他顶罪、代他受过,才使得他越来越喜爱并忠诚于

---

[1] Aronson, E. & Mills, J. The Effect of Severity of Initiation on Liking for a Group[J]. Journal of Abnormal and Social Psychology, 1959, 59(2): 177—181.

阿米尔。这次他克服内心的巨大恐惧,挺身犯险,去保护受人欺凌的阿米尔,更是加深了他对照顾和保护对象的喜爱和忠诚。"为你,千千万万遍。"即使他后来遭受阿米尔的排斥和诬陷,他依然对阿米尔一家忠心耿耿,至死不渝。哈桑一开始的选择引导他走向了正大而光明之路。

即使对欺凌受害者没有深厚感情,甚至多少有些嫌恶,有一部分目击者在一定条件下依然会挺身而出,去劝阻欺凌行为,因为这种行动跟他们特别在乎的自我认知("我是个有正义感的人,我会主持公道,伸张正义")相一致。但是,他们一旦去保护那些自己并不怎么喜爱甚至有点嫌恶的同学,又会发生新的认知失调——我怎么会帮助和保护我讨厌的人?自我一致的动力驱使他们不在意帮助对象那些令人讨厌的方面,而关注其可爱的方面,以说服自己此人值得一帮。久而久之,他们最终会说服自己,相信他们保护和帮助过的那个同学其实蛮可爱。[1]这种态度的改变又会引出更多的友好行为,就像哈桑那样一直忠诚于自己为之付出巨大努力的友谊。总之,校园欺凌目击者挺身而出去劝阻欺凌行为,不但可以保护受欺凌的同伴,也会改善保护者对保护对象的态度,从而引发其更多更加友善的行动。这种现象或作用在哈桑身表现得极其充分,不妨称之为"哈桑效应"。

三、打抱不平与"顾森西困境"

事情还有另一面。就是说,挺身而出保护受欺凌的同伴,除了会加深保护者对保护对象的友好情感之外,还会触发并加深其对欺凌者的厌恶情感。学生挺身而出制止同伴欺凌之前,未必对欺凌者有成见和

---

[1] 黄向阳,阿伦森.不让一个孩子受伤害:校园欺凌与暴力的根源干预[J].教育研究,2019(12):145—150.

第十章
从袖手旁观到同伴调解

恶感,但这种制止欺凌的主动行为会引发制止者对欺凌者的恶感。电影《悲伤逆流成河》中那个叛逆、淘气的男生顾森西就是这方面的一个典型。他曾经看见有个女生沉入水塘,以为她在自杀,便跳入水中,奋力将其拖上岸。那个被救的女生就是电影主人公易遥。她告诉顾森西,她这是在捞被同学扔在水里的书包。顾森西从易遥口中才得知,这个女生长期遭到同班同学的种种欺凌(详见第三章的描述和分析)。于是,顾森西约易遥去公园散心,一起吃热狗,玩游戏。他对易遥的委屈表示理解,劝她左耳进右耳出,不把学校里的风言风语放在心上。易遥如实相告自己确实得了疣病,顾森西则以罹患艾滋病的几岁小孩何错之有的比方宽慰易遥——得病不是她的错。顾森西还以自己的个人经验教易遥遇到同学欺凌别害怕——"你越怕,他们越来劲",鼓动她对欺凌者予以反击。根据认知失调理论,顾森西这么做未必是出于对易遥的喜爱,也未必是出于对那些欺凌者的个人成见,而更多的是出于自身的正直和善良,出于对这个受人欺凌、处境艰难的女生的同情;但是,他奋不顾身营救易遥,又如此体贴地陪伴她、劝解她、安慰她、鼓舞她,会在不知不觉中萌生对这个关怀对象的好感,同时会萌生对欺凌者的恶感。

这种态度上的变化最终导致顾森西自证式的行动。他默默地关心易遥,留意她在学校里的遭遇,随时准备给予援助,教训那些下流的欺凌者。有一天,课间休息时,易遥经过走廊,被一个男生无端辱骂。顾森西见状就将一个篮球砸了过去。篮球"砰"的一声砸在男生身边的墙壁上,将他吓了一大跳。顾森西赶紧作诚恳状上前道歉,还假惺惺地询问那个男生吓着了没有。易遥会心一笑,趁机摆脱了那个男生的纠缠。同样根据认知失调理论,顾森西如此施以援手,暗中帮助易遥摆脱同学的欺凌,会进一步加深他对帮助对象的喜爱之情,也会加深对欺凌者的厌恶之感。这种态度上的进一步变化,鼓舞着顾森西采取更加大胆的行动,去支援这个饱受欺凌的女孩进行自卫还击。特别是得知男生游凯大冷天恶作剧倒水将易遥浇成落汤鸡引来围观同学哄笑,顾森西再也不能满足于暗中援助易遥了。

不久顾森西就逮到了教训恶棍的机会。游凯在食堂用餐时,见易遥迎面走来,如遇瘟神般急忙躲开,端在手中的盘子一晃,菜汤溅到了身上。游凯怒不可遏,对着易遥破口大骂,还蛮横地要求易遥赔钱给他干洗衣服。易遥瞪了他一眼,转身走开。顾森西悄悄捡起地上的水管,一头接上水龙头,一头塞给易遥。易遥心领神会,操起高压水枪冲向游凯,对着他喷了过去:"不用干洗,我帮你冲干净!"高压水柱冲得游凯东躲西藏。这个前些天从楼上倒水将易遥浇成落汤鸡的男生,终于也尝到了大冷天被人浇得全身湿透的滋味。他连连求饶:"我错了,我错了,我错了。易遥,易遥,我再也不欺负你了,我再也不欺负你了。"众人纷纷上前围观起哄。这一幕被刚进食堂的班长齐铭看见,他夺下易遥手中的水枪,十分不解地询问易遥怎么回事。这个自小与易遥一同长大的邻家男孩显然对易遥产生了严重误会,其他不明缘由只见易遥怒喷游凯的围观者其实也对易遥形成了相当负面的印象。

就在易遥表情尴尬不知所措之际,顾森西突然插嘴问齐铭:"怎么样?游凯那小子现在是不是浑身哆嗦?"齐铭立即看出端倪,质问道:"你教易遥的?"顾森西不置可否。齐铭上前一步,愤怒地瞪着顾森西。顾森西毫不示弱,顺手就朝齐铭脸上泼冷水。齐铭被激怒了,挥拳狠揍顾森西。众人目瞪口呆,看着这两个男生打架,早把易遥和游凯那档子事晾在一边了。顾森西很是得意——他终于帮易遥报仇雪恨,痛快地教训了那个欺负她的恶棍;他还以自己与齐铭之间戏剧般的冲突,转移众人的视线,成功地替易遥解围。他当场被齐铭打出黑眼圈,事后又被

第十章
从袖手旁观到同伴调解

老师训斥和罚站,可这一切仿佛成了伸张正义的英雄勋章,在他心里闪闪发光。顾森西为易遥付出越多,牺牲越大,就越加喜爱易遥,最终以女友相待;同时,他也越加痛恨那些恃强凌弱伤害易遥的恶棍,同时鄙视以至于迁怒于那些不明真相却冤枉易遥的旁观者、起哄者、告状者。

没有人站在顾森西这边,和他一起为易遥打抱不平。顾森西并不因此退却,反而平添了一种孤勇者的豪情。这个爱恨分明、正义感爆棚的男生孤芳自赏、自我感动之余,不免有"世人皆浊我独清"的感慨。他情不自禁以自己的道德标准绑架他人,横眉冷对所有袖手旁观者、偏听偏信者、煽风点火者。顾森西似乎做出了全校同学都在欺负易遥的判断,开始与全校同学为敌。但他毕竟太年轻太简单,没有料到自己替易遥伸张正义居然给她造成更大的麻烦。校方很快就得知易遥大闹餐厅的事,却不清楚此事发生的前因后果,学校教导主任在全校大会上点名批评易遥"有违校纪校规,蓄意滋事,行为恶劣,影响极坏"。就在教导主任即将宣布处分决定之际,顾森西假装上厕所,结果被地上的皮线绊倒,他顺势拉倒教导主任的话筒。顾森西作惶恐状向教导主任道歉,还主动上台当众解释道:"我之所以会被电线绊倒,是因为我眼睛看不见。我眼睛之所以看不见,是因为我被齐铭同学给揍肿了。齐铭同学作为全校优秀学生代表,蓄意滋事,行为恶劣,影响极坏。"这么一来,教导主任也不便处分易遥了,一场严肃的校会就这么被顾森西给搅黄了。顾森西得意地向台下的易遥打手势,易遥笑了,满脸幸福的模样。

作为打抱不平者,顾森西很享受自己这种挺身而出保护易遥的义举。就像在保护易遥之前他对这个女生并无特殊的好感,恰恰是因为保护易遥的努力使他萌生了对保护对象的某种情愫和爱意,他越努力,就越爱她;同样的道理,顾森西在会场捣乱之前对教导主任并无恶感,恰恰是因为故意捣乱搞砸了教导主任主持的校会使他产生了认知失调,其强烈的自我正义感又驱使他在内心做出归咎教导主任及校方的自我辩护。"学校不批评处分欺负易遥的学生,反而批评处分遭受校园欺凌的易遥,这太不公平了!""教导主任不分青红皂白,颠倒是非对错,不值得信任!""阻止学校冤枉好人,其实是见义勇为!"如此自我辩护,会在心底产生对学校和老师厌恶和憎恨情绪。这种态度会在不知不觉中引导打抱不平者带着他的保护对象走上不信任学校并与学校对抗的道路,从而陷入孤立无援的困境。

无独有偶,我国的另一部校园欺凌电影《少年的你》也呈现出类似的"顾森西困境"。电影中,街头小混混小北因一次次保护陈念免受同伴欺凌而使其正面自我形象得以不断强化,充满自我正义感。他打抱不平的保护行为,不仅使他爱上了保护对象,也恨上了欺凌者。这种爱憎分明的态度并没有给小北和陈念带来好的结果,反而将他俩引向了深渊。陈念失手致死欺凌者时,小北毫不迟疑地替她掩藏尸体;事情败露之后,小北又铤而走险,制造假象蒙蔽警方,心甘情愿代陈念受过。结果两人双双获罪,遭受牢狱之灾。这出悲剧情节感人,却发人深省。尽管现实中挺身而出为受欺凌同伴打抱不平,其结局通常不会像顾森西那样戏剧化,也不会像小北那样悲惨,但都难免要冒私力救济的风险,稍不留意就会陷入仇视欺凌者而与之发生冲突的困境。

四、袖手旁观与"阿米尔效应"

综上所述,多数目击同伴欺凌的学生通常是不会立即挺身而出为受欺凌同伴打抱不平的。他们普遍倾向于保持中立,袖手旁观不介入。可是,如前所述,只要对形势做出了欺凌判断,袖手旁观者就不可能置

第十章
从袖手旁观到同伴调解

身事外而心安理得。人们不时听到旁观者们为自己辩解:"我害怕呀,什么都不敢做,只能在一边看着。""那么多人在欺负他,我一个人也没办法,这不能怪我呀。"然而,诸如此类的自我辩解无异于承认自己是胆小怕事的"懦夫"、是非不分的"浑蛋"、无情无义的"孬种",这跟学生们普遍持有的正向自我认知是相矛盾的。这种情况下,旁观者口中所言与心中所想并不一样。校园欺凌发生之后,袖手旁观的学生一般不指责欺凌者。正如一位研究生回首往事所指出的那样,当年老师质问她为什么袖手旁观同伴欺凌时,尽管她嘴上在说自己害怕欺凌者,可她心里却是在埋怨受欺凌者太软弱。阿伦森高中时代也有类似的经验:"没人会喜欢欺凌者这一常识也许有几分道理。但在我的经验中,我的同学似乎更喜欢跟汤米这样的欺凌者一起出去消遣——只要他不欺负他们就行!似乎只有被欺凌者受到其他同学的嘲讽和蔑视。"[1]

为了缓解目击欺凌所致的认知失调,旁观者在内心一般不会通过夸大欺凌者的可怕或者归咎欺凌的可恶来进行自己辩护。旁观者的自我辩护通常指向受欺凌的同伴,例如,暗自埋怨他们的无能或可恶。"他一个人站在那,只知道哭。""男生哭鼻子,真丢人!""他都不敢去告诉老师。真是个胆小鬼。我不喜欢他。""他一声不吭,只是看着我们。他应该大声求救啊!""他就是个笨蛋,他被打一点都不奇怪!都是他自己的错。"当旁观者将欺凌归咎于受欺凌者的某种过错时,就能够在内心顺理成章地替自己的不作为、不干预进行道德推脱,从而在一定程度上缓解认知失调带来的内部压力。

袖手旁观者一旦将欺凌归咎于受害人,就会走上一条逐渐与欺凌者同流合污的道路。《追风筝的人》中那个阿米尔就是这方面的典型。

---

[1] 埃利奥特·阿伦森.不让一个孩子受伤害[M].顾彬彬,译.上海:华东师范大学出版社,2019:72.

阿米尔是个放风筝高手,在他12岁那一年的风筝大赛中战胜了所有的对手。他割断最后一只与之竞争的风筝的线,骄傲地回收自己的风筝,哈桑则朝着那只被好伙伴干掉的蓝风筝的坠落方向跑去。按照当地风俗,被打下来的风筝,谁先捡到就归谁。哈桑是个追风筝高手,凭直觉就能预判断线风筝的落点,早早地跑到那个落点守株待"筝"。阿米尔坚信哈桑会带回那个令他和父亲自豪的战利品,可他左等右等,迟迟不见哈桑回家。他出门去找哈桑,来到一个巷口,听到有异样的声音。他趴在一堵坍塌的泥墙后面,屏住呼吸,探头朝巷子里张望。只见那是一条死胡同,哈桑站在胡同的尽头,紧握双拳。他的身后,摆着那只蓝风筝。挡住哈桑去路的又是那三个恶少。

例10-2 追风筝的人[1]

"你今天很幸运,哈扎拉人。"阿塞夫说,"我心情很好,可以原谅你。当然,这个世界没有什么是免费的,我的原谅需要一点小小的代价。"

"很公平。"卡莫说。

"没有什么是免费的。"瓦里加上一句。

"你真是个幸运的哈扎拉人。"阿塞夫说,朝哈桑迈上一步。"因为今天,你所有付出的代价只是这个蓝风筝。公平的交易,小子们,是不是啊?"

"不止公平呢。"卡莫说。

哈桑摇摇头:"阿米尔少爷赢得巡回赛,我替他追这只风筝。我公平地追到它,这是他的风筝。"

---

[1] 胡赛尼.追风筝的人[M].李继宏,译.上海:上海人民出版社,2006:70—78.

第十章
从袖手旁观到同伴调解

"忠心的哈扎拉人,像狗一样忠心。"阿塞夫说。

卡莫发出一阵战栗、紧张的笑声。

"但在你为他献身之前,你想过吗?他会为你献身吗?难道你没有觉得奇怪,为什么他跟客人玩总不喊上你?为什么他总是在没有人的时候才理睬你?我告诉你为什么,哈扎拉人。因为对他来说,你什么都不是,只是一只丑陋的宠物。一种他无聊的时候可以玩的东西,一种他发怒的时候可以踢开的东西。别欺骗自己了,别以为你意味着更多。"

"阿米尔少爷跟我是朋友。"哈桑红着脸说。

"朋友?"阿塞夫大笑说,"你这个可怜的白痴!总有一天你会从这小小的幻想中醒来,发现他是个多么好的朋友。听着,够了,把风筝给我们。"

哈桑弯腰捡起一块石头。

阿塞夫一愣,他开始退后一步,"最后的机会了,哈扎拉人。"

哈桑的回答是高举那只抓着石头的手。

"不管你想干吗。"阿塞夫解开外套的纽扣,将其脱下,慢条斯理地折叠好,将它放在墙边。

我张开嘴,几乎喊出来。如果我喊出来,我生命中剩下的光阴将会全然改观。但我没有,我只是看着,浑身麻木。

阿塞夫挥挥手,其他两个男孩散开,形成半圆,将哈桑包围在小巷里面。

"我改变主意了,"阿塞夫说,"我不会拿走你的风筝,哈扎拉人。你会留着它,以便它可以一直提醒你我将要做的事情。"

然后他动手了,哈桑扔出石块,击中了阿塞夫的额头。阿塞夫大叫着扑向哈桑,将他击倒在地。瓦里和卡莫一拥而上。

我抓紧拳头,合上双眼。

"我不知道,"瓦里说,"我爸爸说那是犯罪。"他的声音自始至终充满了怀疑、兴奋、害怕。哈桑趴在地上。卡莫和瓦里一人抓住他一只手,将其从手肘扭转,压在哈桑背后。阿塞夫站在他们上方,用雪靴的后跟踩着哈桑的脖子后面。

"你爸爸不会发现。"阿塞夫说,"给这头无礼的蠢驴一点教训,跟犯罪有什么关系?"

"我不知道。"瓦里咕哝着。

"随便你。"阿塞夫说,他转向卡莫,"你怎么说呢?"

"我……好吧……"

"他只是个哈扎拉人。"阿塞夫说,但卡莫把眼睛望向别处。

"好吧,"阿塞夫不满地说,"你们这些懦夫,帮我把他按住就好了。你们能做到吗?"

瓦里和卡莫点点头,看上去如释重负。

阿塞夫在哈桑身后跪倒,双手放在哈桑的臀部,把他光光的屁股抬起。他一手伸在哈桑背上,另外一只手去解开自己的皮带。他脱下牛仔裤,脱掉内裤。他在哈桑身后摆好位置。哈桑没有反抗,甚至没有呻吟。他稍稍转过头,我瞥见他的脸庞,那逆来顺受的神情。之前我也见过这种神色,这种羔羊的神色。

我停止了观看,转身离开那条小巷。有种温热的东西从我手腕流淌下来。我眨眨眼,看见自己依旧咬着拳头,咬得很紧,从指节间渗出血来。我意识到还有别的东西。我在流泪。就从刚才那个屋角,传来阿塞夫仓促而有节奏的呻吟。

我仍有最后的机会可以作决定,一个决定我将成为何等人物的最后机会。我可以冲进小巷,为哈桑挺身而出——就像他过去

第十章
从袖手旁观到同伴调解

无数次为我挺身而出那样——接受一切可能发生在我身上的后果。或者我可以跑开。

结果,我跑开了。

正如上文所述,阿米尔至少有两次机会成为不一样的人。在阿塞夫动手抢风筝之际,如果阿米尔大喊一声,他今后的人生会全然改观。但他并没有喊,而是袖手旁观。即使在哈桑惨遭强暴之际,如果阿米尔奋不顾身冲进小巷,他依然有机会重新做人。可是,他没有冲进去,反而逃开了。他的逃避是认知失调的结果。逃避行为又引起更加严重的认知失调。与自我认知相一致的协调策略,导致他甚至都不愿意承认自己逃跑是因为自己是个懦夫,不愿意承认害怕阿塞夫,害怕他折磨自己,害怕自己受到连累和伤害。他转身离开小巷,离开哈桑的时候,心里替自己行为辩护的理由居然是出自阿塞夫之口的混账话:"这个世界没有什么是免费的。"他在内心试图说服自己:"为了赢回爸爸,也许哈桑只是必须付出的代价,是我必须宰割的羔羊。"可是,连他自己都怀疑这是个公平的代价。于是,他继续寻找理由进行自我辩护。答案立即就从他的脑海中冒了出来:"他只是个哈扎拉人,不是吗?"这样的自我辩解稍微缓解了认知失调的压力,让他变得心安理得起来。

这并不只是小说里的一种想象或杜撰,也不是现实中的一种个别现象。早有综述显示这是一种普遍的心理现象——目击受害者遭受虐待,被认为有部分责任,导致目击者贬损受害者。[1] 目击者不但在内心设法贬低受害人,也在接下来的行动中做出损害受害人的事情,以此说服自己相信自己在内心所作的自我辩护。如同阿米尔在内心将哈桑

---

[1] Lerner, M. J. & Miller, D. T. Just World Research and the Attribution Process: Looking back and ahead[J]. Psychological Bulletin, 1978(85): 1030—1051.

遭受凌辱归咎于他是卑贱的哈扎拉人,这种自我辩解导致阿米尔见到哈桑时第一眼察看的是他手中的蓝风筝有没有裂痕,而不是察看哈桑的伤情。此时此刻,阿米尔依然有自我救赎的机会。如果他当时承认自己在现场看到了事情的经过,他便有了可能为自己赎罪,去关心、安抚、帮助为自己深受伤害的发小,最终赢得哈桑的谅解、宽恕和尊重。可是,承认自己目睹欺凌且袖手旁观,意味着改变自我认知。自我一致的强大动力,驱使他不坦白,反而自欺欺人,竭力掩饰自己知情,假惺惺地问哈桑:"你到哪里去了?我在找你。"等到他终于注意到血滴从哈桑双腿之间滴下将雪地染成黑色,他的掩饰和谎言再度将他推入认知失调的深渊。

自我一致的动力驱使阿米尔竭尽全力捍卫内心的自我形象,可是他在内心实在找不到借口为自己辩护。他意识到自己不能与哈桑对视,进而意识到哈桑不在跟前自己会好受一些。哈桑似乎也体察到了这一点,他每天早上趁着阿米尔还在熟睡的当口为他准备好衣物和早餐,然后就躲回到自己家里。于是,不见哈桑便成了阿米尔暂时缓解内心冲突、得过且过的出路。他就像逃避欺凌发生之时的现场那样逃避欺凌发生之后的现实。可是,躲过初一,躲不过十五。哈桑一天不落地照顾自己饮食起居,不断加剧着阿米尔的心理失调。时间一长,他不得不面对哈桑以及他所遭受的凌辱。当哈桑父亲以及自己的父亲询问起哈桑怎么回事,阿米尔一次一次用谎言掩饰自己知情,一次又一次陷入因此带来的内心失调的困境之中。他试图摆脱这种困境。有一天晚上,他来到父亲的床边,对着熟睡的父亲说:"我看着哈桑被人强暴。"这句话与其说是向父亲报告,不如说是对自己坦白。如前所述,承认自己袖手旁观自己的伙伴遭受欺凌,就意味着要改变内心的自我认知,承认自己是懦夫,是无情无义的人。这使阿米尔极其难受,比看见哈桑被强

第十章
从袖手旁观到同伴调解

暴还难受。从那个夜晚起,12 岁的阿米尔得了失眠症。

如果阿米尔不止于内心承认袖手旁观自己的伙伴遭受欺凌,还采取积极的行动自我救赎的话,他就不会把自己看成是无情无义的懦夫,而倾向于将自己视为有缺点的好人,知错能改的好孩子。换句话说,如果他在修正欺凌判断的同时也修正自我认知,以此来协调内心的冲突,他就不会夜夜失眠了。可是,年少的阿米尔从一个极端走向了另一个极端,他的自我形象从有情有义的富家公子哥变成了无情无义的懦夫。这种负向自我认知将阿米尔引向了歧途。自我一致的动力,驱使他干出一件件越来越无情无义的事:他拒绝接受哈桑的邀请去爬山;他经不住哈桑反复请求,勉强和哈桑出去爬山,但一路不说话。他整日将自己关在书房里,哈桑进门邀他出去玩一会,他让哈桑走开,并且要求他别再来骚扰自己。哈桑委屈地遂了他的愿,默默地照顾他的饮食起居,阿米尔却在心里诅咒哈桑那该死的忠心耿耿。终于,他向父亲提出更换仆人,却遭到严词拒绝。

一计不成,又生一计。阿米尔在生日晚会过后一天,他告诉父亲那块作为礼物送给他的表不见了。哈桑父亲在哈桑的毛毯里搜出了那块表,还有几个装有礼金的信封。阿米尔父亲问哈桑表是不是他偷的,哈桑说声"是"承认了。阿米尔的心一沉,随即明白,这是哈桑最后一次为他牺牲。他进而意识到,哈桑和他父亲都知道手表和钱是阿米尔放的,也知道阿米尔看见哈桑被强暴,并且清楚阿米尔的陷害与袖手旁观这两件事之间的关系。阿米尔感觉被扇了几记耳光,但是他并没有吭声澄清。他陷害哈桑与他内心的自我形象是一致的。所以他在心里一边说自己是"撒谎蛋""骗子""小偷",一边暗自高兴这一切终于就要结束了。阿米尔继续在自我说服:"爸爸会赶走他们,也许会有痛苦,但生活会继续。那是我想要的,要继续生活,要遗忘,要将这一切一笔勾销,从头来过。"没有想到父亲并没有赶走他们的意思,反而表示原谅哈桑,这让阿米尔感到困惑和愤怒。这时哈桑父亲开口说要离开这里回到哈扎拉贾特,无论阿米尔父亲如何挽留和恳求,他们都去意坚决。阿米尔父亲只好开车送他们去汽车站。这是最后的机会,阿米尔要是冲上去说出实情承认罪过,或许还能把他们留住。但是他没有冲上去,他连送别的话也没有说,只是躲在家里,透过窗户,看着车子消失在雨中。阿米尔这么做跟他无情无义的自我形象是一致的,所以他心安理得,看着这一切结束,期待着从头来过。

综上所述,阿米尔在没有改变自我认知之前,他只是一个竭尽全力替自己辩护的冷漠旁观者;改变自我认知之后,他实际上成为一个名副其实的欺凌者,他利用自己的小主人身份欺压和伤害仆人的孩子。哈桑是受到了恶棍阿塞夫的严重伤害,但是伤害哈桑最严重的是阿米尔。阿米尔起初作为欺凌旁观者,其内心道德推脱式的自我辩护将自己一步步地引向了邪恶和至暗之路。

许多校园欺凌旁观者就像阿米尔那样因为目击同伴欺凌而发生认知失调,受自我一致动力的驱使在内心为自己的袖手旁观辩护,在自我辩护中进行道德推脱,在归咎受欺凌者的心理过程中将其矮化、丑化、非人化,从而在心中否定或淡化欺凌判断。这种态度的转变会导致行为的变化,从袖手旁观变成在欺凌中起哄,进而变成协助欺凌,甚至发起伤害性更大的新的欺凌;而新的欺凌一方面缓解了原有的认知失调,强化了欺凌者的自我认知,另一方面又引起新的认知失调,进而引起新的一轮自我辩护,进而引发新的一轮欺凌。这种旁观者欺凌判断与自我认知经由道德推脱式的自我辩护而相互强化的循环现象或作用,在阿米尔身上表现得极其充分,不妨称之为"阿米尔效应"。

第十章
从袖手旁观到同伴调解

五、助纣为虐与"瓦里效应"

不过,并不是所有的欺凌实施者、起哄者、协助者(帮凶)都是从旁观者逐渐转变而来的。像上例《追风筝的人》中的瓦里和卡莫,他们是恶霸阿塞夫的狐朋狗友,或者说,这三个恶少就是一个欺凌团伙。从阿塞夫开始欺凌哈桑起,这两个人就担当了欺凌起哄者的角色,最后还成为欺凌帮凶。

阿塞夫起初假惺惺地表示,只要哈桑交出手中的风筝,他就不再计较哈桑上次拿弹弓威胁他那件事。当时,瓦里和卡莫两个就在一旁敲边鼓起哄。卡莫说:"很公平。"瓦里强调:"没有什么是免费的。"这是一套压迫哈桑的说辞,也是欺凌者和起哄者自我辩解的依凭。有了它,他们就心安理得,不会觉得自己有什么过错,反而觉得自己是在做正确的事,做公平的交易了。他们没有想到哈桑不吃这一套。哈桑以当地"比赛中掉下的风筝谁先抢到就归谁"的习俗反驳他们:"阿米尔少爷赢得巡回赛,我替他追这只风筝。我公平地追到它,这是他的风筝。"

哈桑的反驳和拒绝虽然让欺凌团伙的伎俩没有得逞,却给他们一个抢夺风筝的借口——这么公平的交易你不做,那就不要怪我们不客气了。他们在动手之前,还出言羞辱哈桑。阿塞夫嘲笑"忠心的哈扎拉人,像狗一样忠心"。卡莫跟着发笑起哄。阿塞夫接着挑拨哈桑与阿米尔的关系:"但在你为他献身之前,你想过吗?他会为你献身吗?难道你没有觉得奇怪,为什么他跟客人玩总不喊上你?为什么他总是在没有人的时候才理睬你?我告诉你为什么,哈扎拉人。因为对他来说,你什么都不是,只是一只丑陋的宠物。一种他无聊的时候可以玩弄的东西,一种他发怒的时候可以踢开的东西。别欺骗自己了,别以为你意味着更多。"

无人贻恨：
校园欺凌判断与干预

　　这种充满恶意和羞辱的挑拨本身就是欺凌，但它在整个事件中还发挥着非常隐秘的作用。一方面，这是在对哈桑进行非人化，为欺凌团伙在内心进行道德推脱准备了理由——我们是在收拾一个像狗一样的哈扎拉人，他甚至不是人，而只是某个普什图人的一只丑陋的宠物，一件无聊的玩具，一种泄愤的工具，无论对他做什么都是正当的；另一方面，这是在打击哈桑，令其丧失抵抗的意志——你什么都不是，阿米尔根本没把你当回事，你犯得着为他抢一只风筝吗？尽管哈桑辩解说阿米尔是他的朋友，可是他说的时候脸都红了。阿塞夫一看诡计得逞，继续嘲笑和打击哈桑："朋友？你这个可怜的白痴！总有一天你会从这小小的幻想中醒来，发现他是个多么好的朋友。"这对哈桑可谓诛心之言，对那两个起哄者却是一种蛊惑——不用怕，无论我们对这个哈扎拉人做什么，阿米尔都不会替他报仇。

　　这一切都准备就绪之后，阿塞夫强令哈桑交出风筝。要是哈桑服软听从，那就正中阿塞夫下怀。不用抢就得到风筝，对欺凌者来说更有成就感。何况，这样不但可以避免风筝损坏，还可以对外说是哈桑自愿给他的，或者干脆撒谎说是他们先抢到风筝的。反之，要是哈桑给脸不要脸，拒绝交出风筝，那动粗抢过来就天经地义了。哈桑果真不从，他弯腰捡起一块石头。这对哈桑来说是在表达不屈的意志，对阿塞夫来说又多了一个理直气壮抢风筝的依凭。阿塞夫迟疑了一下，然后动手了。哈桑没等阿塞夫近身就扔出石块，击中了他的额头。这给了阿塞夫一个施暴的终极借口。他大叫着扑向哈桑，将他击倒在地。此时此刻，阿塞夫会像许多老练而狡猾的欺凌者那样在内心为自己辩解——我可没有欺负你，是你先打我的，我这是反击，我这是自卫。

　　哈桑趴在地上。瓦里和卡莫一拥而上，一人抓住他一只手，将其从手肘扭转，压在哈桑背后，不让他动弹。表面上看，这是由阿塞夫的攻

第十章
从袖手旁观到同伴调解

击带动的。实际上,阿塞夫前面做的那些铺垫不仅仅是为自己肆无忌惮地暴虐哈桑做准备,也是在给这两个跟班洗脑,好让他们觉得自己是在做正当的事,从而声援并协助他教训这个顽固的该死的哈扎拉人。瓦里和卡莫果真从起哄者变成了协助者。可是,当他们看见阿塞夫用雪靴的后跟踩着哈桑的脖子后面,才意识到阿塞夫不只是想抢风筝,也不是报复那么简单,他的真实意图是要狠狠地伤害哈桑。而他们兴奋地出手帮忙按住哈桑,只是想顺利地抢走那只蓝风筝,并没有打算严重地伤害哈桑。所以,瓦里显得害怕,他用有些迟疑的口吻提出了自己的质疑:"我不知道,我爸爸说那是犯罪。"显然,瓦里内心发生了严重的认知失调。阿塞夫马上告诉他,你爸爸不会发现。这是给这头无礼的蠢驴一点教训,跟犯罪无关。瓦里既不能肯定事后自己的父亲不知情,也不清楚阿塞夫究竟会怎么教训这头无礼的蠢驴,所以他说服不了自己,失调依在。

阿塞夫说:"随便你。"话面上表示尊重瓦里的想法和选择,言外之意却不是如此。他转而询问卡莫的想法,这既是在向瓦里施压,也是在向卡莫施压。卡莫要是像瓦里那样表示怀疑,大概阿塞夫会暴跳如雷,翻脸不认人。因此卡莫犹豫了一下,含糊地表示同意。阿塞夫明白卡莫跟瓦里是一个意思,所以他接着强调"他只是个哈扎拉人"。这是在给自己打气,也是在给卡莫打气。但是卡莫把眼睛望向别处,仿佛是在表示:可以骂这个哈扎拉人,可以抢他的东西,但是这么伤害他好像不行。显然,卡莫也陷入了严重的认知失调。

阿塞夫果然不满:"好吧,你们这些懦夫,帮我把他按住就好了。你们能做到吗?"瓦里和卡莫这才点点头,看上去如释重负。懦夫恰恰是欺凌者鄙视和欺凌的对象,瓦里和卡莫都受不了。"把他按住就好了"似乎是一件很简单的事,暗示你们并没有伤害他,不算犯罪。而"帮我"

无人贻恨：
校园欺凌判断与干预

一说则既表示客气，也表示接下来的事由阿塞夫来负责，跟他们俩无关。这就给了瓦里和卡莫一个解除认知失调的理由，他们在内心自我辩解：我们只是帮忙按住哈桑，并没有伤害他；而且，这并不是我们想干的，而是阿塞夫要我们这么干的，所以，接下来发生的事跟我们无关。这种道德推脱，让他们如释重负。他们就这样半推半就，做了帮凶，协助阿塞夫继续欺凌哈桑。

他们没有想到这个毫无节操的阿塞夫胆大妄为到去强奸哈桑，却没有松手让哈桑跑走。他们参与了前面一系列奚落、嘲笑、羞辱、折磨哈桑的行动，在处理认知失调的自我辩护中已经将哈桑非人化；而且貌似是他们自己主动扑上去按住哈桑的，他们已经没有退路。何况，现在放开也为时已晚。最重要的是，他们犹豫过，想不再掺和了，不按住哈桑了，是阿塞夫要他们继续的。再说，他们只是按住哈桑，并没有拿哈桑怎么样。强奸哈桑的是阿塞夫，跟他们没有关系。伴随着这样的自我辩护，他们没有松开按住哈桑的手，直到阿塞夫完成其强暴行为，最后成了助纣为虐的帮凶。

瓦里和卡莫目睹阿塞夫的暴行，很可能又震惊又恐慌。但是，他们在整个过程中协助阿塞夫，这个事实导致他们接下来会像欺凌者那样通过继续归咎受害人来替自己辩护，从而使他们对受害人更加鄙视、憎恶和仇视。校园欺凌事件中的起哄者和协助者也是这样，起哄行为和协助行为会引导他们认知失调，自我一致的动力驱使他们将事件发生的责任归咎于受欺凌者，并且在内心以自己不是主谋、主犯而只是协从为由进行道德推脱，否定或淡化自己参与欺凌的责任。欺凌起哄者和协助者内心这种欺凌判断与自我认知经由道德推脱式的自我辩护而相互强化的循环现象或作用，在瓦里身上表现得极其充分，不妨就称之为"瓦里效应"。

六、不偏不倚的同伴调解

"瓦里效应"显示欺凌协助者的心态与欺凌者相似。学生欺凌同伴,或者协助欺凌,未必是因为憎恨这个同伴。但是,一旦实施欺凌或者协助欺凌,他们就会对受害者心生恨意;反复的欺凌,则不断加深欺凌者及其帮凶对受害者的仇恨。"阿米尔效应"进而显示,即使不协助欺凌,光是袖手旁观,就会在旁观者心中埋下仇恨的种子——不是恨欺凌者,而是恨受欺凌者。总之,学生在现场目击校园欺凌或疑似欺凌,无论是对其袖手旁观,还是起哄协助,都会因为自我认知与欺凌判断相互冲突而发生认知失调,像欺凌嫌疑人那样在自我辩护中进行道德推脱,在归咎受害者的道德推脱中萌生并不断加深对受害人的恶意。若不加干预,欺凌持续下去,他们最终可能会加入欺凌者的行列。相对而言,欺凌目击者如果与欺凌受害者存在比较亲密的关系却在欺凌现场袖手旁观,其内心的认知失调会比助纣为虐的欺凌协助者更为严重,自我辩护的动机会更加强烈。如果事后依然不加补救(如悄悄安慰受到伤害的同伴),很可能就会陷入阿米尔那样的困境之中,从此生活在自我怀疑和自我贬低的心理阴影之下;而一旦放弃那个苦苦维持的正面自我形象,建构起负面的自我认知,就会在内心理直气壮地贬低、憎恨自己曾经的同伴好友,进而在行动中陷害自己的同伴好友。

从旁观者堕落为加害者,又会陷入加害者的困境。如同阿米尔,即使陷害哈桑将其驱逐出门,即使阿米尔移民美国,远离阿富汗,他都无法摆脱因伤害哈桑给自己造成的认知失调。阿米尔刻意将陈年旧事埋葬在心底,往事却自行爬上心头。哈桑遭受凌辱的情形历历在目,令阿米尔寝食难安,折磨他整整 26 年。直到 38 岁,阿米尔鼓足勇气重返阿富汗,冒着炮火寻找哈桑,最终将哈桑的孩子带离战火,他才追回"风等",完成自我救赎。所以说,欺凌事件中没有无辜者,即使袖手旁观,也会造成伤害,伤害欺凌者,最终也伤害到自己。虽然一般的校园欺凌旁观者不大可能像阿米尔那样极端,但目击同伴欺凌而袖手旁观,除了害怕之外,还会羞愧和自责,却是一种普遍的旁观者心理。羞愧和自责,就是在自我贬低,就是在伤害自己。羞愧和自责并不像伦理学家所说的那样会自然引发反省进而改过自新,而是像社会心理学的发现那样,会导致更进一步的认知失调。

与袖手旁观不同,挺身而出劝阻或制止欺凌行为,不但可以保护受到欺凌的同伴,还会因为保护行为引发的认知失调而改善保护者对保护对象的态度,从而引发其更多更加友善的行动。挺身而出保护受欺凌同伴的义举,对于处于观望和迟疑状态的其他现场目击者也是一种触动和示范,鼓舞并引导着他们加入伸张正义、表达关怀的行列,带动同伴群体立即形成抵制欺凌的氛围。挺身而出保护受欺凌同伴,也是一种自我强化,不但可以增强正面自我认知——自我正义感、尊重感、效能感,而且可以赢得同伴的尊重和信任。总之,学生挺身而出劝阻或制止同伴欺凌行为,是一种维护学校和班级生态的积极行为。所以,无论在何种情况下,只要有学生挺身而出劝阻欺凌,都是值得大力支持和充分嘉奖的。

但是,在学生当中提倡和推广这种义举是有条件的。如果学生关系健康、团结友爱,偶然发生欺凌事件,现场目击者挺身而出进行劝阻,是值得提倡的。如果学生关系紧张、复杂,团伙林立,纷争不断,则不宜急于提倡更不可强求学生见同伴欺凌即挺身而出加以制止,以免其卷入其中,扩大矛盾,加剧冲突。有效制止同伴欺凌不仅需要挺身而出的勇气和担当,也需要掌控局面的力量和智慧。就像哈桑张弓待发,同时又恳求欺凌者放过阿米尔。这样才能震慑欺凌者使之不敢贸然动手,

第十章
从袖手旁观到同伴调解

又不至于激怒欺凌者,导致其铤而走险、局面失控。这种才能并非与生俱来,也难以直接传授,而需要在实践中锻炼,甚至从失误和教训中学习。因此,可以鼓励学生在目击疑似欺凌的同伴冲突或轻微的同伴欺凌刚刚发生时立即出面制止,从中学习和磨炼伸张正义、表达关怀的人际-社会技能。但是,出于保护学生的考虑,教师不宜鼓励学生挺身而出去制止身边发生的严重欺凌。因为,在没有足够成熟和强大的情况下,挺身而出制止欺凌者作恶,容易陷入"哈桑式困境",遭到欺凌者的报复,陷入被欺凌和伤害的境地。即使仗着义勇、实力、智慧打抱不平,也有陷入"顾森西困境"的风险,陷入与欺凌者发生冲突甚至被孤立的绝境,给自己和保护对象带来更大的麻烦。因此,作为现场目击者的未成年学生,不出面制止事态严重的或情况复杂的同伴欺凌,是可以理解的,是值得谅解的,而不宜加以苛责。

值得向校园欺凌目击者大力提倡的是同伴调解。瑞典心理学家皮卡斯在20世纪80年代发明"共同关切法",供教师用以调解学生中发生的疑似欺凌事件。[1] 皮卡斯特别强调,为了赢得欺凌嫌疑人的信任,调解员在调解过程中保持中立,既不偏袒欺凌受害人,也不责备欺凌嫌疑人追究其罪责,而致力于引导欺凌嫌疑人将关注的重点集中在受害人的艰难处境上,进而主动终止伤害行为并与受害同伴修复关系。[2] 共同关切法如此调解,既保护被欺凌者免受侵犯和伤害,又使欺凌者保存颜面和自尊,因而被誉为校园欺凌干预的"人道主义取径",颇受一线教师青睐。[3] 据报道,英国(英格兰、苏格兰)、澳大利亚等地

---

[1] Pikas, A. New Developments of the Shared Concern Method[J]. School Psychology International, 2002, 23(3).
[2] 顾彬彬. 恶意是怎么消失的?——"共同关切法"与"皮卡斯效应"[J]. 教育发展研究, 2020(22): 65—76.
[3] Rigby, K. Bullying in School: What to Do about It[J]. The Australian Council for Educational Research Ltd., 1996: 198.

教师使用这一方法调解学生中发生的欺凌事件,几乎无一败例。然而,由教师担任调解员,存在时间滞后以及人手不足等问题。如前所述,校园欺凌大多由疑似欺凌的学生冲突演变而来,在现场目击同伴冲突的学生若能及时出面调解,就可以大大减少疑似欺凌恶化成真实欺凌的可能。鉴于越早干预越有可能防止欺凌双方关系的恶化及怨恨与恶意的加深,将欺凌现场目击者转变成为调解员及时予以干预便成为一种切实的需要。皮卡斯因此设计出一套名为"全班人人都成调解员"课程,训练学生运用共同关切法去调解同伴当中可能发生的欺凌事件,[1]其中有颇多值得我国学习借鉴的地方。

但是,正如本章序言中提及那个补充的反欺凌教材所显示的那样,我国先行者在如何训练和指导学生进行欺凌调解中又有自己的特点和发现。目前全国通用的小学四年级上学期《道德与法治》教材的教师教学指导用书中,实录的是上海市宝山区大华第二小学四年级某个班级在教师指导下围绕美欢欺负王玲事件进行的一场同伴调解模拟训练。[2]欺凌调解避免了袖手旁观的冷漠,又避免了出面制止的风险,因而颇受小学生青睐。这个班的学生人人喜爱担任调解员,可他们在最初的同伴欺凌模拟调解尝试中实际充当的是裁判欺凌事件当事人孰是孰非的"法官",或者是告诉双方各做什么的"顾问"。扮演"调解员"的学生越投入,参与越真实,他们的表达就越具攻击性。他们对欺凌者指责越多,施加道德约束越多,遭到"欺凌者"的抵制就越强烈。模拟调解的尝试纷纷以失败告终。学生们在反思和讨论调解失败的原因中意识到,即使出于帮助受欺凌者的目的,调解员也不能在态度上表现出对

---

[1] Pikas,A. ACBM Teacher's Manual (Vers. 6th)[EB/OL](2008-06-12)[2020-01-15]. https://www.pikas.se/scm/.

[2] 人民教育出版社课程教材研究所小学德育课程教材研究开发中心.道德与法治教师教学用书(四年级上册)[M].北京:人民教育出版社,2019:272—278.

第十章
从袖手旁观到同伴调解

欺凌者的攻击（愤怒的指责或轻蔑的讽刺都是攻击）。相反，调解员只有把欺凌者当成是有良知的正派同学，给予他们应有的尊重，并在语气上表现得温和又友好，才能取得欺凌者的信任。若要求得欺凌者对问题解决给予关注，调解者就不能直接批评欺凌者，而应委婉地暗示被欺凌者受到了伤害。

反欺凌补充教材开发试验中，学生三人一组轮流扮演欺凌者、被欺凌者和旁观者，围绕课本故事反复进行同伴调解模拟演练，取得了诸多令人欣喜的发现。由于学生们有不同的生活经验，对欺凌情境及调解方法有不同的理解，扮演调解员的学生不得不迎接扮演欺凌者和被欺凌者的学生临场发挥中的种种挑战和刁难，模拟演练时成时败。教师相机点拨，从旁指导，与学生相互切磋，逐渐总结出有效调解的若干原则：及时干预，避免恶化；问清原委，弄清事实；态度温和，友好倾听；不责备，不偏帮，尊重双方。学生在调解演练中也逐渐意识到：参与同伴调解并不一定能够成功，关键是，同伴调解一旦发生，欺凌事件就被迫中断了；即使自己调解不成而不得不更换调解员，也为冲突解决赢得了时间和机会，毕竟冲突双方答应让第三方同学来调解意味着双方已经形成了希望和解的默契或共识。于是乎，学生的模拟调解演练同时成了同伴调解的试验性探索，他们通过参与课堂演练获得的这种直接经验，或许不及皮卡斯"全班人人都成调解员"课程方案那般周全，却更有可能指导他们今后的调解实践。

可见，组织学生在模拟演练中摸索同伴调解的要领，较之于照着一套成熟的调解程序和方法进行演练，对学生更具锻炼价值。学生们在这样的课堂演练中不但能够习得同伴调解方法，提高同伴调解的技能和信心，还能从中习得欺凌当事人相互交涉的经验。因为，同伴调解的课堂模拟演练虽然针对的是欺凌旁观者，但这种调解演练依然需要另有学生扮演欺凌者和受欺凌者的角色,这就兼顾到了这两种角色的反欺凌训练。由于现实当中欺负过同伴的学生和受过同伴欺负的学生也在这种训练中充当调解员,他们还可以从调解员这个角色的扮演中找到作为欺凌者和受欺凌者摆脱欺凌的思路和办法。

根据执教者的观察,现实当中欺负过同伴的学生在同伴调解模拟演练中扮演调解员特别积极,办法也比普通学生多。殊不知,他们因为向全班同学宣扬和表演他们精心设计的劝人和解的方案而陷入了一种认知失调中。就像阿伦森在劝人使用避孕套防范艾滋病实验[1]以及劝人节约用水实验[2]中所发现的"虚伪范式"(the hypocrisy paradigm)那样,在一个人宣传某种行为时,或者在他公开承诺去做某事之后,用一个法子提醒他留意自己光说不做的虚伪,这会使他意识到:自己的自我观念将自己视为诚实正派的人,但自己的实际行为却未必如此。就是说,这种提醒会导致个体发生认知失调,进而导致其以践行自己所宣传或承诺的行为来协调其内部认知。同伴调解模拟演练恰恰可以对欺凌者起到这种提醒作用,致使他们今后更有可能改用他们宣扬的和平方法去解决同学冲突难题。可见,同伴调解并不是纵容学生充当是非不分的"和事佬"。这种方法不仅可以充分利用欺凌目击者的在场优势对同伴欺凌事件进行及时调解,使之化解于萌芽之中,也可以指导和训练可能陷入校园欺凌的学生采取和平的方式解决冲突。

---

[1] Aronson, E., Stone, J., Crain, A. L., Winslow, M. P. and Fried, C. B. Inducing Hypocrisy as a Means of Encouraging Young Adults to Us Condoms[J]. Personality and Social Psychology Bulletin, 1994(20): 116—128.
[2] Aronson, E., Dickerson, C. A., Thibodeau, R., and Miller, D. Using Cognitive Dissonance to Encourage Water Conservation[J]. Journal of Applied Social Psychology, 1992(22): 841—854.

第十一章

从回避到反抗欺凌

第十一章
从回避到反抗欺凌

前面两章分别考察了校园欺凌实施者和旁观者的欺凌判断,接下来这一章将要聚焦校园欺凌受害者对于自己遭遇所做的判断。我在给中小学教师举办校园欺凌干预工作坊时,经常遇到一种耐人寻味的现象:小学教师普遍抱怨自己的学生夸大其辞,动辄来告状说自己被某个同学欺负了;而中学老师则普遍反映自己的学生忍气吞声,即使遭到同伴欺负,也不会轻易向老师报告求助,结果到最后演变成了难以收拾的重大事故。曾经有一位中学班主任从目击者的暗中报告得知,自己班上有个男生午间休息时在厕所里遭到了高年级学生的敲诈和殴打。她将受害者叫来,私下关切地询问他是不是受人欺负了,不料该生矢口否认。班主任老师换了一种问法:那你今天中午是不是在厕所里被人殴打,还被人敲诈勒索了?那个学生立即点头承认。为什么少年学生明明受到欺凌却只承认自己受到伤害,而不承认自己受到欺凌呢?这种欺凌判断会进一步引发受欺凌者何种心理和行为反应呢?

一、受欺凌者的自我认知与欺凌判断

从少年开始,个体对欺凌的判断与儿时的判断有着巨大的区别。小学中高年级学生特别是中学生不像小学低年级学生那样到处嚷嚷自己被人欺负了,他们无缘无故被人殴打或遭到敲诈勒索时,可能会承认这个事实,但拒不承认自己受到欺凌。在少年眼里,"欺凌"或"欺负"是一个具有侮辱性的贬义词,承认遭受同伴欺凌无异于表示自己是个软弱无能、无力自保的窝囊废。他们不仅仅是嘴上不承认受欺凌,内心也不承认。他们之所以做出否定欺凌的判断,是因为他们开始有了越来越清晰的自我意识,越来越强烈的自尊感。他们认定自己是有人格和尊严的人,他们认为自己的人格和尊严神圣不可侵犯。正是这种积极的或正向的自我认知,导致他们在受到欺凌和冒犯时,内心会发生严重

的认知失调。

在初次受到某个同学欺凌或疑似欺凌时,特别是在伤害不明显或不严重时,受到自我一致动力的驱使的受欺凌者倾向于做出否定性的欺凌判断,即在内心否定那是欺凌,以求认知协调。他们倾向于安慰自己:"那是个意外,对方不是故意的。""这就是个玩笑,对方并没有恶意。"如果实在否定不了对方的恶意,他可能暗示自己:"这个幼稚的家伙就是想惹我生气,我才不上他的当。""这个家伙就是个神经病,我可不能跟他一般见识。"诸如此类的自我安慰和暗示,会令受欺凌者内心平静许多。而这种否定欺凌的心理努力在外部则表现为对欺凌者或疑似欺凌者不予理睬,且不动声色,让对方自讨没趣;或者表现为离开现场,令招惹者不能得逞。对于那些疑似的或轻微的欺凌而言,特别是对于那些试探性欺凌而言,不理睬策略和回避策略往往是有效的,所以是学生最常用的应对策略。

然而,不理睬或回避反应存在助长欺凌的风险。如果欺凌者一而再、再而三地实施欺凌,受欺凌的学生就难以做出否定性欺凌判断,而只能在内心确认自己受到欺凌。这样的欺凌判断与受欺凌者自我认知相矛盾,发生认知失调;自我一致的动力驱使他针对欺凌采取行动。起初可能以眼还眼,以牙还牙,进行反击。奋起反击可能制止对方进一步伤害,也可能转入势均力敌的对抗和冲突,这两种结果都可以有效地捍卫尊严。但是,受害者的反击未必有效,反而可能招致欺凌者更加严重的攻击和施压。所以,作为力量相对弱小的一方,面对强势者的挑衅,明智的选择是好言相劝,不激怒对方,但明确要求对方住嘴住手停止欺凌。无论对方停止欺凌与否,受欺凌者均以此表达了自我捍卫的意志,找回了认知平衡。如果好言相劝无效,对方继续作恶,受欺凌方可能进而严正交涉,不但继续要求对方停止伤害行为,而且要求对方赔礼道

第十一章
从回避到反抗欺凌

歉。同样地,无论对方赔礼道歉与否,受欺凌者均以此表达了自我捍卫的意志,找回了内心的平衡。

如果交涉未果,受欺凌者可能警告对方再不停止就报告老师或家长,让他们来处理。如果对方不听警告,继续加害,设法及时逃离现场不失为明智的选择。但是作为少年学生很少选择逃跑,因为,在他们眼里逃跑是一种示弱和屈辱。一旦产生这念头,他们的内心立即发生严重的认知失调。自我一致的驱力会迫使他留在现场直面欺凌。这种情形下,受欺凌者只有奋然反击才能捍卫自己无比珍视的人格和尊严了。

可是欺凌之所以会发生,一个颇为重要的客观事实是因为涉事双方力量悬殊。受欺凌者当场反击确实是在表达不屈的意志,但同时可能因为无力招架而蒙受更多的伤害和更大的羞辱。在这种情况下,受欺凌者内心会发生极其严重的认知失调:一方面他顽强地守持自己是一个有价值和尊严的人这种积极而正向的自我认知,另一方面他又不得不在内心承认自己遭受了严重的欺凌。他只有通过对欺凌者的非人化,认定那些伤害自己的家伙不是人,而是人渣、畜生、恶魔,才能将自己饱受欺凌的遭遇进行合理化,从而在内心不那么纠结地捍卫正向的自我形象。非人化导致怨恨和仇视,因此,在受害者的内心,报仇雪恨才能彻底改变自己受到凌辱的认知。他可能报告父母或老师,向他们求助,通过权威机构伸张正义,讨回公道。若是欺凌者被追究,不但自食其果,受到惩罚,而且赔礼道歉,偿还孽债,正义才得以伸张,受欺凌者的认知失调才会消失。否则,他依然会有受欺凌的感觉,对欺凌者的怨恨就会越积越多,最后暴发,以极其毒辣而阴狠的方式对欺凌者进行报复。

如果不敢报复或者报复不成,受欺凌者便会继续认知失调,并且越陷越深,陷入心理失调的深渊。受欺凌者这个心理过程是跟欺凌者的态度和行为相伴随的。如前所说,欺凌行为及其伤害导致了欺凌者认知失调,其自我辩护中的道德推脱又加剧了内心对受欺凌者的贬低和憎恨,从而导致更进一步的欺凌。进一步的欺凌不仅是行动上的加害,还有当众理直气壮的辩解。即使欺凌行为被校方发现,欺凌者在与受欺凌者的对质中,依然会寻找各种理由为自己辩解,将过错归咎于受欺凌者,诬陷并归罪受欺凌者。正如研究早就发现的那样,得到加害者辩护的虐待可能比公认的残酷行为对人造成的后果更严重。没有披着正义外衣的虐待使作恶者受到责备,而不会使受害者受责备;但当受害者因为自己的困境受到令人信服的指责时,他们可能最终会相信自己确实具有被人贬低那种人格特征。[1]因此,与不试图为自己辩护的不人道行为相比,被加害者自我免罪的不人道行为更有可能给受害者灌输自我轻视的情绪,[2]令其陷入自我怀疑和自我责备之中。

　　长期遭受同伴欺凌的学生最终会改变认知协调策略,承认自己受到欺凌,同时否定自己的原来的正向自我认知,即痛恨自己,贬低自己,将自己看成是软弱无能的窝囊废,不敢自保,也无力自保。这种无能感、无助感、窝囊感使受欺凌者陷入自我贬低的痛苦深渊。就像第十四章讲述的那个传奇故事那样,一名叫卡洛斯的转学生因为口音遭到同学们起哄嘲笑而自惭形秽,从此化为隐形人在课堂上一声不吭,进而发展到逃学旷课,到最后认定自己是个无可救药的笨蛋,以至于明明掌握了某些知识也在小组合作学习中表现得像个一无所知的笨孩子。若非有特殊的际遇,这种长期受欺凌的学生会变得越来越消极,越来越抑郁,自暴自弃,直至自残自杀。

---

[1] Hallie, P. P. Justification and Rebellion[M]//Sanford, N. & Comstock, C., eds. Sanctions for Evil. San Francisco: Jossey-Bass, 1971: 247—263.
[2] Bandura, A. Selective Moral Disengagement in the Exercise of Moral Agency[J]. Journal of Moral Education, 2002(2): 101—119.

第十一章
从回避到反抗欺凌

总之,受欺凌者会因受欺凌发生认知失调,自我一致的动力会驱使其采取某种方式否定自己受到欺凌,或者对欺凌进行合理化,其极端方式就是对欺凌者进行报复。如果无法改变欺凌判断,他们会转而改变原有的正向自我认知,从而陷入自我贬低的痛苦之中,郁郁寡欢,甚至自杀了之。但是,这只是一种线性分析。实际的情况复杂得多。如下面将要分析的校园枪杀案中,饱受同伴欺凌的学生在完成仇杀之后自杀,这说明自杀也可能是某些人了结内心冲突的一种极端方式。

二、弱者的武器及幸存之道

人是社会性动物,生活在关系之中。进入少年期的学生尤其珍视同辈关系,渴望得到同伴认可。对于青少年学生而言,最惨痛的求学经历莫过于遭到同学的欺凌,而最宝贵的求学经历也莫过于从中学会了处理力量不均衡的人际关系。强者固然有安身立命的利器,弱者也自有其幸存之道,以及与强者周旋的策略。其实,作为学生,作为未成年人,都是社会中的弱小。即使在同学当中,也不可能有人始终处于强势地位——你可能欺凌比自己弱小的同学,你也可能遭受比你强大的同学的欺凌。对于所有的学生来说,免遭同伴欺凌的幸存之道,就是从一开始就营造人道关怀和公平正义的集体氛围,积极参与团结友爱的集体建设,在求学中发展健康的同学关系和纯真的友谊,在遇到困难和挑战时相互帮助,抱团取暖。这是学生平安快乐地度过自己求学时代的根本保障,不但可以最大限度地预防校园欺凌,也可以在欺凌万一发生时将其伤害限制在最低程度。所以,不要等到自己遭受欺凌、孤立无援时,才后悔没有主动与同学发展友谊,没有积极参与集体建设,没有支持和伸张正义。

人与人之间若是势均力敌、谈平等或相互尊重、和平共处,是一件相对轻松和自然的事。难的是身体上或个性上或社会性上力量不均衡的人之间如何和平相处,共存于同一个世界。对于强者来说,与弱者相处存在如何自我克制以免滥用自己的优势力量恃强凌弱的难题;对于弱者来说,与强者相处则存在如何避免因为自己的劣势而遭受欺凌的难题。与人相处,善用优势而不滥用优势以免招人怨恨是一种美德,如何与强者周旋以免受其欺凌则是一种艺术,既需要血性和勇气,更需要智慧和策略,因而需要学习和磨炼。

我们可以从历史中了解到农民反抗地主阶级统治和剥削的许多可歌可泣的武装起义,以及其他有组织的抗租、抗税、抗徭役运动。我们还可以从斯科特(James C. Scott)《弱者的武器》一书中了解马来西亚佃农反抗地主剥削、恶霸压迫的日常形式。[1] 农民在地主面前是被统治阶级,是弱势群体,在大多数时候不大可能对地主采取公开的、有组织的、高姿态的集体反抗行动,因为这种反抗的风险和代价太大。但是,他们每天都在采取种种隐蔽的、自发的、低姿态的反抗和不合作行为,持续不断地对抗、消解地主或雇主的欺压和剥削。他们的日常反抗方式五花八门,令人叹为观止。其中包括:在地主面前假装顺从,装傻卖呆欺骗地主,装糊涂糊弄地主;给地主干活时,偷奸耍滑,偷工减料,开小差,偷地主的东西,还暗中搞破坏;农闲时,编排地主恶霸的为富不仁,到处传播,败坏他们的名声;开会时,摆烂哭穷卖惨,起哄说好话,给地主戴高帽子,忽悠地主出资做慈善……佃农围绕着劳作、财产、粮食和金钱与地主展开的这种斗争,有许多细节其实并不光彩,通常包括背后诽谤、流言蜚语、人身攻击、起绰号、肢体语言和无声的蔑视等等。农民诸如此类的表现被历朝历代能够修史的精英分子视为贱民的劣根性

---

[1] 詹姆斯·C.斯科特.弱者的武器:农民反抗的日常形式[M].郑广怀,张敏,何江穗,译.南京:译林出版社,2011.

第十一章
从回避到反抗欺凌

而不屑一提,可在斯科特的日常反抗理论中却被视为弱者反抗的武器得到了专题研究,令人大开眼界,也给我们反抗日常欺凌带来了启发。

斯科特的《弱者的武器》让我联想起小时候读过的阿凡提与财主老爷(巴衣)斗智斗勇的故事。阿凡提虽然是个穷汉,但他豁达、幽默、机智、勇敢,把欺凌压榨老百姓的巴衣老爷修理得有苦难言。这本书也让我联想到《红楼梦》里刘姥姥进大观园那一段。荣国府和宁国府的太太、小姐、丫鬟们极尽能事,取笑和捉弄这个没有见过世面的乡下穷老太。刘姥姥则不动声色,装疯卖傻,从这个饱食终日无所事事的富贵人家忽悠到几十两银子和两大车物资,兴高采烈满载而归。这种穷人对付富人、弱者对付强者的手腕着实令人感慨。

《弱者的武器》更让我联想到捷克作家哈谢克(Jaroslav Haek,1883—1923)的小说《好兵帅克》。捷克曾经是一个灾难沉重的民族,几百年失去国家,受异族的统治。光奥地利和匈牙利结成的奥匈帝国就奴役了捷克民族近二百年。长期遭受异族奴役和欺凌,使捷克民族形成了一种表面上逆来顺受、骨子里桀骜不驯的独特气质。这种民族气质,使他们反抗欺凌的方式充满搞笑式的喜感以及反讽式的幽默感。我们从卡夫卡、哈谢克、昆德拉、赫拉巴尔的小说中,甚至从米勒的动画片《鼹鼠的故事》中,可以领悟到捷克底层民众"在一种特殊的语境下用喜感消解强权、用反讽找回尊严的普遍经验"。哈谢克的《好兵帅克》可能是这种独特的反抗艺术最好的诠释。

帅克本是混迹于布拉格市的一名狗贩子,双腿患有严重的风湿病。可他一听说奥匈帝国王储斐迪南大公在萨拉热窝被刺身亡,就拄着拐杖高呼"吾皇万岁!"去报名参军。当局却怀疑帅克装病,企图逃脱兵役,于是组建了一个医学专家委员会对帅克这类"刁民"进行医学鉴定。专家问:"12 897乘以13 863是多少?""729,"帅克眼皮也没有眨巴一下就回答,进而反问:"我也请大人们破个谜:一所楼房,每层有八个窗子,顶上有两个天窗,请问楼房看门人的奶奶是哪一天死的。"专家委员会由此判定帅克属于智力低下的友善型白痴。他们在报告里写道:"此人在本委员会面前高呼:'吾皇佛兰西兹·约瑟夫万岁!'这句话足以证明约瑟夫·帅克之精神状态为显著型白痴。"当年我和同学读到这里笑得眼泪都出来了。

帅克最终还是没有逃脱兵役。他加入了奥匈帝国的部队,参加第一次世界大战。他成了卢卡什上尉的勤务兵,接受这位军官的差遣,并受其凌辱。帅克却乐哈哈地遵照长官的指示行事。上尉要他去弄一条狗,他就把上校的爱犬偷来交给上尉。上尉蹓狗时正好遇到上校,被上校狠狠地收拾了一通。上尉气急败坏,要狠揍帅克一顿,可他看到帅克用善良纯真的眼睛天真地望着他时又把手放下。他倒在沙发上抓狂:"上帝为什么让这个白痴来惩罚我呀?"有一回,上尉让帅克替他偷偷给一个匈牙利商人的妻子送情书,情书却落到那个商人手里。帅克见势不妙,一口咬定情书是他写的。帅克叫来捷克战友去抢情书,结果引发捷克士兵与匈牙利士兵的一场混战。上尉受到处分,又要收拾帅克。帅克镇定地说:"上尉先生,谁也没料到女佣把信给了老板,但您放心,打架时我把信抢过来吞了下去。"见帅克如此忠诚,上尉只好作罢,无奈地摇了摇头……帅克就这样一路受长官的差遣和欺凌,又一路坏长官的事。他那天真无邪的白痴样子令长官气急败坏又无可奈何!按照哈谢克的意思,帅克不但坏了长官的事,更坏了奥匈帝国的事,让奥匈帝国惨败于第一次世界大战。

这里讲好兵帅克破坏世界大战的故事、刘姥姥忽悠大观园的故事、阿凡提智斗巴依老爷的故事,是想表明弱者在强者面前并非只有委曲求全这一条路可走。千百年来,弱者一直在与强者周旋,形成了许多经验。从中我们可以看到,弱者对付强者比强者欺压弱者,更需要智慧,更讲究策略,因而更具艺术性。但是,在强者当道的世界里,历史是由强者书写的,自然不怎么记录、总结和研究弱者的反抗经验。事实上,强者就害怕弱者琢磨、切磋、传习那些与强权斗争的日常经验。而斯科特用《弱者的武器》一书描述、分析农民的日常抵抗形式,可以说是一个意外,或者说是一个特例,一个另类。世界上从来不缺强权哲学、强权理论,急需的是弱者捍卫自己的武器、方法甚至是理论。《弱者的武器》《好兵帅克》以及刘姥姥忽悠大观园、阿凡提智斗巴依老爷,都可以作为我们进一步研究弱者反抗欺凌的重要参考样本。

青少年也可以从中汲取反抗欺凌的勇气和智慧,琢磨反抗欺凌的方法、与欺凌者周旋的艺术。当然,校园欺凌反映的是同学关系、同学矛盾,与国际欺凌、民族欺凌、阶级欺凌之类的敌对关系、敌我矛盾有着本质的不同,我们不能用对付强敌的手段去对付欺负自己的同学。校园欺凌甚至与社区欺凌、职场欺凌有着极大的不同,我们不能以成年人之间的欺凌关系来看待和处理未成年人之间的欺凌关系。在做出上述本质性区分的基础上,一些抵抗强权的思路和策略是值得借鉴的,在学校情境中加以改造和应用,甚至可以得到创新和发展。

三、忽视与回避

学生面对欺凌的威胁时,什么情况下要采取果敢的行动,什么情况下要寻求帮助,这是需要理性判断的。为了发展这种理性判断,澳大利亚一些学校曾经利用一张手掌图,向学生推荐五种应对欺凌的策略。其中,小拇指表示忽视不予理睬,无名指表示走开避而远之,中指表示友好交涉,食指表示严正交涉,大拇指表示报告和求助。澳大利亚人称这套策略为"HIGH 5",用以训练和指导学生根据情况选择恰当策略应对可能的欺凌。[1]不妨称之为应对欺凌"五指法"。其实,这不仅仅是五种对付欺凌的备选策略或方法。由于在选用时有一个从小拇指(忽视不予理睬)到大拇指(报告和求助)的考虑顺序,HIGH 5可以说是一套反欺凌程序,因此也可以称其为反欺凌"五指禅"。下面就以电影《少年的你》的情节来说明这套值得向我国少年儿童推荐的反欺凌程序与方法。

电影《少年的你》中,魏莱等人滥用自己在身体上、言语上、同学关系上的优势力量,对陈念进行了攻击、侵犯和伤害。陈念遇到了同学的身体欺凌、言语欺凌和关系欺凌。陈念对来自同学的欺凌做出了多种反应,可以利用其中的经验教训来训练和指导学生应对校园欺凌。例如,陈念在学校食堂窗口排队打饭时,遭到三个女生的纠缠。陈念并没有答应魏莱的要求,也没有理睬这个人阴阳怪气的挤兑。这其实就是对付同伴试探性欺凌的一种常用的办法。可以利用这个电影桥段启发学生:当有人招惹你,为难你,试图惹你生气时,你可以首先试用这种方法。如果你气急败坏,暴跳如雷,反而上了他的当。下次想看你气急败坏的样子时,他又会来招惹你。如果你心里把这种招惹当成是一种幼稚的小儿科行为,不动声色,不予理睬,他就会自讨没趣,最后放弃对你的试探。

当然,不理不睬只对那些疑似的或轻微的试探性欺凌有效。如果对方还是不停止侵犯和骚扰,那就不能继续使用这种办法了。电影里有一组对比镜头,可以用以提醒学生:千万不能像胡小蝶那样,任由别人把泡沫抹在自己身上,任由魏莱将自己这副模样拍照下来;要像陈念那样,一见魏莱要拍自己的照马上就走开,一见魏莱带着人来追打立即

---

[1] Rigby, K. Bullying in Schools and What to Do about It[M]. Melbourne: Australian Council for Education Research, 2007: 265.

第十一章
从回避到反抗欺凌

就拼命地跑走。在面临欺凌时立即走开甚至跑开,及时脱离欺凌现场,迅速转移到安全地带,不但可以确保自身安全,也使欺凌者因为你不在场而不得不停止那些其实伤害不到你的行为。

对来自同伴的欺凌首先采取忽视或回避的策略,并不是向来犯者示弱,而是对其冒犯尝试表示不屑,显示出不跟对方一般见识的姿态,令其自感无趣,放弃招惹,或者令其恶意不能得逞,铩羽而归。面对挑衅时,重要的是克制住内心的恐惧和愤怒,不露怯意,不动声色。因此,需要反复向学生确认并强调:作恶的是欺凌者、挑衅者,他们才应该感到羞愧、为自己的恶行担惊受怕。

四、从友好交涉到严正交涉

不过,有些欺凌并不会因为你不在场,就伤害不到你。就像陈念,即使她不在教室里,她也知道同学们在背地里说她妈妈的坏话,因而不可避免地会受到影响。这种情况下,离开现场或者不予理睬的办法都不适用了。陈念忍气吞声,独自流泪,令人心痛。但是,她这种做法其实是没有什么效果的。她应该立即站起来,甚至走向讲台,对全班同学说:"我妈妈因为推销三无产品,怕客户追债,躲在外面不敢回家。我妈妈有错,我很难过。各位同学说我妈妈,我也很难过。你们是我的同学,我想请你们支持我,不要再讲我妈妈的事。"

这是在交涉,是一种友好的交涉,是一种有话好好说的交涉——不责备对方,不谩骂对方,不激怒对方,只说客观事实,道出自己的真实感受。这种友好交涉可以表现出当事人捍卫自己和母亲尊严的坚强意志,以及面对挑衅不慌不忙、不卑不亢的态度,容易赢得同学的理解和尊重,甚至有可能劝阻大部分同学对自己的不友好行为。这种友好交涉也在向欺凌嫌疑人传递修好的善意,并且暗中将对方预设成为通情达理的同学。这种积极的期许,一旦被对方感知,就有可能自我实现,至少会给自己和对方留下了回旋的余地。

如果友好交涉还不奏效,或者根本就没有友好交涉的条件,那就要提升交涉的级别,向欺凌者提出严正交涉,就像我那样理直气壮地找欺凌者算账,强硬地要求他赔礼道歉:"你插队,还打人,你必须向我道歉!"(详见第八章)这可以作为一个向欺凌者严重交涉的简易范式,用以复盘电影《少年的你》里的欺凌情境。比如,在排球场上,陈念面对魏莱出言不逊,应该当即喝止:"住嘴!不许骂人!你伤害了我和我妈,你得向我赔礼道歉!"当魏莱她们用排球砸陈念时,陈念应该当众大喊:"住手!不许动手!你得向我赔礼道歉。"当魏莱将陈念推下楼梯时,陈念应该忍痛不示弱,以不容置疑的坚定口气表示:"你推我,我受伤了!向我道歉,送我去校医室!"同样地,只讲客观事实和自身感受,并且明确提出自己的要求。千万不要责备、谩骂、诅咒对方,也不要妄评对方的行为动机(比如,说对方是故意伤害人),以免节外生枝,授人以柄,给对方以继续伤害自己的借口。

又比如,陈念在回家路上遭到魏莱等三个女生的拦截。陈念想跑,却被罗婷一把锁住脖子。魏莱还威胁陈念,不许陈念将胡小蝶自杀的内情告诉警察。陈念在胁迫之下默不作声,殊不知魏莱气势汹汹的威胁恰恰暴露出她的心虚和忌惮。我要是陈念,就会反过来严正警告他们:"我什么也没说,什么也没做。你们要是再这样对我,我就报警,把你们所有的事情都告诉警察。"这种警告类似《追风筝的人》里哈桑一面低声下气恳求恶少放过自己和阿米尔,一面张弓引弹对准恶少,警告他:你要是敢动手,我就让你瞎一只眼睛!(详见第十章)。向比自己强大的欺凌者发出警告,是需要把握分寸的。恰如其分、掌控局面的警告,既让对方有所忌惮,又不激怒对方以至铤而走险。

综上所述,对欺凌者的严正交涉通常包含三个要素:第一,喝止对方的欺凌行为;第二,要求对方修复他们所造成的损失或伤害,并且赔礼道歉;第三,警告对方如若再犯,就会采取更进一步的行动(如报警或报告学校有关部门)。严正的交涉未必会取得如期的效果,但是会明确地向在场所有的人传达出你不屈不挠、不容侵犯的坚强意志。这样做可以鼓舞自己的士气,同时可以打压对方的嚣张气焰,还可以帮你避免在遭受欺凌后感到窝囊。

五、报告与求助

如果严正交涉未果,对方不罢手,受欺凌者又无法脱身,那就要转换办法了——向身边的人求助求救,比如,向现场目击者求助:"某某同学,快向老师报告,快报警,我有危险了!"如果可以脱身,则立即向学校、父母、警方报告,向他们寻求保护。

陈念的教训表明,向一个不靠谱的小混混寻求保护是充满风险的,甚至是相当危险的。小北采取暴力方式保护陈念,同时向陈念灌输暴力反抗的思想——"挨打不重要,重要的是挨打一定打回去""要么就是被别人欺负,要么就欺负别人"。陈念最终受到这方面的影响,她以暴制暴,失手弄出人命,因而受到法律制裁,遭受牢狱之灾。

如果陈念及时地如实地向警察报告胡小蝶以及自己长期遭受魏莱等人欺凌,警方和校方就会以更加严厉和妥当的方式进行干预,陈念就可能得到更加周全的保护,她的命运不至于被改变。虽然小北与陈念之间的义气和情谊颇为难得,也相当感人,但是,千万不要为此所蒙蔽,一定要从中吸取教训。向警察报告,向警察寻求保护才是正道。特别是在发生严重伤害的时候,不能依靠私人力量去解决问题,而要报警,依靠司法机构去解决问题。虽然电影中陈念每次报警的效果都不如意,但在现实中报警、司法途径依然是正道。魏莱最后求陈念别报警,表明欺凌者最怕的就是报警。她的意外死亡,也说明两人不通过司法途径而私了不是正确选项。从根本上说,如果及时如实报警,不但可以最大限度地保护受欺凌者陈念,也可以因为及时而有力地终止欺凌而保护作为欺凌者的魏莱。

向老师和父母寻求保护也是正道。可以郑重其事报告和求助,也可以用巧灵一些的方式让老师和父母主动发现。如果有人在你椅子上倒墨水,千万不要像胡小蝶那样忍气吞声坐下去,要像陈念那样站着就是不坐下,直到老师意识到班上有学生在欺负同伴。要是老师疏忽大意,没有干预,你就大惊小怪装萌:"老师呀,我的椅子渗出了许多墨水耶,怎么办呀?"接下来就是老师的事了。万一不小心中计,一屁股坐在椅子上才发觉不对,也不要像胡小蝶那样坐在那里纹丝不动。令作恶者措手不及又忐忑不安的对策是,不动声色起身,若无其事地走出教室,走向教师办公室,装模作样向老师请教难题,直到有老师注意到你裤子上的墨迹并且表示关心。如果有人向你讹诈钱财,你也可以用类似的法子对付他——"老大,我没钱。但是,我可以去帮你弄到钱。"然后,你就跑去向校长或德育主任借钱,像好兵帅克那样以喜感消解强权,用貌似顺从的方式搞砸作恶者的欺凌圈套。

当然,这条正道不一定一帆风顺,报告和求助者也可能遇到一些麻烦。比如,老师或父母听到你报告自己受到某某某欺负,他们可能会气急败坏,怪你小题大做,或者怪你懦弱无能,甚至怀疑是你惹是生非。其实,这是在意你并且爱你的人乍一听你被同学欺负时的正常反应。所以,你一定不要光顾着委屈而退缩,一定要坚持下去,向他们详细讲述你遭受欺凌的细节,讲你受到的伤害,讲你的担心和害怕,讲你的苦闷和痛苦。只要他们确认你确实受到威胁和伤害,就一定会向你提供

第十一章
从回避到反抗欺凌

保护。

你的父母得知你遭受同伴欺凌,有可能会叫你打回去。你可不要接这种招。相反,你可以告诉父母:要是能打回去,我就不告诉你这件事了。你可以这样请教父母:爸爸妈妈,你们小时候是不是也受过别人欺负呢?你们是怎么对付别人欺负的呀?能教教我吗?然后,你就可以和爸爸妈妈切磋对付欺凌的办法了,把想好的各种办法在家里不断地演练。演练好后,再到学校里去试用。然后回到家里,将自己怎么做的及效果如何告诉父母。请父母辅导和参谋,不断地提改善对付欺凌的办法。

六、仇恨与报复

如同世上没有无缘无故的爱一样,世上也没有无缘无故的恨。欺凌会导致欺凌者在缓解认知失调的自我辩护中,因为归咎受害人的道德推脱而萌生并加深对受害人的嫌恶和怨恨,欺凌更会使受害人在缓解认知失调中,因为归咎加害者的道德谴责而加深对加害者的痛恨和怨仇。仇恨则往往使人陷入报仇雪恨的诅咒、幻想、计划乃至行动中。

阿伦森在《不让一个人生恨:科伦拜恩案后的同情之教》中专门讨论过受欺凌者报复杀人问题——科伦拜恩杀人案,这在当时是美国有史以来伤亡最大的校园枪击案。这场屠杀1999年4月20日发生于科伦拜恩高中。两个学生(哈里斯和克莱伯德)荷枪实弹冲进校园,枪杀了1名老师和11名学生。另有23名学生负伤,需要住院治疗。这两个凶手最后举枪自尽。哈里斯和克莱伯德在生前拍下的录像里,对自己长期遭受同伴欺凌表达了强烈的愤恨。可是,根据他们自己的叙述以及一些学生的回忆,这两个学生不过是遭受过同学取笑和排挤而已,欺凌情节似乎并不十分严重。许多人不相信这么轻微的欺凌会成为他们报复杀人的起因,殊不知,包容是一种极其重要的社会动机。尤其是进入青春期后,青少年渴望受到重视,被视为重要的人,渴望被接纳。虽然哈里斯和克莱伯德遭受的排斥、奚落和羞辱貌似不严重,但这种遭遇会引发愤怒和怨恨。长期遭受排斥、奚落和羞辱,就会积怨成仇。阿伦森表示,这是美国几乎所有校园枪击事件的关键所在。[1]

无独有偶,我国也发生过类似校园杀人案。2018年4月27日下午放学时段,陕西省米脂县第三中学学生遭到一个持刀男子疯狂砍杀,9人死亡,12人受伤。凶手赵某在被捕后供述,他十多年前曾就读于该校,因长期遭受同学奚落和排挤而患抑郁症。他毕业后一直过得不顺,找同学报仇雪恨未果,便将气撒向学校。人们也是很难相信,同伴的嘲笑和排挤会在一个人心中生出如此深仇大恨,十多年耿耿于怀。直觉上,受到严重欺凌的人才可能有刻骨的仇恨。其实,严重的欺凌容易引起校方重视,欺凌者会受到处罚,而受欺凌的学生会得到及时保护和救济,因而不会有太大的怨恨。倒是轻微的欺凌既不容易识别,也难以引起重视,反而易使受欺凌者怀恨在心。反复遭受这种轻微的欺凌,就会在内心积累起比一次性地遭受严重欺凌更大的愤怒和仇恨。这种愤怒和报仇的念头终于在十多年之后溃烂和爆发。[2]

而没有释放、潜藏于心中的仇恨则如同身上尚未溃烂的毒疮,让人长久地沉浸在痛苦之中,备受折磨。电影《悲伤逆流成河》片尾花絮里,有多位真实人物痛诉当年遭受同伴欺凌的经历。他们都表示不能释怀,不原谅当年伤害过自己的同学。他们这么多年一直痛恨当年欺负过自己的同学,是因为欺凌者从来没有真诚悔过、道歉、补救过。他们

---

[1] Aronson, E. Nobody Left to Hate: Teaching Compassion after Columbine[M]. W. H. Freeman and Company, 2000.
[2] 黄向阳,阿伦森.不让一个孩子受伤害:校园欺凌与暴力的根源干预[J].教育研究,2019(12):145—150.

没有机会宽恕那些伤害过自己的同学,就难以告别过去,摆脱受伤害的阴影。也就是说,他们虽然是在许多年前受同学欺凌,却一直因此受伤害,至今还生活在青少年时代留下的阴影之中。如何防止和化解校园欺凌所致的怨仇,才是校园欺凌干预的关键。

第十二章

校园欺凌干预方法

第十二章

校园欺凌干预方法

长期以来,身居一线的教育工作者习惯于用温和而耐心的方式,调解和处理学生之间发生的纠纷,对学生欺凌进行劝诫,趁机训练和指导学生学会和睦相处。随着校园欺凌现象日趋严重,这种温和而富于教育意义的处理方式备受质疑。有人批评它软弱无力,甚至因此指责校方姑息养奸,纵容欺凌。特别是近年来,一些令人发指的校园欺凌恶性事件连续曝光,引起社会广泛关注,民众高度焦虑。教育部联合相关部门几度发文,严饬并指导各地学校治理中小学生欺凌现象,要把校园建设成为世界上最阳光、最安全的地方。对校园欺凌采取零容忍政策,动员全社会的力量综合治理,严厉打击,以建设无欺凌校园,逐渐成了一种社会舆论和政策导向。

可是,校园欺凌零容忍政策充满伦理风险和社会隐患。一些国家的实践表明,高压严打并不能铲除校园欺凌现象,只不过使学生之间的欺凌变得更加隐蔽。严惩固然使欺凌者遭到报应而大快人心,却不能抚平受欺凌者的创伤,不能挽回其损失和尊严,也不能使欺凌所破坏的人际关系和群体氛围恢复如初。对欺凌同伴的学生以严惩了事,乃至开除出学校,无异于剥夺其改过自新的机会,既有悖于学校的教育使命,也会埋下贻害学校和社会的祸根。对欺凌零容忍政策方方面面的检讨,使人逐渐意识到未成年人当中发生的欺凌问题有其特殊性,不禁留意和回想起那些耐心温和而富于教育意义的校园欺凌调解措施。

综观世界各地的实践和探索,澳大利亚学者里格比(Ken Rigby)将针对校园欺凌者的各种干预措施归纳为三种主要取径(approaches):沿用道德规训传统的"道德主义取径"(the moralistic approach),强调对欺凌行为零容忍、对欺凌者进行制裁的"律法主义取径"(the legalistic approach),以"共同关切法"和"无责备法"为代表的"人道主义取径"(the humanistic approach)。[1] 本章将以此作为基本分析框架,考察和评估从里格比归纳的三种主要取径识别出来的欺凌劝诫法、欺凌惩戒法和欺凌调解法。但是,接下来的具体分析将会突破里格比的框架。其中,欺凌劝诫法在使用中不仅针对欺凌者,也针对欺凌受害者;而欺凌调解法更是同时针对欺凌者和受害人,甚至将欺凌旁观者也卷入了进来。

一、欺凌劝诫法

人类在相当长的历史时期里并不在意孩童之间发生的欺凌,视欺凌和受欺凌为个人成长的正常经历。在英国,一直就有人认为儿童天性中就有欺负同伴的倾向。从新闻报道、个人自传以及小说中可以得知,维多利亚时代英国的公学就盛行形形色色恃强凌弱的行为,校方却视如常态,任由学生内部自行解决(详见第一章)。在日本,"异己味"(いじめ,现译为"欺凌")甚至起初是当作一种惩戒或威胁手段,用以孤立和隔离那些古怪不合群的孩子,让他们明白紧密团结在一起对于个人生存的重要意义(详见第三章)。在我国,传统上倾向于将儿童间的欺凌现象与成人间的欺凌现象区别开来,视欺凌和受欺凌为儿童成长经历的一部分。至今还有研究者甚至认为,同伴冲突是儿童心理发展的一个必要前提;儿童在自由活动条件下能够找到解决冲突的办法,从中发展自身的社会认知、社会情感、社会技能;过度干预反而会使儿童形成对欺凌与被欺凌的过敏反应,还会剥夺他们学习建设性解决人际冲突的机会。[2] 因而主张顺其自然,对孩童中常见的轻微欺凌采取

---

[1] Rigby, K. Bullying in Schools and What to Do about It[M]. Melbourne: Australian Council for Education Research, 2007: 207—212.
[2] 桑标,陈国鹏. 校园内外欺负现象的心理学分析与解决对策[J]. 当代青年研究,2000(3): 10—12.

"不干预策略"成为一种明智的选择。[1]

学童间的欺凌只有在较为严重时才会引起学校和教师的注意,但一般都在学校传统的管教模式和日常的德育框架下被当作学生交往问题(学生间的矛盾或纠纷)加以处理。[2]在传统的学校规训中,教师见学生间发生欺凌,当场就会毫不迟疑地动用自身的权威直接予以制止,并且对欺凌者进行严肃批评,事后还可以耐心劝导和调解,引导和帮助涉事学生恢复正常的同学关系。意大利作家亚美契斯(Edmondo De Amicis,1846—1908)1866年出版了一部题为 *Cuore* 的小说,以一个意大利小学生恩里科日记形式,描绘了19世纪中后期欧洲学校日常情境。其中有一篇讲述的就是老师处理校园欺凌的经过。

教例 12-1　侠义行为[3]

就在今天上午,加伦让我们知道了他是怎样的一个人。因为从前教过我的女老师叫住我问我什么时候在家,她要到我家里去,所以我进教室稍晚了一些,不过老师还没有来。三四个男孩子正在逗弄可怜的克洛西——就是那个一头红发、残了一只手臂、还有个卖菜的妈妈的男孩子。他们用尺子戳他,用剥了的栗子壳砸他的脸,恶意地模仿他残臂的姿势,取笑他是个残废,是个怪物。他孤零零地坐在板凳上,脸色惨白,求饶的目光从一个人脸上转向另一个人脸上,恳求他们放过他。可那些人恶作剧的模仿更甚了,他

---

[1] 土屋基規,P. K. スミス,添田久美之,折出健二.いじめととりくんだ国々——日本と世界の学校におけるいじめへの対応と施策[C].ミネルヴァ書房,2005.123—136.
[2] Rigby, K. Bullying Interventions in Schools: Six Basic Approaches[M]. ACER Press, 2011: 37—50.
[3] [意]亚米契斯.爱的教育——一个意大利小学生的日记[M].李紫,译.北京:国际文化出版社公司,1997:10—11.

气得全身发抖,满脸通红。突然,一脸坏相的弗兰提跳上一张长凳,装作两臂各挎一只篮子的样子,取笑克洛西那以前常来校门口接儿子的母亲,她现在正卧病在床。许多人开始大笑。克洛西狂怒了,他抓起一个墨水瓶,用尽全身力气向那坏蛋砸去。可是弗兰提避开了,墨水瓶正砸在刚巧这会儿走进来的老师身上。

大家全跑回自己座位上,吓得不敢出声。

老师脸色苍白地走上讲台,用严厉的声音责问:"谁干的?"

没有人回答。

老师提高了声音,又问了一遍:"谁干的?"

可怜的克洛西的不幸似乎感动了加伦,他突然站起身来坚定地说:"是我。"

老师看了看他,又看了看呆坐的学生,然后平静地说:"不是你。"

顿了一顿他又说:"这一次我不会罚那个犯错误的人。站起来吧!"

克洛西站了起来,抽泣地说:"他们砸我,还侮辱我,我气昏了头,才扔——"

"坐下吧。"老师说,"欺侮他的人,站起来。"

四个人耷拉脑袋站了起来。

"你们几个,竟然去侮辱一个根本没有冒犯你们的同伴,竟然去挖苦嘲弄一个本来不幸的人,竟然去攻击一个无力自卫的人。你们这是卑鄙的行为!是懦夫!"

说完,他走下讲台,来到耷拉着脑袋的加伦面前,伸出一只手放在加伦的腮下抬起了他的头。老师注视着加伦的双眼,对他说:"你是一个高尚的人。"

第十二章
校园欺凌干预方法

加伦附在老师的耳旁,不知说了些什么,然后老师就对那四个顽皮的同学说:"这次原谅你们。"

这则教例可谓传统德育中处理校园欺凌的一个范例。教例中,老师正直善良,爱憎分明,义正词严地训斥弗兰提等人,强调克洛西是一个身体不幸有残疾、无力自卫的弱小学生,他并没有冒犯弗兰提等人,却遭到他们4个人的攻击、挖苦、嘲弄和侮辱。老师据此对这起班级突发事件做出了欺凌判断,定性准确,且有依据。

其实,这起事件相当复杂,不但存在学生欺凌问题,还存在课堂纪律问题和学生诚实问题。老师处理这起突发事件,既没有纠缠于纪律问题,也不纠缠于诚实问题,而聚焦于欺凌问题,是因为他本人对学生实施行为管理时有一套清晰的价值体系。他珍视纪律,所以会追查课堂打闹者。他更珍视诚实,所以会承诺不罚打闹者,鼓励其主动认错。他尤其珍视善良,所以会训斥欺凌弱小者,赞赏保护弱小者。有这样的价值体系,在情境中就能够分清主次,把握重点,抓住要害,做出恰当的判断和决定。

老师之所以能够在情境中做出恰当的判断和决定,还因为他经验丰富,对班级形势和学生处境颇具敏感性。他在追查课堂打闹者过程中及时意识到执行纪律过于严厉可能会导致学生隐瞒错误拒不认错,所以才会退一步承诺不罚打闹者。他通过学生们的表情识破加伦并不是那个扔墨水瓶的学生,又从加伦代人受过中意识到其中必有隐情,所以才会透过课堂纪律和学生诚实问题看出隐藏在学生中的欺凌问题。他对欺凌受害人及其保护人的艰难处境以及难以言表的顾虑也相当敏感,所以在处理欺凌者时留有余地,努力防止弗兰提等人因受到严惩而忌恨克洛西和加伦。

教例中那位老师正是基于上述职业敏感性以及精准而恰当的专业判断开展工作，处理自己班级里发生的这起事件的。他原谅了遭人欺凌的克洛西事出有因的无心之过，没有介意克洛西扔出的墨水瓶碰到了自己，弄脏了自己的衣服。但他严厉地批评欺凌和欺凌者，训斥弗兰提等人的欺凌行为是"卑鄙的行为"，痛骂他们四个是"懦夫"。叫他们站着挨训，其实也是一种带有象征性的惩罚。一番教训之后，老师又原谅了这四个顽皮的学生。老师最终宽恕欺凌者，放过他们，既是在给予欺凌者一个改过自新的机会，也在力图避免他们心生怨恨进一步加害克洛西。

老师公开批评欺凌者之后，又公开表扬代人受过的加伦，称赞他"是一个高尚的人"。老师显然是在向学生树立榜样——别学弗兰提，滥用优势力量欺负弱小；要向加伦学习，善用优势力量扶助弱小。然而，在同一件事情上批评一些学生，又表扬另一个学生，往往会造成挨批评的学生的忌恨，给得到表扬的学生带来风险。教例中那位老师似乎意识到了这一点，因此，他巧妙地利用加伦对自己耳语所创造的机会，爽快表示这一次就原谅那些欺负弱小的肇事者。这个加伦仿佛在代同学求情的情境，既保护了加伦，避免其遭到弗兰提等人的怨恨和攻击，也提高了有侠义心肠的加伦在全班学生中的声望和地位。

总之，这位老师处理欺凌事件有分寸，且手法老练，颇能反映传统德育中欺凌劝诫的特点或优点，甚至可以视为传统德育的一个范例。他从道义上义正词严斥责欺凌者的这些细节，也颇能诠释里格比所说的对付校园恶霸的"道德主义取径"的精义。然而，倘若今天的老师如此处理学生欺凌事件，就很容易受到质疑。从现代学校制度和现代教育理念出发，教例12-1中老师的做法有诸多值得商榷之处，需要弥补和加强。

第十二章
校园欺凌干预方法

其一,老师不能听信克洛西的一面之词。他在做出欺凌判断、采取行动处理肇事学生之前,需要对事件进行全面调查,至少应该询问一下另一方当事人以及现场目击者。受害人有可能在投诉中夸大其词,企图借老师之手报复加害者,甚至冤枉其他同学。受害人也有可能因表达能力有限而含糊其辞,或者出于某种顾虑而避重就轻,没有道出全部实情。就像教例中那位老师,如果他了解了弗兰提等人所有的欺凌行为,或许就不会只是骂他们几句、罚他们站一会就了事。这意味着,老师在处理欺凌嫌疑人之前需要增加调查和听证甚至申辩的环节,以免轻易放过作恶者或者冤枉无辜。

其二,听到克洛西报告有人砸他还侮辱他时,老师怎么可以将受欺凌者置之不顾,而急于去收拾欺凌者呢?作为第一个知情的老师,首先应该询问克洛西,检查他身体是否受伤。如果他有伤在身,则应立即处理伤口,或者及时送医,以免其伤情加重。即使克洛西并未受伤,或者伤情颇轻无需处理,也要以好言加以安抚,立即帮助他恢复自尊——"你捍卫自己和母亲的尊严令人敬佩。"同时给予他(顺便给予全体学生)以恰当指点——"下次要是碰到类似的事,你不用动手反击,直接告诉老师,让老师来收拾他们!"一言蔽之,需要增加安抚和辅导受害学生的环节。

其三,老师当着克洛西的面义愤填膺地训斥欺凌者:"你们几个,竟然去侮辱一个根本没有冒犯你们的同伴,竟然去挖苦嘲弄一个本来不幸的人,竟然去攻击一个无力自卫的人。你们这是卑鄙的行为!是懦夫!"其中有些话会不会伤害克洛西?当面说克洛西是"不幸的人""无力自卫的人",在当时也许并不视为问题,但依现在的观念和常识,这种标签是会对克洛西产生伤害的。发生这种事,老师最好带克洛西去心理辅导室,让心理辅导老师继续安抚他。回到教室再这么训斥那帮欺凌者,就比较恰当。就是说,在某些场合需要增加回避程序,特别是在处理欺凌者时,要努力避免给受欺凌者造成二次伤害。

其四,老师怎么可以训斥欺凌者一番、罚他们站一会儿,就轻易地宽恕他们,放过他们?未成年人干了伤天害理的事,能这么无条件地得到宽恕和改过自新的机会吗?即使最终给弗兰提等人以宽恕,也得先看看他们对自己的所作所为有什么认识和态度吧?身为教育工作者,不是应该给欺凌者一个自我检讨的机会吗?宽恕不是以承认错误并承诺不再犯为前提条件吗?作为执行校规的老师,在取得欺凌者不再欺凌同学的承诺之后,也不能轻易宽恕他们呀!在向他们表示宽恕或免予进一步处罚的同时,不是应该警告他们"如若再犯,就数错并罚"吗?诸如此类的质疑,包含着积极的建议,即增加欺凌者认错和处理者告诫的环节。

如果说像教例12-1中的老师那样严厉批评欺凌者,痛斥其行为恶劣、动机卑鄙、后果严重不过是一种"训斥"的话,那么,在此基础上进一步要求欺凌者改正错误,停止欺凌,承诺不再欺凌同伴,并且警告其如若再犯则严肃处理、数错并罚,便属于"训诫"了。无论是简单地训斥校园欺凌者,还是对其进行更为复杂的训诫,或者进行诫勉性谈话,主要依靠的都是教师的身份权威。这种诉诸权威的训诫或训斥,或许可以有效阻止小学中低年级学生中的欺凌行为,却难以阻断欺凌者对受欺凌者的恶意。这是因为,无论是义正词严的训斥,还是更加周到的训诫,都含有对欺凌者及其恶意劣迹的责备。而责备,正如第九章的详细分析,有可能会加剧欺凌者或欺凌嫌疑人内心的认知失调,令其陷入自我辩护与欺凌行为相互强化的恶性循环。

有类似顾忌和担忧的老师,会在劝诫欺凌行为时努力避免责备肇事者。这类老师通常会直接以同学相处之道以及学校明令禁止欺凌的校规，或者以欺凌造成种种伤害之类的事实，郑重其事地去劝说学生改正错误，停止欺凌同伴。这种无责备的劝诫就不再是"训诫"，更不是"训斥"，而是比它们更加温和的"规劝"。委婉的规劝甚至不明示欺凌后果，也不直接援引学校禁止欺凌的规则，就像教例 12-2 中那位老师那样引导学生自己去体会欺凌的后果，进而主动地停止伤害同伴的行为。

教例 12-2　善待布赖恩[1]

帮助有学习缺陷的儿童融入普通班，在美国是一项得到优先考虑的教育措施。某校某班，有个名叫布赖恩的 9 岁小男孩，他患有轻度小儿麻痹症，是全班捉弄的对象。他松不开夹克衫拉链，课间休息在操场上动作不协调，诸如此类的事情常使他遭人取笑。每当布赖恩不停地遭到嘲笑时，常见他整堂课哭哭啼啼。

有一天，布赖恩没来上学。华伦太太抓住这个机会，要求全班学生讨论一下她认为班上存在的这个严重问题。学生们听到老师说存在一个"问题"时，似乎都感到十分惊讶，但他们还是围在一起展开了讨论。

华伦太太解释说："有的人天生就有病，不能像正常人那样运用自己的肌肉，要他们像正常人那样行动是很困难的。我不知道，各位如果你们自己不能做一些事情，还被其他小朋友取笑，你们会是什么样子？"

教室里一片安静。华伦太太说话的语气不温不火，但充满了关怀和敏感性。

---

[1] Hersh, R. H., Paolitto, D. P. & Reimer, J. Promoting Moral Growth: From Piaget to Kohlberg [M]. New York: Longman Inc., 1979: 4—5.

有个女孩开始说话了:"蒂姆和杰克取笑布赖恩的时候,我感到非常难过。"

杰克马上应道:"我不是想伤害他呀。"

讨论继续进行着,几乎每个学生都发了言。有些学生站在布赖恩的立场上看问题,杰夫说:"如果有人那样取笑我,我会很生气,很难过。"珍尼特提出了"公平"问题:"那不公平——就像我们做游戏时那样,故意跑得那么快,而布赖恩没有办法跑快,我们是在作弊。"

这是一场没有答案的情感性讨论。第二天,布赖恩回到学校,有好几个学生主动上前帮他拉夹克衫拉链。课间休息时,布赖恩和大家一起打球,三次安全上垒。日子一天天过去,取笑人的现象再没有发生。

教例12-2中的老师遇到了类似教例12-1的问题,但她处理问题的措施颇不同于前例。她没有像前例中的老师那样,大大咧咧地当着受害学生的面处理欺凌问题。她刻意背着布赖恩,和学生讨论班级当中存在的疑似欺凌问题,以免对布赖恩造成二次伤害。她没有像前例中的老师那样责备那些取笑过布赖恩的学生,也没有告诫他们下不为例。她说话不温不火,用充满关怀的话语陈述了布赖恩不能像正常人那样行动的生理原因,进而以敏感性提问引导学生设身处地去体会布赖恩遭受同伴取笑的内心感受,由此发起一场课堂讨论。在讨论中老师看似没有明显地规劝学生,实则引发学生相互规劝和自我规劝,他们的道德认知也在这种相互规劝和思想交锋中得以发展。学生们在讨论中看似没有达成任何共识,更没有形成任何共同行动的方案,但他们如老师所期待那样从此不再取笑布赖恩,甚至出乎老师的意料在日常生

第十二章
校园欺凌干预方法

活中主动帮助布赖恩,在游戏和比赛中有意礼让他。由此看来,所谓对付校园欺凌者或欺凌嫌疑人的"道德主义取径",不只是训斥或训诫他们,令其羞耻于欺凌同伴,还包括规劝他们,令其从中吸取教训,得到成长。

教例12-2中,那些取笑过布赖恩的学生改正错误,反过来厚待布赖恩,就是他们吸取教训之后的成长和进步。他们以实际行动表达内心的歉疚以及改正的诚意,因而容易赢得布赖恩的谅解和信任。而在教例12-1中,那几个挨了老师严词训斥的学生却未必能够得到受害人克洛西的宽恕。其中一个显然不妥之处在于:老师怎么不询问克洛西,就自作主张宽恕了那些欺凌者呢?宽恕不宽恕施害者,难道不应该由受害者来决定吗?这意味着需要增加一个环节,向受伤害学生征询处理欺凌者的意见。只有在欺凌者取得受害学生的谅解的前提下,老师才可以宣布宽恕欺凌者,给他们一个改过自新的机会。

可是,受害人凭什么原谅欺凌者呢?施害者仅仅认错悔过、保证不再欺凌同伴,就可以获得受害人的原谅?欺凌者若想得到受害人的宽恕,至少还得真诚地向受害人赔礼道歉吧?这就意味着欺凌者自我检讨中还需要增加一项内容——欺凌者在真诚认错悔过、改正错误、承诺不再犯的同时,还需郑重其事向受害同学赔礼道歉。有了这个前提,作为裁判或仲裁者的老师才可以去征询受害人的意见。只有受害人表示可以接受对方的歉意、原谅对方,老师才能进一步表示宽恕欺凌者,给予改过自新的机会。否则,老师只能继续指导和督促欺凌方做出更多的努力,以更大的诚意去争取受害方的原谅。

即便受害学生表示宽恕,校园欺凌干预也不能戛然而止,到此结束,没了下文。有现代教育意识的教师不会满足于欺凌事件的平息,而会在此基础上更进一步,对双方关系施加积极影响:一方面肯定欺凌同伴的学生知错即改的勇气和认错悔过的诚意,并且明确表达对其以实际行动改过自新、重建同学关系的期待;另一方面欣赏受欺凌的学生的大度和明智,原谅同伴的过错,既往不咎,给同伴以改过自新的机会。就像下述教例12-3呈现的那样,给学生和睦相处更多的正面指导,甚至在最后通过某仪式推动学生捐弃前嫌,揭过重来,开启团结友爱的新篇章。

教例12-3 没有欺凌的课堂[1]

从开学到现在,女儿一直闷闷不乐。问她原因,她说同桌的男同学一直打她。我本来觉得小孩子之间打打闹闹也没什么,就劝女儿大度一些,和同学友爱相处才能关系融洽。可是,情况没有得到改变。一度女儿在家哭闹,不愿意去上学了。

我不禁也有些生气了,就让女儿去和班主任说,要求更换座位,不再和那个同学同桌了。最近,女儿脸上笑容逐渐多了起来。我昨天问她:"是不是换了同桌?"她说:"没有换,我们已经成为好朋友了!"我很奇怪:事情是如何解决的?

原来那天我女儿和班主任戴老师说过换位子以后,老师就在一次班会上一改一贯的严肃作风,用很轻松的口气说:"我们今天来讨论同桌之间的相处关系,你认为你的同桌喜欢你吗?"

我女儿举手回答:"我认为我的同桌不喜欢我,因为他经常打我。"

戴老师这时突然变成电视记者的样子说:"张同学说她的同桌不喜欢她,经常打她,好的!我们现场采访一下孙同学,请问:你为

---

[1] 小贝仪爹.高明的教育方法[R].旺旺育儿论坛,2008-10-17.

什么不喜欢你的同桌?"

女儿旁边的小男孩涨红了脸说:"我没有不喜欢她,我觉得张同学蛮可爱的。"

"那么你为什么要打她呢?"戴老师问。

"我……我那是因为喜欢她所以才打她的。"小男孩结结巴巴地解释道。

全班同学都哄笑起来了。戴老师也笑着说:"原来孙同学是用打人的方式来表达喜欢的,真是很特别的方式呢!可是张同学并不喜欢你的这种过于热烈的表达方式。希望你以后用比较友爱比较温柔的方式来表达你的喜欢,好吗?现在和张同学说声对不起,下次不再打她了。"

男孩子道歉以后,戴老师问我女儿:"你能原谅你的同桌,以后做好朋友吗?"

"我能!"女儿开心地回答。

"那么你们握握手,做一对相互友爱的好朋友吧!"

两只小手握在一起,一场同学之间的矛盾就这样圆满解决了。

这是一位学生家长讲述的一则教例。仅从第一段叙述透露的信息看,所述颇似一起校园欺凌事件。但是,家长始终不提自己的女儿遭受了同桌欺凌,老师自始至终也未刻意将此事当作欺凌事件来处理。她接到女生投诉时,没有立即进行裁判或仲裁,而是扮演记者采访男生,这就给了男生一个解释和申辩的机会。正是男生的解释和申辩,让老师避免了将这件事定性为欺凌的错误,并且找到了处理此事的正确方向。

小孩子在互动中因为缺乏人际技能,时常用非常孩子气的方式甚至用攻击性的方式,表达对同伴的好感和友情。而年龄相仿的同伴又因为还处在"客观因果论"阶段,只能感知到对方的攻击行为,不能自动地感受到对方行为背后的真实意图。戴老师了解个中原委,因而并未责备那个男生,反而承认甚至肯定其向同桌示好的动机。这其实也在暗中引导女生意识到同桌对自己并无加害故意反而充满好感,避免女生内心产生饱受欺凌的感受,防止其对同桌心生怨恨。

戴老师在认同男生行为的动机的同时,聚焦其行为的方式和后果,强调同桌并不喜欢他以打人的方式表达自己的喜爱。这是在委婉地劝阻男生的不当行为。戴老师还规劝男生对同桌"说声对不起",明确告诫他"下次不再打她了"。这是在训练和指导学生对自己无心之过承担责任,向自己伤害过的同伴赔礼道歉,并且从自己的过失中吸取教训,不再以粗暴的方式表达喜爱之情。然而,仅有如此消极的负向劝诫是远远不够的。若使学生改过迁善,还需加以积极的正向指导。戴老师向男生提"用比较友爱比较温柔的方式来表达你的喜欢"的希望,就是一种正向指导。她不用祈使句提出要求,而用疑问句提出希望,淡化了指导的"指令"口吻,表现出一种给陷入同伴交往困境的学生出主意的参谋或顾问姿态。以这种姿态提出正面建议,将决定权交给学生,学生更容易接受。

当老师郑重其事地规劝学生,还进一步对其进行正当行为的指导时,劝诫的重点就会从"改过"转向"自新"。这样的劝诫与其说是"规劝",不如说是"劝导"。以劝导的方式干预学生欺凌或疑似欺凌,不仅意味着鼓励和引导欺凌者诚恳向受欺凌同伴赔礼道歉,鼓励和引导学生善用自身的优势力量,从欺凌弱小转向保护弱小,鼓励和指导学生用正当而有效的方法去赢得同伴的尊重、敬佩和友谊(用友爱温柔方式向同桌表达好意);也意味着像戴老师那样,在那个男生诚恳道歉之后,对受害学生进行安抚和劝解,安抚其忍受伤害的心灵,疏解其愤怒,化解其怨恨,鼓励其接受对方的歉意,给对方一个救赎和自新机会;还意味着像戴老师那样,在那个女生接受男生道歉之后,帮助和指导双方重建同桌同学关系,为他们举办握手言和仪式,鼓励他们做"相互友爱的好朋友"。

戴老师摒弃训诫,淡化规劝,着力劝导,从本质上说依然属于传统的"道德主义取径"。但是,她实施的劝导不只是针对欺凌者或欺凌嫌疑人,也针对受害学生,还针对双方关系的改善。如此左劝右导,双向劝导,才巧妙地化解了两个学生之间的矛盾,并且收到了良好的教育效果。不但两位发生冲突的学生重归于好,家长也很欣赏,由衷称赞"这真是一种高明的教育方法"。

戴老师劝导学生和解的高明之处不仅在于其方法,更在于其方向——引导学生在与同伴发生矛盾时把关注的目光从同伴的外部行为转向同伴的真实意图,引导学生学会恰当地表达自己的真实意图,引导学生学会以富有创意和建设性的方式和平解决冲突,引导学生在冲突解决中重建同学关系。一言以蔽之,将一起疑似欺凌事件的处理引向了学校的日常教育,或者说,将反欺凌教育融入了日常的道德教育之中。不断发展学生的人际技能,引导学生学会沟通,学会交往,学会解决问题和矛盾,不断发展学生的友善关系,引导学生学会关心,学会体谅,这些最为日常的教育本身就是最为有效的反欺凌教育。例如,有学校则通过"关怀教育",引导当事人相互体谅,达成和解,甚至引导强势学生从欺凌弱小转变成帮助和保护弱小。一项为期4年的"学会关心"行动研究表明,小学高年级学生在帮助低年级同学的过程中会体验到权威感、力量感和自豪感,而放弃以欺负弱小的方式来表现自己的力量和存在感。研究者还借鉴"体谅模式",设计人际问题情境,引导学生感知和理解同伴的目的和需求,探求表达善意的适当方式。结果表明,这种教育尝试在预防和解决学生冲突方面有积极效果。[1]诸如此类的教育和干预措施并不刻意强调学生纠纷的欺凌性质,甚至故意回避使用"欺凌"标示这类纠纷,可以说是一种不提"欺凌"的反欺凌教育。[2]也就是说,日常的教育做扎实了,做到位了,收到实效了,孩子们团结友爱了,所谓的"反欺凌专题教育"就不值得一提了!

综上所述,欺凌劝诫法不过是道德劝诫法在校园欺凌干预中的应用。从义愤填膺的"训斥"到郑重其事的"训诫",从诉诸权威的"训诫"到诉诸事理的"规劝",从指向改过和矫正的"规劝"到偏重预防和发展的"劝导",既是道德劝诫法历史演进的一般轨迹,也是道德劝诫法在现实应用中拾级而上的阶梯。道德劝诫法应用于校园欺凌干预,品级越低者对欺凌者越严厉,品级越高者则对其越温和。若是达到像教例12-3那样的"劝导"品级,它就不再是一种针对学生欺凌行为的管理措施,而是一种真正意义上的教育了。

学校中教师是专职的教育工作者,他们共同的擅长就是教育,尤其擅长劝诫。因此,教师执着于"道德主义取径",采用道德劝诫法对付学生欺凌问题,教导学生从同伴欺凌中吸取教训,学会和睦共处,是切合教育工作者的身份和使命的,因而是理所当然的。对此,公众也有普遍的共识。事实上,劝诫法在正常情况下对付校园欺凌是奏效的。假使校园欺凌都能够得到像教例12-2或教例12-3那般处理,并且取得令人满意的效果,欺凌劝诫法就不会遭到严重的挑战和质疑。老师们就会坚持严慈相济的教育传统,继续在劝诫法上精耕细作,令其变得比教例12-2中华老师的规劝还专业,比教例12-3中戴老师的劝导还温

---

[1] 尤仁德,黄向阳."学会关心"研究[M].上海:上海三联书店,2001.
[2] 黄向阳,顾彬彬,赵东倩.孩子心目中的欺负[J].教育科学研究,2016(2):12—19.

和,将欺凌干预的"道德主义取径"发挥到极致。

然而,再专业再温和的劝诫也不可能杜绝校园欺凌。当校园欺凌泛滥时,或者发生严重的校园欺凌时,欺凌劝诫法往往会成为批评和反思的对象,于是学校和教师就会成为校园欺凌的替罪羊。公众指责学校和教师面对校园欺凌软弱无能,义愤填膺者甚至公然斥责学校和教师采用劝诫法对付校园欺凌实际就是在姑息纵容校园恶霸。于是,此处对于欺凌劝诫法的分析和评估全都被颠覆。批评者坚持要让欺凌者付出代价,得到报应;否则,他们就不会幡然醒悟,从罪错中吸取教训。他们最不能接受的是让校园欺凌者受到温和的劝导,也不能接受对其进行无责备的规劝。他们坚持对校园欺凌零容忍,对欺凌者至少要进行严肃的训诫。有人甚至认为,训诫的程序和内容过于复杂,简洁而严厉的训斥才能震撼欺凌者。激进的批评者甚至觉得训斥欺凌者也不足以伸张正义。例如,弗兰提等人不但用尺子戳无辜的克洛西,用栗子壳砸他的脸,取笑他是残废怪物,还侮辱他的母亲,其情节恶劣,影响严重。老师仅仅严辞训斥他们,然后罚他们站了一会儿,这样的处罚太轻,与其罪错不相称。老师若要真正伸张正义,就得加重对他们的处罚。这么反思、检讨下去,最终导致校园欺凌干预取径从较为温和的"道德主义"转向更加严峻的"律法主义",主流的校园欺凌干预措施也从"劝诫法"逐渐转向"惩戒法"。

二、欺凌惩戒法

校园欺凌直到 20 世纪 70 年代才被视为学校问题,最先引起斯堪的纳维亚学者的关注。挪威卑尔根大学奥维斯教授是这个研究领域的先驱,他在 20 世纪 70 年代末 80 年代初通过大面积调查了解到校园欺凌的盛行率和严重性,据此认定校园欺凌属于不正常现象,是反社会的攻击行为,不能当作普普通通的学生冲突加以处理。奥维斯及其追随者还对校园欺凌进行归因分析,他们发现:欺凌发生率与学校和班级规模没有正相关;欺凌也不是因为竞争导致欺凌者失败和沮丧从而发生的相关行为反应。[1] 统计分析的数据并不支持受欺凌者往往因为外部变量而被欺负的假设,外部变量在欺凌中只扮演了一个非常不起眼的角色;学生的人格特质、典型的反应模式及力量强弱,才是欺凌发生的重要因素。[2] 这就意味着,学校中的同伴欺凌并不是当事双方可以化解的矛盾。

奥维斯认为,问题解决的关键在成年人特别是学校教职员工的态度和行为。如果要尽可能减少乃至彻底地消除校内外存在的欺凌问题,并防止新问题的发生和发展,学校和家庭中的成年人就要意识到学校欺凌问题的严重性,并且认真参与到改变这种情形的行动中来。奥维斯尤其强调学校全体教职员工人人发挥权威和正面榜样作用,在温和地关心学生的同时,坚决限制其不可接受的行为。学生一旦违规,即予以非体罚性的和无敌意的制裁。为此,20世纪七八十年代奥维斯在瑞典和挪威组织实施了四个全国性或区域性的大规模"以学校为基地的欺凌防治项目"(School-Based Bullying Prevention Program)。人们习惯上将其尊称为"奥维斯欺凌防治项目",也有人根据它的特色称之为"全校反欺凌项目"。

奥维斯在1993年正式推出的以学校为基地的欺凌防治项目乃是

---

[1] Olweus, D. Low School Achievement and Aggressive Behavior in Adolescent Boys [M]// Magnusson, D. & Allen, V., eds. Human Development: An International Perspective. New York: Academic Press, 1983.
[2] Junger, M. Intergroup Bullying and Racial Harassment in Netherlands[J]. Sociology and Social Research, 1990(74): 65—72.

一个综合防治体系,包括学校、班级和个人三个层面22种干预措施[1](见表12-1)。奥维斯从他本人20世纪80年代在瑞典卑尔根市42所

表12-1 奥维斯欺凌防治项目概览

一般前提
- 意识与参与

学校层面的措施
- 问卷调查
- 针对欺凌问题的学校会议日
- 改善课间休息和午餐时间的监管
- 更具吸引力的学校操场
- 联系电话
- 教职员工会见家长
- 发展学校社会环境的教师小组
- 家长圈

班级层面的措施
- 反欺凌班规:澄清、表扬、制裁
- 定期班会
- 角色扮演、文学
- 合作学习
- 共同的积极的班级活动
- 班级教师会见家长/孩子

个人层面的措施
- 与欺凌者和受害者严肃谈话
- 与涉事学生的家长严肃谈话
- 教师和家长使用想象
- 来自"中立"学生的帮助
- 帮助和支持家长(家长文件夹等)
- 欺凌者和受害人家长讨论小组
- 班级或学校改革

译自:Olweus, D. Bullying at School: What We Know and What We Can Do[M]. Oxford: Blackwell, 1993: 64.

---

[1] Olweus, D. Bullying at School: What We Know and What We Can Do[M]. Oxford: Blackwell, 1993: 59—107.

学校实施反欺凌干预项目的经验总结和统计分析中,识别出项目实施至关重要的8个核心要素:成年人对校园欺凌的问题意识及严厉干预的态度,针对欺凌问题的学校会议日,改善课间监管,反欺凌班规,班会,与欺凌者和受害者严肃谈话,与涉事学生的家长严肃谈话。奥维斯还发现,欺凌问题大有改善的班级有一个不同于欺凌问题改变甚少的班级的鲜明特点——它们都制定了反欺凌班规,并且定期举行反欺凌班会。[1]这说明,以学校为基地的欺凌防治项目里虽然采取众多措施,奥维斯还从中挑选出8项核心措施,但包含制裁的反欺凌班规及班会才是该项目的重中之重。

奥维斯的项目从学校各个层面采取全方位的措施,防治学生欺凌问题。其中诸多具体措施究竟有多大作用姑且不论,它们至少明确地表达了学校对欺凌问题的高度重视,以及防治和打击校园欺凌的坚定意志。人们倾向于相信,这种全方位无死角的欺凌防治项目一旦实施,会对学生产生巨大的震撼、威慑和感染作用,使欺凌者住手收敛,受欺凌者拍手称快。这样的防治项目顺乎民意,合乎民众对学校的期待,一度广受欢迎。该项目在挪威、瑞典、英国、美国等地都有区域性推广,对已有研究报告的元分析表明,这种全校反欺凌措施有显著效果,能将欺凌者/受害者比率减少大约一半。[2]可是这个数据同时也意味着问题还有一半没解决。奥维斯为此在欺凌防治项目中增加了社区层面的措施,寄希望于学校借助所在社区的力量彻底解决欺凌问题。[3]

---

[1] Olweus, D. Bullying at School: Basic Facts and Effects of a School Based Intervention Program[J]. Child Psychology and Psychiatry, 1994, 35(7): 1171—1190.
[2] Smith, J. D. Schneider, B. H., Smith, P. K. & Ananiadou, K. The Effectiveness of Whole School Anti-bullying Programs: A Synthesis of Evaluation Research[J]. School Psychology Review, 2004 (33): 547—560.
[3] Olweus, D. Olweus' Core Program against Bullying and Antisocial Behavior: A Teacher Handbook [M]. Research Center for Health Promotion (HEMIL Center). Bergen: University of Bergen, 2001.

第十二章
校园欺凌干预方法

随着校园欺凌日益严重,以学校为基地的防治欺凌措施受到越来越多的怀疑。轰轰烈烈的全校反欺凌运动并没有根除校园欺凌,学校因处理欺凌事件不够强硬而饱受诟病。有的人指责学校对欺凌者处罚过轻打击不力从而助长了校园欺凌,有的人则体谅到学校作为教育机构既无力也无权严厉打击欺凌。人们越来越倾向于认为校园欺凌与其说是一个教育问题,不如说是一个社会问题——它的发生有社会原因,它的影响会造成社会后果,它的治理因而有赖于全社会参与。于是,各国对校园欺凌逐渐采取更加广泛的"社会综合治理"模式,警察、少年法庭、社会管教组织等成为与学校同等重要甚至更重要的校园欺凌治理力量。而在我国,校园欺凌综合治理的力量更为强大。2016年11月教育部、中央综治办、最高人民法院、最高人民检察院、公安部、民政部、司法部、共青团中央、全国妇联联合发布《关于防治中小学生欺凌和暴力的指导意见》,一年之后,这9个部门又联合人力资源和社会保障部及中国残联颁布《加强中小学生欺凌综合治理方案》,致力于打造一个由11个政府部门或社会团体齐抓共管的校园欺凌综合治理体系,以分担教育部门独家难以胜任的校园欺凌治理重任。

与全社会参与的综合治理相伴随的,是相关的法制建设。1999年美国科罗拉多科伦拜恩高中发生校园枪击事件,两名备受同学欺凌的高中生携枪入校,杀害13名师生后饮弹自杀。这起血案震动全美。此后美国各州陆续出台反欺凌法,明确规定欺凌的定义和适用范围、学区及州政府的职责、欺凌事件的处理程序、对欺凌者的处罚标准、学校安全小组的组建、反欺凌专家和协调员的任命等。[1] 日韩等国纷纷效

---

[1] 马焕灵,杨婕.美国校园欺凌立法:理念、路径与内容[J].比较教育研究,2016(11):21—27.

仿,我国也有人士呼吁借鉴美国经验,[1]建构反校园欺凌法律体系,[2]对校园欺凌实行法治化治理,[3]其中包括:进一步完善校园欺凌的法律规制,尽快制定《反校园欺凌法》;成立专门的校园欺凌治理委员会,明晰学校及其他管理主体反欺凌的法定责任,完善校园欺凌的发现、报告与处理机制;完善校园欺凌的法律救济制度。这些措施的兑现意味着校园欺凌治理进入了法治化时代。

法治化的社会综合治理,在强化诸多部门和社会团体防治校园欺凌责任的同时,也大幅度提升了全社会对校园欺凌的敏感和焦虑。在美国,学生欺凌和携带枪械入校、在校吸毒、性骚扰一起,被归为严重违纪违法行为。民众视之为眼中钉、肉中刺,深恶痛绝,必欲除之而后快。在这种人人喊打的零容忍的社会舆论下,相关法律、政令和校规也对校园欺凌采取决不姑息的零容忍政策。一方面,加强学校安保措施。学校先发制人,在入口增设金属探测仪,校内布满监控摄像头;聘请更多的安保人员,还增设驻校治安警察;撤除学生储物柜,强制学生使用透明书包,授权对可疑学生进行搜身检查,等等;另一方面,加大惩处力度。校园欺凌和暴力一旦发生,学校立即启动预案做出反应,依法及时向有关各方通报,对欺凌者严惩不贷——轻则严重警告、严厉训诫,重则体罚、暂时隔离(在校关禁闭或停课在家反省)、开除,甚至逮捕,移交少年司法机构或专门管教机构处理。[4]

美国对校园欺凌与暴力采取零容忍政策,一个基本考虑就是要用

---

[1] 方海涛.美国校园欺凌的法律规制及对我国的借鉴——以2010年《新泽西州反欺凌法》为研究视角[J].贵州警官职业学院学报,2016(2).
[2] 孟凡壮,俞伟.我国校园欺凌法律规制体系的建构[J].教育发展研究,2017(20):42—46.
[3] 许锋华,徐洁,黄道主.论校园欺凌的法制化治理[J].教育研究与实验,2016(6):50—53.
[4] 肯尼斯·S.特朗普.美国学校的安保与应急方案[M].王怡然,等,译.哈尔滨:黑龙江教育出版社,2016.

第十二章
校园欺凌干预方法

严厉的惩罚发挥威慑或惩戒作用。零容忍政策拥趸们以为,惩罚不但可以制止学生当下的欺凌行为,还可威慑其以后不敢再犯以及其他学生跟风仿效。美国教育部统计材料显示,2005—2006学年度,美国19个允许体罚的州共有22万多学生因严重违纪受到过学校体罚。[1]据报道,大量学生因违纪行为被学校直接开除,2009—2010学年全美就有33万多学生被暂停上课。[2]美国心理学协会一项调查却显示,在如此严厉惩罚的威慑之下,校园欺凌非但没有杜绝,反而呈愈演愈烈之势。公开的恶性极大的欺凌事件虽然大幅度减少,隐蔽而阴损的同伴欺凌却数量增多,这些都通过学生的自我报告被正式调查得知。调查还表明,欺凌同伴的学生并没有因受罚而收敛多少,他们在后面更有可能受到更大的惩罚(停课和开除等)。[3]可见,惩罚措施越严厉就越有可能防治校园欺凌不过是一些人的一厢情愿而已。

零容忍政策还试图发挥惩罚的改造或感化作用。这项政策的拥趸们认为,欺凌者会因为受罚而学会反省、明辨是非、改过自新;全体学生因为知晓欺凌等违规行为能得到确定的处理,会获得安全感;严厉的惩罚有助于恢复正常的学校秩序,特别是采取隔离性的惩罚措施(关禁闭、停课、开除),将那些惹麻烦的学生移走,可以确保其他学生免受打扰,为他们营造一个良好的学习环境。然而,美国心理学协会的调查证明上述直觉性假设并不可靠。首先,尽管有些学生可能将惩罚看作是反省自己行为并改过自新的机会,但总的来说,学生受到的惩罚越重,越难有机会改过自新,被学校和班级重新接纳。他们自暴自弃,无论回

---

[1] The Center for Effective Discipline. U. S. Statistics on Corporal Punishment by State and Race[M]. Washington, D.C.: U. S. Department of Education, Office of Civil Rights, 2010.
[2] Wood, K. Restoring Our Children's Future: Ending Disparate School Discipline through Restorative Justice Practices[J]. Journal of Dispute Resolution, 2014(2): 399.
[3] APA Zero Tolerance Task Force. Are Zero Tolerance Policies Effective in the Schools? An Evidentiary Review and Recommendations[J]. American Psychologist, 2008(63): 852—862.

到学校,还是流向社会,都是潜在的威胁。其次,由于大部分同伴欺凌并未被校方察觉和处理,接受调查的学生普遍表示学校的惩罚无效且不公平。其三,学校惩罚越严厉,被关禁闭、停课和开除的学生越多,学生就越不满于学校的生活氛围和管理结构,他们在风声鹤唳的校园里难以有安全感。零容忍政策非但未能营造更积极的学校氛围,反而制造了更加消极的学校氛围。成年人滥用惩罚对付违纪行为,加剧了青春期早期对规则的挑战、青少年发展与学校结构之间的不协调以及青少年与成人间关系的恶化。现有的研究还表明,被开除或暂时停课停学的学生大多数属于社会处境不利者。因此,零容忍政策实质上可能加剧社会不公,并且不可避免地陷教师于"迫害"欺凌者(青年学生)的境地。[1]零容忍政策下,教师束手束脚,不能以教育的方式处理学生冲突,只能像法官、警察、保安、狱卒那样处理欺凌问题。耗费大量时间和精力,却得不到学生的认可和敬重。其心情沮丧,其情绪低落,就成了普遍的现象。

即使惩罚不能充分发挥惩戒和改造作用,零容忍政策拥趸们依然坚持严厉惩罚校园欺凌者。他们信奉"以牙还牙,以血还血",坚信惩罚作恶者是在伸张正义——只有给欺凌者及其监护人以报应性惩罚,正义的天平才能恢复平衡!这种对报应性正义(retributive justice)的强烈诉求,听上去理直气壮,在实践中却经受不住检验和质疑。校园欺凌的影响远大于报应论者的关注,它不仅伤害到受欺凌的学生,也使旁观的学生受到冲击乃至伤害,还破坏了正常的同学关系以及共同生活的正常氛围。对欺凌者实施报应性惩罚,既没有给予受欺凌者救济,挽回其损失和尊严,也没有安抚受到冲击的旁观者,更未使遭到破坏的同学

---

[1] Pikas, A. New Developments of the Shared Concern Method[J]. School Psychology International, 2002, 23(3).

第十二章
校园欺凌干预方法

关系和群体氛围恢复如初,哪有正义可言?对于少不更事的未成年欺凌者来说,他们也可能成为校园欺凌的受害者。不考虑给他们以改过自新、回归群体的机会,仅以严惩了事,哪有正义可言?难道伸张正义就是要把这些犯了大错的孩子逐出校门,让他们自暴自弃,自生自灭么?

受欺凌的学生痛恨校园欺凌,不但仇恨欺凌者,也怨恨不主持公道的学校和老师,还憎恨欺凌发生时那些袖手旁观的同学——主要还不是因为旁观者的中立和冷漠,而是因为旁观本身就是一种伤害。其实不少旁观者心中也愤恨欺凌——有人胆敢当着自己的面作恶欺负人,对自己而言不仅是一种威胁,更是一种羞辱。至于吃瓜群众,就更加痛恨校园欺凌了。一听说别人在学校里受欺凌,就感同身受,甚至比自己受欺凌还难受,正义感油然而生。人们对校园欺凌深恶痛绝,强烈谴责欺凌者,力主严厉惩治欺凌者,恨不得学校把那些胆敢欺负同学的小恶棍统统开除,让他们付出惨痛的代价。有人还强烈要求修订法律,降低刑事责任年龄,恨不得把那些残忍伤害同学的小畜生统统抓起来,让他们在班房里度过余生。

人们追究校园欺凌者的家庭责任,批评家长未尽适当教养的义务,斥责甚至围攻辱骂当事家长,埋怨他们疏忽、溺爱、护短、纵容导致了他们的子女在学校里横行霸道,为非作歹,因而力主追究当事家长的监护责任,要求他们和孩子一起深刻反省,改过悔过,赔礼道歉。

人们还会追究学校和老师有没有尽到教育和保护学生的责任:有没有对学生认真做好道德教育工作,有没有应对危机的措施,有没有开展过相关的危机演习,有没有识别心理异常学生以及管制危险分子的机制和措施,要求不负责的校长引咎辞职,等等。

最后,人们会追究相关社会机构的责任,追查警察有没有认真对待群众的举报,有没有把学生曾经发出的威胁当回事,要求开除玩忽职守的警察;指责网络和媒体充斥着暴力犯罪信息,给年轻人提供了效仿的对象,加剧了社会不安全的因素,提高了社会犯罪率,要求对网络媒体的内容进行审查;指责出售刀具和枪支的商贩和部门不负责任,让青少年轻而易举就可以弄到刀具和枪支,要求严厉管制刀具枪支……

在民众强烈呼吁严厉打击校园欺凌的社会舆论支持下,校园欺凌零容忍政策应运而生。科伦拜恩高中杀人案后,美国各州就纷纷立法治理校园欺凌与暴力问题。我国则从2016年起制定并逐步完善了治理校园欺凌的政策与法规,为各地学校识别和处理学生欺凌事件提供了基本遵循。

但是,美国的经验教训表明,仅仅依靠校园欺凌零容忍政策和反欺凌法,是难以消除校园欺凌的。零容忍政策下,欺凌者只不过变得更加谨慎,欺凌行为变得更隐蔽而已。在美国,诸多相关法律和教育政策并没有起到正面指导作用,校园欺凌零容忍政策以及严惩欺凌的法规反而使越来越多的学生陷入停学和退学的困境。此外,一些饱受争议的官司还显示,厉行校园欺凌零容忍政策,可能会误伤无意过错学生且难以纠正,造成对学生权利的事实侵犯。[1] 2019年面世的一份追踪研究报告则表明,在其他情况大致相同的情况下,从停学和退学惩罚率高的学校毕业的学生,上四年制大学的可能性更小,却更有可能犯罪。也就是说,停学和退学处罚会增加学生未来犯罪的风险。[2]

美国教育界已经意识到,实行校园欺凌与暴力零容忍政策,成本高

---

[1] Kathleen Conn. 校园欺侮与骚扰——给教育者的法律指导[M]. 万赟,译. 北京:中国轻工业出版社,2006.
[2] Bacher-Hicks, A. The School to Prison Pipeline: Long-Run Impacts of School Suspensions on Adult Crime[N]. National Bureau of Economic Research, Working Paper, 2019(11): No. 26257.

昂，效果不佳，还充满风险。但是，鲜有人意识到对欺凌及其伤害的愤怒、憎恨、不容也可能变成一种伤害。憎恨令人失去冷静和理智，为伸张正义替受害者报仇雪恨，对欺凌者采取报复性惩罚措施，进而又在受罚者的心中埋下仇恨的种子。阿伦森曾经专门分析过科伦拜恩高中杀人案发生的根本原因，在此基础上认定零容忍政策不仅不能从根本上解决问题，还会使情况变得更糟。它加强了对某些学生的排斥，增强了学生间的隔阂，也就增加了学生心中的仇恨。

美国人并没有留意阿伦森的预警，可事实证明他的预警是正确的。

校园欺凌零容忍政策及其依仗的反欺凌法聚焦于惩罚欺凌者，视惩罚为欺凌发生之后的唯一解决之道，有悖于学校的教育初衷。身居一线亲自处理校园欺凌的教育工作者对此有深切的体会，正如美国一位小学校长狄龙（James E. Dillon）所言，法治化治理和学校教育的思维定式截然不同。前者认定学生欺凌同伴是一种不应该发生的罪错行为，因此欺凌干预的目标就在于消灭欺凌；后者则认为学生是"半成品"，通过犯错和改正错误方能成长，因此欺凌干预的目标在于改善其人际相处方式。[1] 狄龙以"和平校车"反欺凌项目闻名于美国，他基于数十年处理校园欺凌的经验，毫不留情地批评零容忍舆论和政策：面对欺凌问题时一味地责怪某一类人，针对犯错误的学生而不针对其言行进行谴责和评判，采用武力迫使其改正错误，用欺凌的方式制止欺凌，这种思维定式将学校教育引入了误区。[2] 学校的教育目的在于使人为善，使用惩罚的手段，以恶制恶，并不能产生善的结果。追求报应性正义的欺凌零容忍政策简单而粗暴，既无惩罚之外的备选措施，也缺惩

---

[1] Dillon, J. No Place for Bullying: Leadership for Schools That Care for Every Student[M]. Crowin, 2012.
[2] Dillon, J. Reframing Bullying Prevention to Build Stronger School Communities[M]. Crowin, 2015.

罚之前的先行步骤。[1] 就像孔子说的那样,"不教而杀谓之虐,不戒视成谓之暴,慢令致期谓之贼"(《论语·尧曰》),均不容于感化和教育的宗旨,也有悖于感化和教育的程序。

三、欺凌调解法

愤怒战胜了同情。人们对校园欺凌义愤填膺,除了强烈要求严惩重罚外,鲜有积极作为。不但对实施欺凌的未成年人毫无同情,也无视对欺凌所致伤害和破坏的修复。这种对零容忍政策全面而深刻的反思,导致校园欺凌干预的诉求朝着"修复性正义"(restorative justice)转向。"修复性正义"或"恢复性正义"原本是西方20世纪70年代以来司法改革的一种理念,[2]也是社会和解的一种政治哲学,[3]后来用于处理学生违纪行为,化解学生冲突,[4]近年来进一步聚焦在校园欺凌的调解上。[5] 与报应性正义但求欺凌方得到应有的惩罚不同,修复性正义旨在修补欺凌给各方及其关系造成的伤害,尽可能使其恢复如初。它强调受欺凌者的修复,确保其被侵占的财物得以归还,被破坏的物品得以赔偿,受伤害的心灵得以安抚,受贬损的名义和身份以及受屈辱的人格和尊严得以恢复。它重视欺凌者的修复,确保其意识到欺凌造成的伤害和破坏,承担起改正、修复和赔偿的责任,真诚地向伤害过的同伴赔礼道歉,求得原谅和宽恕,最终借悔过改过而自新——恢复名誉和形象,回归并重新融入同伴群体。它着眼于社会性恢复,不但帮助欺凌

---

[1] Duncan, S. H. Restorative Justice and Bullying: A Missing Solution in the Anti-Bullying Laws[J]. New England Journal on Criminal & Civil Confinement,2011(37):701—732.
[2] 吕欣,韩宁.恢复性正义:当代刑事政策的新理念[J].山东公安专科学校学报,2004(5):14—20.
[3] 彭斌.社会和解何以可能?——以恢复性正义为视角的分析[J].学术交流,2012(9):5—9.
[4] 班建武.恢复性正义:处理学生违纪行为的教育维度[J].中国德育,2017(9):14—20.
[5] 吴圆琴.惩罚之外:恢复性司法理念在校园欺凌中的适用[J].安徽警官职业学院学报,2016(4):42—46.

实施方与受害方实现和解,恢复双方正常的同学关系,而且恢复被欺凌破坏的群体氛围,恢复被欺凌扰乱的班级和学校秩序,实现校园的安定,以达到预防和减少欺凌的效果。

以恢复性正义为取向解决同伴冲突需要多方面的条件:受害方和施害方清晰可辨,双方有会面协商的意愿,在会谈和协商中能够充分而安全地进行接触,并且有调解人提供各方需要的帮助和支持。因此,谋求修复性正义的校园欺凌干预就成了一种多方参与的"整合性协商"(integrated negotiation)。[1]欺凌一旦发生,教师和专业人员就充当调解方,召集涉事方(主要是欺凌者及其家长、受欺凌者及其家长)举行治疗性(修复性)会商,澄清欺凌事件的真相,界定事件造成的伤害及影响,交流各自的感受和诉求,就纠正与修复措施各自发表意见,在协商基础上达成共识。[2]修复性调解与整合性协商,让受欺凌者有机会表达自己的感受和需要,获得最佳的救济方式,使所受的伤害得以修复,所贬低的人格和社会身份重新获得尊重;也让欺凌者有机会意识到自身行为对同伴及环境造成的实际影响,表达悔恨并对自己的行为负责,赔礼道歉,争取宽恕,重塑形象,重新做人,回归正常的学校生活;还让包括欺凌旁观者在内的其他学生有机会参与调解的过程,承担起同伴和解及重建集体的责任。[3]

邀请欺凌旁观者参与修复性调解,将"同伴调解"或"同侪调解"(peer mediation)的理论与方法重新引入校园欺凌干预和预防实践之

---

[1] Johnson, D. W. & Johnson, R. T. Restorative Justice in the Classroom: Necessary Roles of Cooperative Context, Constructive Conflict, and Civic Values [J]. Negotiation and Conflict Management Research, 2012, 5(1): 4—28.
[2] Umbright, M. Mediating Interpersonal Conflicts: A Pathway to Peace[M]. West Concord, MN: CPI Publishing, 1995.
[3] Morrison, B. School Bullying and Restorative Justice: Toward a Theoretical Understanding of the Role of Respect, Pride, and Shame[J]. Journal of Social Issues, 2006, 62(2): 371—392.

中。20世纪60年代以来,西方冲突解决研究者、非暴力倡导者、反核战活动家以及法律界人士纷纷开发同伴调解项目,指导和训练中小学生骨干或志愿者学当和事佬(peacemakers),掌握同伴调解的程序和标准,在同伴争吵时挺身而出扮演调解员,创造性、建设性、和平地解决同伴冲突[1]。欧美及亚洲一些地区和学校一直用同伴调解校园欺凌,且成效显著。例如,1997年新加坡教育部与法院合作,聘请美籍冲突调解顾问,在中学校园推行"同侪调解计划",训练大量学生来担任冲突调解员,有效而及时介入欺凌开始阶段。因效果好,反响大,该计划后来推广到小学、社区以及各种社会机构,并发展为整合性的"冲突管理计划"。[2] 加拿大、美国、土耳其、西班牙等国诸多学校个案的试验也表明,修复性同伴调解效果显著,而且比报应性的零容忍惩罚更接近于学校的教育初衷。

但是,这种依靠学生内部调解预防欺凌的经验,在貌似强大的以学校为基础的全方位防治体系和法治化社会综合治理体系中并不起眼。同伴调解的理论与方法,将同伴欺凌置于学生冲突框架之下,把它当作学生冲突一种破坏性解决策略加以纠正,跟校园欺凌全校防治和社会综合治理的基本理念颇不一致,因而长期不受待见,一度边缘化。直到校园欺凌防治的诉求从报应性正义转向修复性正义,同伴调解的价值才突显出来,引起重视。它依靠学生的积极参与,极大地充实了校园欺凌修复性调解的力量,使伸张修复性正义的欺凌干预实践有可能大面积推广。由于学生充当调解员,同伴纠纷能够及时被发现,在冲突失控前就得到和平解决,这就减少了欺凌发生的可能。即使调解失败,欺凌

---

[1] Johnson, D. W. & Johnson, R. Teaching Students to Be Peacemakers[M]. 3rd ed. Edina, MN: Interaction Book, 1995.
[2] 林佳璋. 霸凌防制教育政策探析[C]. 4th ed. International Conference on Education Reform and Modern Management, 2017.

不幸发生,现场其他同伴不再是旁观者而是调解员,欺凌也难以为继,至少会同时减少欺凌行为因有人旁观而给欺凌者带来的快感和得意,以及给受欺凌者带来的痛苦和屈辱。何况,同伴调解本身会发挥自我说服作用,做同伴调解工作的学生若是欺负同伴,就会发生严重的认知失调。总之,同伴调解为欺凌干预实现修复性正义提供了一种可靠、有效而廉价的方法。

  修复性正义也赋予同伴调解以新的精神气质。同伴调解最终的目的在于使冲突双方实现和解,关键在于使欺凌者停止伤害同伴的行为并且真诚地悔过、改过、补过。但是,修复性同伴调解不把悔过、改过和补过当成是欺凌者应得的报应、惩罚或羞辱,而视为欺凌者应该承担的修复责任,并且以此为其创造获得宽恕、恢复名义、重塑形象、回归同伴群体的条件。可以说,恢复性同伴调解是一种"无惩罚"的欺凌干预方法。美国学校咨询师和教育活动家培恩(Kim John Payne)甚至发明了一种"无责备"的"社会融入法"(social inclusion approach),指导、训练家长去了解并打破孩子在学校遭受同学取笑和欺负的状态。[1]他将这种方法推广到棍石交加、欺凌盛行的学校当中,实施"无责备的同伴调解项目",把欺凌旁观者转变成欺凌调解者,使目睹欺凌行为的学生有勇有谋,不但敢于说不,而且善于斡旋,运用无责备更无惩罚的同伴调解程序和方法,去劝阻欺凌,伸张正义,修复关系,促成和解。[2]

  培恩基于修复性正义的社会融入法以及无责备更无惩罚的同伴调解项目,令人不由得回想起皮卡斯早年提出并且一直倡导的不责备也不惩罚疑似欺凌者的共同关切法。所不同的是,共同关切法中由心理

---

[1] 培恩,罗斯.简单家长经[M].杨雪,张欢,译.沈阳:辽宁科学技术出版社,2013.
[2] Christensen, L., Sticks, M. Stones and Schoolyard Bullies: Restorative Justice, Mediation and a New Approach to Conflict Resolution in Our Schools[J]. Nevada Law Journal, 2009, 9(2).

辅导员或训练有素的教师来担当欺凌调解员(详见第十三章)。实际上,皮卡斯及其追随者在实践中深感教师充当学生欺凌调解员之难。除时间和人手不够之外,教师召集疑似欺凌团伙及可能受害人举行的峰会经常成为双方冲突的延伸,针锋相对的争吵进一步加剧双方的敌意,连换位思考和角色扮演都在强化双方的敌意。这使皮卡斯意识到,学生在激烈的冲突中难以平静地思考,理想状态是,在学生发生激烈冲突之前,双方尚无明显敌意之时,就有人出面调解。这样的调解员不可能由教师来担当,也不可能由少数几个学生骨干或志愿者来担当,而只能是由全班学生一起来担当。皮卡斯于是将共同关切法升级为一种人人参与的同伴调解模式,从教师调解逐渐过渡到学生调解,将欺凌事件当事人的共同关切扩展为全班学生的共同关切。皮卡斯设计了一套训练课程,确保"全班人人成为调解员"(All in the class become mediators),[1]无论哪个学生见到同学有冲突的苗头,都能按照共同关切法的基本程序进行同伴调解:在轻松气氛中分别与冲突双方交谈,饶有兴趣地听取双方的意见;一旦冲突双方相互取得信心,就友好地向双方征询对方也能接受的建议;如果没有找到共同解决的提案就承认调解失败,但通常可以给出一个建设性的提案以使最后的双方峰会得以举行。

全班共同关切的同伴调解与修复性同伴调解有一个明显的区别。如前所述,前者人人参与同伴调解,而后者只选拔和训练有才能的学生成为调解员。两种同伴调解还有一个更加本质的区别:全班共同关切的同伴调解要求调解员在欺凌调解中保持中立,不追究责任,不伸张正义,仅仅在冲突双方之间穿梭斡旋,促进双方自愿达成和解协议,是名

---

[1] Pikas, A. All in the Class Become Mediators[J]. Teacher's Manual, 2002(2).

副其实的调解;修复性同伴调解虽然不把欺凌者悔过、改过、补过的责任视作报应性的惩罚,培恩的社会性包容法甚至避免责备欺凌当事人和旁观者,但毕竟要追究责任,伸张正义。调解员主持公道,伸张正义,就不得不像法官那样对欺凌者的罪错进行裁判。这容易引发欺凌者的辩解和反抗,进而加剧欺凌者与受欺凌者的敌对,最终导致同伴调解难以实施。所以,皮卡斯坚决与修复性正义划清界限,在全班参与欺凌调解中坚持共同关切的初衷,不仅指导和训练全班学生采取中立的立场参与同伴欺凌的调解,而且更加彻底地把同伴欺凌看成是一般的学生纠纷,刻意避免追究责任和伸张正义,以保证同伴欺凌成为全班共同关切,共同加以解决。

四、合作学习

皮卡斯及其追随者始终认为,在应对校园欺凌问题上,共同关切法以及全班学生人人参与的同伴调解比修复性调解及报应性惩罚更有成效。但在另一些学者以及站在反欺凌前线的多数教育工作者看来,一切直接干预校园欺凌的措施都企图快刀斩乱麻,立竿见影,一招制胜,其实治标不治本。

明尼苏达大学教育心理学教授约翰逊(David W. Johnson)基于社会相互依赖理论,在20世纪60年代就开发并实施了一个"教学生做和事佬项目",引导学生认识冲突的性质和价值,训练学生轮流担当和事佬,开展整合性协商,调解同伴冲突。[1] 在他看来,天天生活在一起、低头不见抬头见的学生们发生冲突是再正常不过的事。他还强调,这种同伴冲突具有潜在的积极价值,关键在于建设性地解决冲突,从中习

---

[1] Johnson, D. W. Social Psychology of Education[M]. Edina, MN: Interaction Book, 1970.

得公民价值观。他从观察和研究中发现,学生冲突源于竞争,破坏性地解决冲突之后,遗留下来的依然是相互竞争的消极关系。同伴欺凌就是一种破坏性解决冲突的策略。其问题在于,欺凌即便停止,遭到破坏的双边关系仍然是相互对抗的竞争性关系。在他看来,许多聚焦于个人变量的冲突解决和欺凌干预不见成效,于事无补,原因就在于它们忽视关系对于个体的意义和影响。[1]

约翰逊和他兄弟共同研究表明,只有建设性地解决冲突才能产生合作的积极关系,伸张正义的校园欺凌干预因而立足于关系变量的修复和维系。他们主张在学生冲突发生或矛盾激化之前实行同伴调解,在冲突发生后进行谋求修复性正义的整合性协商,此外,还需要创设一种合作的校园环境,将学校建设成为正义共同体,使学生们得以持久地维系其积极关系,并从中习得公民价值观。约翰逊兄弟因而极力倡导以合作学习作为学校的主要教学策略。他们的研究证明,合作学习乃是恢复性正义程序得以有效使用,同时降低学生间的伤害性攻击频率的保障。[2] 约翰逊兄弟就这样重新构建了欺凌干预的流程:致力于学校道德共同体建设,把学校构建成正义共同体,在一场破坏性的冲突(如欺凌)发生之后,运用建设性冲突解决策略(同伴调解和整合性协商)和合作学习,恢复并持久地维持学生间的积极关系。

得克萨斯大学社会心理学教授阿伦森的现场实验和开创性研究,得出了与约翰逊兄弟相似的结论。20世纪70年代初,阿伦森曾经应邀去帮助奥斯汀学区解决公立学校因推行种族融合政策而引发的大面积

---

[1] Johnson, D. W. & Johnson, R. T. Conflict Resolution and Peer Mediation Programs in Elementary and Secondary Schools: A Review of the Research[J]. Review of Educational Research, 1996, 66(4): 459—506.
[2] Johnson, D. W. & Johnson, R. T. Restorative Justice in the Classroom: Necessary Roles of Cooperative Context, Constructive Conflict, and Civic Values [J]. Negotiation and Conflict Management Research, 2012, 5(1): 4—28.

第十二章
校园欺凌干预方法

种族冲突问题(特别是种族欺凌问题)。他注意到,这类冲突绝大多数起源于课堂,扩展至校园各个角落,延伸到校车和街头,且呈愈演愈烈之势。他率领一批研究生进驻校园,进行系统的课堂观察。他们发现,传统课堂中的排他性竞争即便不是不同种族学生之间发生冲突的根源,也是加剧冲突的一个重要因素。于是,他设计了一种别具一格的"拆拼课堂"(jigsaw classroom),诱导学生通过组内分工-组间合作-回到组内互教互学,在有限的时间内完成复杂且可分解的学习任务。[1] 阿伦森本人的实验,以及此后诸多重复实验,结果都表明:拆拼课堂中的小组合作学习效率高,全体学生特别是社会处境不利学生的学业成绩有显著提高;各族裔学生之间,敌意迅速消退,变得相互友好;他们不但喜欢本组同学,也喜欢别组同学,两者居然没有显著差异。[2]

基于上述发现,阿伦森对科伦拜恩高中枪杀案之后美国风声鹤唳的欺凌与暴力零容忍政策及校园安全保卫措施颇不以为然。他调侃,这种从次要原因入手的校园欺凌与暴力防治,如同当年英国名医斯诺(John Snow)靠拆除水泵把手不让伦敦宽街居民取用河水的方式防治霍乱一样,乃是一种治标性措施。阿伦森把美国盛行的这种校园欺凌与暴力防治措施戏称为"水泵把手式干预"(Pump-Hand Interventions)。他明确指出,校园欺凌与暴力的根源在于学校和课堂上无处不在的排他性竞争,因此,在学校和课堂中营造合作、同情、仁爱的氛围才是解决问题的根本之道。[3] 如果说约翰逊兄弟意在把学校打造成"正义共同体",那么阿伦森则意在把学校建设成为"关怀共同体"。两者虽有不

---

[1] Aronson, E., Blaney, J., Sikes, C. Stephan and Snapp M. Busing and Racial Tension: The Jigsaw Route to Learning and Liking[J]. Psychology Today,1975(8):43—59.
[2] Aronson, E. & Patnoe, S. Cooperation in the Classroom: The Jigsaw Method[M]. Pinter & Martin Ltd., 2011.
[3] Aronson, E. Nobody Left to Hate: Teaching Compassion after Columbine[M]. W. H. Freeman and Company, 2000.

同,但都把根治校园欺凌和暴力的希望寄托于以合作学习取代排他性竞争。这种"根源性干预"才是消除校园欺凌的治本性措施。

约翰逊兄弟以及阿伦森的见解,得到了深受校园欺凌和暴力之苦的孩子家长的认同,也得到一线实战经验的检验和印证。其中颇具代表性的是纽约林伍德小学校长狄龙,他是奥维斯欺凌干预项目在美国的积极支持和推广者,但在实践中他把这个项目改造成了颇具美国特色的"和平校车项目",致力于在校园里、课堂中和校车上营造一种相互尊重与合作的氛围,指导和训练年长的学生在校车和操场等教师难以时刻监管的场合帮助并保护弱小同伴。此举大获成功,同伴欺凌现象几乎绝迹。[1] 这个项目因而深受青睐,广及多国,延至大学。

狄龙积多年反欺凌之经验,认定学生不是问题,而是答案。学生本性友善,并且渴望与同伴友好相处。学校如果真正关心并关照到每个学生,就不会给同伴欺凌以立锥之地。[2] 可见,校园欺凌的症结不在学生,而在学校。在他看来,学校按部就班、纪律严明、严格控制的工厂化设置,是包括学生欺凌在内诸多问题的根源。在学校现有设置下,防治学生同伴欺凌的诸多措施呈现出恃强凌弱、以大欺小的蛮横特点,本质上无异于学生同伴欺凌,可以说是另一种校园欺凌。狄龙因此主张把对欺凌的直接防治重构为对学校的全面改造,以学生为中心,以原则为基础,尊重并信赖学生,善待学生成长中的过错,强化关系,在课堂上鼓励合作学习,营造友善、融洽的校园环境,把学校建设成为更加强大的共同体。[3]

---

[1] Dillon, J. The Peaceful School Bus Program[M]. Hazelden Publishing, 2008.
[2] Dillon, J. No Place for Bullying: Leadership for Schools That Care for Every Student[M]. Crowin, 2012.
[3] Dillon, J. Reframing Bullying Prevention to Build Stronger School Communities[M]. Crowin, 2015.

五、回归教育之道

综上所述,对未成年学生欺凌行为的性质、成因及影响的不同认识,导致不同校园欺凌干预政策取向。总的来说,目前世界各地校园欺凌干预政策推崇报应性正义取向的零容忍打击,同时,修复性正义取向和人道关怀取向的同伴调解也受到越来越多的重视。但是,教育界更倾向于用合作学习和学校道德共同体建设来发展积极的学生关系,从根本上改造校园欺凌发生的环境。

报应性正义取向不放过欺凌者,认定欺凌是反社会的攻击行为,是欺凌者个人本性邪恶的表现,因而对欺凌者深恶痛绝,嫉恶如仇,毫不容忍,不但严词谴责,还不折不扣地给予报应性惩罚,以使正义得以伸张。

修复性正义取向聚焦于欺凌行为及其对受欺凌者、旁观者乃至欺凌者所造成的伤害,对群体关系和氛围所造成的破坏,把欺凌看成是一种同伴冲突破坏性解决策略,坚持以整合性协商和同伴调解等建设性策略解决冲突,对欺凌行为有责备,对欺凌者不惩罚,只要求其承担悔过、改过、补过等修复性责任,在此基础上谋求宽恕,达成和解,使正义得以修复。

人道关怀取向刻意避免当事人欺凌感和受欺凌感的加剧,把同伴欺凌当作普通的同伴冲突来处理,以不责备、不惩罚、不追究责任为原则,确保同伴欺凌成为全班同学的共同关切,训练和指导全体学生参与同伴调解,共同解决欺凌争端。

经过数十年的探索,校园欺凌干预的研究与政策导向仿佛又回到了起点。尝试了那么多,研究结果却表明:似乎是越早出现的校园干预措施和政策越可靠,越贴近学校教育初衷的干预越有效。遗憾的是,这个结论不容易说服民众和官方。民众和官方对校园欺凌越敏感,越觉得问题严重,就越有可能推崇直截了当的强力干预措施。殊不知,校园欺凌干预措施越直接,越强势,效果就越差,风险也越大。校园欺凌的根本解决之道不在治理严打,也不在预防调解,而在于学校营造正义和关怀氛围,发展学生的合作关系。简而言之,校园欺凌的根本解决之道在教育。

第十三章

共同关切法与"皮卡斯效应"

第十三章
共同关切法与"皮卡斯效应"

前面分析过,学生中会发生许多酷似或疑似欺凌的冲突,如打架、打闹、取笑、恶作剧。它们并不具备典型欺凌的一个或多个特征,并不能认定其为校园欺凌。然而,校园中发生的大多数学生欺凌是从这些疑似欺凌中演化而来的。其中的关键是,欺凌嫌疑人在做出否认欺凌的判断时萌生对伤害对象产生恶意,这种恶意引导他们开始真正的欺凌。因此,在校园欺凌防范中,最难办的并不是防止欺凌行为,而是防止欺凌者的主观恶意。

前面已经证明,防止欺凌者主观恶意的干预,不可激起欺凌者为捍卫正向自我认知而自我辩护,又不可诱使欺凌者承认欺凌过失而自我羞辱,那就只能通过增加适当的新认知来协调欺凌者心中有关自我的积极认知和有关欺凌的消极认知了。这不由得令人提起瑞典心理学家皮卡斯所做的努力。他发明了共同关切法,用以调解欺凌嫌疑人与受害人之间的矛盾,让欺凌嫌疑人主动终止欺凌,并与受害人达成和解。可惜的是,这位校园欺凌研究的鼻祖在向世界各地同行推荐他发明的方法时,过于执着于共同关切法的程序和技术不走样,拒不承认任何因地制宜的修正。他津津乐道于共同关切法干预欺凌行为几乎无一败例的辉煌成果,却没有留意并从理论上解释其成功的关键在于疑似欺凌者态度的转变。他并没有意识到,他发明的共同关切法,为欺凌嫌疑人减轻伤害事件所致的认知失调,防止其主观恶意的萌发和蔓延,开辟了一条非同寻常的道路。

一、从欺凌劝诫法到共同关切法

北欧青少年中团伙欺凌盛行,这个问题在 20 世纪 70 年代初开始引起一些心理学家关注。众多的干预却纷纷以失败告终。皮卡斯发现,失败的根源在于各地的干预是针对欺凌团伙同时进行的。在他看来，欺凌团伙对其成员有一种普遍的心理控制，折磨受害人的群体意识导致其成员个个参与欺凌。所以，对团伙欺凌进行干预不宜以群体为单位，而宜将欺凌团伙拆散，与团伙中各个成员分别谈话。

1974年，皮卡斯以上述思想为指导，在瑞典乌普萨拉大学开设了一门名为"冲突解决"的师范课程。他把前来听课的大学生组织成为一个反欺凌小组，训练他们担任治疗校园欺凌的辅导员，然后深入到乌普萨拉市一些中小学里，去处理团伙欺凌事件。大学生们使用皮卡斯设计的方案和脚本，采取分别谈话、各个击破的策略，第一次对团伙欺凌进行干预就获得了成功。皮卡斯对反欺凌小组的作业进行系统分析和总结，于1975年用瑞典文出版了世界上第一部校园欺凌干预专著《我们这么阻止欺凌》。[1]

皮卡斯用英语向世界各地介绍自己发明的方法时，称之为"会议记录句法"(minute-sentence method)，[2] 后又改称"启发式命令法"(Suggestive Command method，简称SCm)，经人建议最终改名为"劝诫法"(Persuasive Coercion method，简称PCm)。这是一种与欺凌者谈话的方法，动之以情，晓之以理，规劝欺凌者改过迁善，终止欺凌，类似于我国学校德育常用的说服教育法。但是，皮卡斯的欺凌劝诫法又与普通的说服教育法有所不同。它是一种有谈话脚本的结构化谈话法，因而排除了谈话的随意性，又使得这种方法简便易行。然而，皮卡斯发现欺凌劝诫法作用有限，其效果取决于辅导员的权威性。劝诫法通常适用于那些认可辅导员权威的欺凌者（如年幼的儿童），对那些试图挑战权威的青少年就不怎么有效。

---

[1] Pikas, A. Så stoppar vi mobbning[M]. Stockholm: Prisma, 1975.
[2] Pikas, A. Treatment of Mobbing in School: Principles for and the Results of the Work of an Anti-Mobbing Group[J]. Scandinavian Journal of Educational Research, 1975, 19(1): 2—12.

第十三章
共同关切法与"皮卡斯效应"

皮卡斯并没有明确地意识到,劝诫法中严肃而温和的训诫、警告和威胁会加剧欺凌者的认知失调以及与自我认知相一致的自我辩护,从而加深其对受害人的憎恨和敌意。但他逐渐意识到,英语中"劝诫"(persuasive coercion)如同"压服"(coercive persuasion),并无褒义。何况劝诫法的强制性令人不快,学生即使听从劝诫停止欺凌行为,也未必口服心服改变态度。可是,剔除了训诫、警告、威胁的因素,怎能让欺凌者终止欺凌呢?

皮卡斯苦思冥想之际,恰逢美国前总统卡特实施忍耐外交。其中颇令皮卡斯感佩的是,1978 年埃及和以色列两国元首在卡特总统的调解之下签订"戴维营协议",结束两国长达 30 年的战争状态。1983 年卡特发表《谈判:敌对行动的替代选项》演讲,系统阐述他在外交实践中摸索出来的那套正义与和平取向的冲突解决哲学,并将它推荐给美国法律界用以处理民事纠纷。在他看来,一场耗时漫长、费用极高、令人痛苦不堪的官司犹如一场杀敌一万自损八千、充满血腥、代价高昂的战争,惨胜者赢得的不过是一场空洞的胜利。因此,律师作为代理人宜尽量不让客户上法庭,在庭外可以更有效更公平地伸张正义。许多情况下,对客户最为有利的是通过调解、谈判或仲裁来解决纠纷,或者通过双方当面讨论来解决纠纷。有的时候,只要与不偏不倚的可靠人士一起回顾一下事实,就可以找到相对容易的解决方案。[1] 这套用和平谈判替代敌对行动的正义理论一时令人耳目一新。

皮卡斯受到启发,借鉴卡特国际调解经验以及他的冲突解决哲学,在 20 世纪 80 年代中期开发出一种广泛适用的团伙欺凌调解方法。他在 1987 年出版的专著《我们这么与校园欺凌作斗争》,总结了这方面的

---

[1] Carter, J. Negotiation, the Alternative to Hostility[M]. Macon, GA : Mercer University Press, 1984.

研究和尝试。[1] 1989 年,他在用英文向世界各国介绍他发明的这种校园欺凌调解方法时,称之为 Common Concern method(CCm)。[2] 后来,他听从英国同行的建议,将自己发明的方法定名为 Shared Concern method(SCm),但他有时也称之为 Method of Shared Concern(MSC),而英语国家的学者则更加习惯使用最后一种称呼。无论哪个英文名,中文都可以译成"共同关切法"或"共同关注法"、"共同关心法"。

皮卡斯的共同关切法一方面承袭北欧早期学校心理学家干预校园欺凌的传统,将目标聚焦于欺凌者的思想和情感,采取劝诫法的策略,各个击破,与欺凌团伙成员逐个谈话,用结构化的谈话脚本和启发式手法唤起欺凌者的良知和同情心,期待他们对备受折磨的受害同学产生普遍关切的强烈体验,邀请他们一道来想办法解决受害者遭遇的艰难处境;另一方面,它借鉴国际冲突解决的调解模式,在欺凌者与被欺凌者之间斡旋,促成双方和解,形成一种全新的共同生活的关系,使被欺凌者受到的伤害得以修补。

在皮卡斯看来,教师一旦感知到班级中有学生受到了欺凌,并且得知欺凌者是谁,就应该着手开始调解。[3] 根据校园欺凌干预特点及实践经验,皮卡斯将这套调解的程序区分为四个阶段:[4]

第一阶段:与欺凌嫌疑人个别谈话。 在友好的气氛中,调解员鼓励

---

[1] Pikas, A. Så bekampar vi mobbning i skolan[M]. Uppsal: Ama dataservice förlag, 1987.
[2] Pikas, A. The Common Concern Method for the Treatment of Mobbing[M]//Erling Roland & Elaine Munthe. Bullying: An International Perspective. David Fulton Publishers Ltd, 1989.
[3] Pikas, A. New Developments of the Shared Concern Method[J]. School Psychology International. 2002, 23(3): 307—326.
[4] Pikas, A. Phases in SCm Illustrated[EB/OL][2020-01-15]. https://www.pikas.se/scm/.

第十三章
共同关切法与"皮卡斯效应"

欺凌嫌疑人对所发生事件说出自己的版本,从中觉察可加利用的主导性的群体动力及个人自主的驱动力;鼓励欺凌嫌疑人提出可能受害人也可以接受的解决方案。

第二阶段:与可能受害人个别谈话。 调解员倾听可能受害人讲述自己的遭遇,询问其对问题解决方案的想法,并向其转达欺凌嫌疑人个人提出的良善建议。可以继续向整个欺凌团伙寻求方案,并将其转告可能受害人。

第三阶段:与欺凌嫌疑人集体会谈。 会谈在温馨舒适的气氛中举行。调解员可与他们一边吃喝,一边商谈。他们一旦有好的提议,调解员就予以确认,进而与他们商量,准备好与受害人会面时积极而友善的开场白。

第四阶段:峰会。 双方在温馨舒适的气氛中会面。欺凌嫌疑人按事先约定,先作积极而友善的开场白。调解员为一开场就可能争吵做好应对预案,在听任与指挥之间保持灵活的平衡。双方签订和解协议,进而商量如若对方没有遵守协议怎么办。调解员得到类似"不苛求而要宽容"的回答,才宣告谈判结束。此外,还设有回访程序。如果回访表明欺凌行为并未终止,那就要启动新一轮调解。

从以上有关调解程序的简要说明中可以看出,共同关切法是一种刻意避免疑似欺凌者内疚和自我辩护,努力唤起其善意,邀请他们和可能受害人一起和平解决欺凌问题的冲突调解方法。如果说皮卡斯早期"劝诫法"还是一种带有强制性的说服教育法的话,那么,用调解替代压服的共同关切法就可以说是一种调解和引导当事双方和解的"劝和法"。其实,连劝都委婉到了不像是在劝。

二、对欺凌过错的建设性忽视

相对于诸多轰轰烈烈、涉及面广、代价高昂、效果令人怀疑却充满风险的校园欺凌综合治理项目,共同关切法好似润物细无声,是一种涉及面小、廉价却与学校教育目标相一致的校园欺凌干预对策。[1] 此法一经英文推荐,就受到世界各地诸多一线教师的青睐。皮卡斯本人也努力推广自己发明的方法,但对各地同行因地制宜的改进不以为然。

1991年,皮卡斯应谢菲尔德大学心理学教授夏普(Sonia Sharp)和史密斯(Peter Smith)的邀请,到英格兰讲学,开设工作坊培训当地教师,英格兰第一个反校园欺凌行动"谢菲尔德项目"中有5所中学采用了共同关切法。[2] 1992年,皮卡斯应邀前往苏格兰开设培训工作坊,当地至少有14名得到过皮卡斯指点的中小学教师在各自的学校采用共同关切法处理学生欺凌事件。[3] 英国甚至有教师公开提出"不打欺凌者",[4] 用视频推出一种所谓的"不责备法"。[5] 此法经由史密斯和夏普的理论化,[6] 最终成为与皮卡斯共同关切法齐名的一种校园欺凌干预方法。[7]

1993年,里格比(Ken Rigby)邀请皮卡斯远渡重洋,在南澳大利亚

---

[1] 顾彬彬. 从严惩到调解:校园欺凌干预取向的演变及趋势[J]. 教育发展研究,2019(2):54—63.
[2] Smith, P. K., Sharp, S., Eska, M. & Thompson, D. England: The Sheffield Project[M]// Smith, P. K, Pepler, D. & Rigby, K. (Eds.). Bullying in Schools: How Successful Can Interventions Be? Cambridge: Cambridge University Press, 2004: 99—123.
[3] Duncan, A. The Shared Concern Method for Resolving Group Bullying in Schools[J]. Educational Psychology in Practice: Theory, Research and Practice in Educational Psychology, 1996, 12(2): 94—98.
[4] Maines, B. & Robinson, G. Don't Beat the Bullies![J]. Educational Psychology in Practice, 1991, 7(3): 168—172.
[5] Maines, B. & Robinson, G. Michael's Story: The No Blame Approach[M]. Bristol: Lame Duck Publishing,1992.
[6] Sharp, S. & Smith, P. K. Tackling Bullying in Your School: A Practical Handbook for Teachers [M]. London: Routledge, 1994.
[7] Rigby, K. Bullying Interventions: Six Basic Methods[M]. Camberwell: ACER, 2010.

大学举办培训工作坊,促成澳大利亚有一所中学专门采用共同关切法实施反校园欺凌行动。[1] 2006年,皮卡斯再度应里格比之邀,赴澳大利亚举办培训工作坊。里格比组织参加培训的学员一起边表演边讲解共同关切法,拍成视频,为更多的教师提供简易培训。[2] 澳大利亚中小学教师成了世上最热衷于皮卡斯共同关切法的一个群体。里格比对澳大利亚教师运用共同关切法处理校园欺凌事件的探索和改进加以总结,于2011年出版了世界上第一部以"共同关切法"作书名的专著。[3] 里格比因此被皮卡斯认可为共同关切法最为知名的推广者和研究者。

共同关切法还被纳入一些地方的全校性欺凌防范项目之中,与其他欺凌干预措施混用。如西班牙"塞维利亚反欺凌学校项目"[4]及"芬兰反欺凌干预项目"[5],均把皮卡斯共同关切法作为个人层次欺凌干预的一项备选措施加以使用。此外还有许多貌似不光彩的使用情况。据皮卡斯报道,他在2008年曾用谷歌引擎进行搜索,发现有800多份有关共同关切法的研究报告,更多的报告则不提及这种方法的原创者。

皮卡斯对不责备法不予置评,对抄袭者的研究报告不屑一顾。他对里格比在推广共同关切法过程中因地制宜的修正也颇有微词,甚至认为澳式共同关切法跟他原创的共同关切法并不是同一个版本,反倒

---

[1] Peterson, L. & Rigby, K. Countering Bullying at an Australian Secondary School with Students as Helpers[J]. Journal of Adolescence, 1999, 22(4): 481—492.
[2] Rigby, K. & Griffiths, C. Applying the Method of Shared Concern in Australian Schools: An Evaluative Study[M]. Canberra: Department of Education, Employment and Workplace, 2010.
[3] Rigby, K. The Method of Shared Concern: A Positive Approach to Bullying in Schools[J]. Australian Council for Educational Research Ltd, 2011.
[4] Ortega, R. & Lera, M. J. Seville Anti-Bulling School Project[J]. Aggressive Behaviour, 2000(26): 113—123.
[5] Salmivalli, C., Kaukiainen, A., Voetin, M. & Sinasammal, M. Targeting the Group as a Whole: The Finnish Anti-Bullying Intervention[M]//Smith, P. K., Pepler, D. & Rigby, K. (Eds.). Bullying in Schools: How Successful Can Interventions Be? Cambridge: Cambridge University Press, 2004: 251—275.

更像是他在早年发明的欺凌劝诫法。原因在于,里格比代言的澳式共同关切法中,作为欺凌治疗师或调解员的教师在与欺凌嫌疑人见面谈话之前,会事先深入到学生当中进行侦查,尽可能地获取将要处理的欺凌事件的详细信息。皮卡斯认为,这么收集信息会让成年人对这个案子中的具体过错做到心中有数,这样的侦察对于审讯来说是恰当的,对于共同关切法来说却是不妥的。

这其实是皮卡斯欺凌劝诫法的一个教训。当年,他在与欺凌者见面谈话之前就干过预先侦察这档子事。他还在《我们这么阻止欺凌》一书中推荐了这种做法,鼓励欺凌治疗师用事先收集到的信息去追究欺凌者的过错。皮卡斯后来发现,欺凌治疗师一旦有寻找罪犯的倾向,就一定会找到罪犯,接着肯定就是审讯和责备,向欺凌者展示受害人遭受的种种痛苦,最后就会对他们进行训诫和规劝。这恰恰就是共同关切法想要避免的!

教师面对疑似欺凌事件时,通常不容许优哉游哉先做一番事前侦察。最自然的做法是立即介入,在介入中逐步了解事情真相。调解员要是不了解将要处理的疑似欺凌事件,就不要从收集更多的信息入手。事先不了解情况反而是一个优势,可在调解中加以利用。对所要处理事件的无知或近乎无知,才会在与嫌疑人会面时发自内心充满好奇地询问:"发生什么事了?"才会认真倾听他们对事件的描述、解释和建议。或许有人自作聪明:我会小心谨慎,不告诉当事学生我在侦察,也不让他们察觉到我在侦察。可是,这么做的问题不在欺凌嫌疑人,而在欺凌调解员。正如皮卡斯反复提醒:唯有对嫌疑人的过错真正无知,才能唤起你对倾听的真诚好奇心。[1] 反过来说:你要是在与他们交谈之前预

---

[1] Pikas, A. A History of the Label Shared Concern Method [EB/OL]. [2020-01-15]. https://www.pikas.se/scm/.

第十三章
共同关切法与"皮卡斯效应"

先侦察,对其罪过了如指掌,就不会再有好奇心及倾听的诚意。你早已义愤填膺,满怀伸张正义的冲动。你丧失了充当和事佬使用共同关切法进行欺凌调解的前提,你必定会选用劝诫法甚至采取更加严厉的措施对付欺凌者,从而落入校园欺凌干预的窠臼。

调解员不预先侦察,刻意保持对欺凌过错的无知或忽视,不仅可以确保自己的真诚和好奇,也有利于解除欺凌嫌疑人的戒备,赢得他们的信任,确保其在谈话中坦诚相告,实话实说。开诚布公的交谈会让调解员了解到更多的真相,发现侦查员难以侦察到的隐情,让隐蔽的欺凌事件浮出水面。调解员或许发现,自己所处理的并不是一起名副其实的欺凌事件,而纯粹是一场打闹过头的学生冲突,或者是一起并无伤害故意的恶作剧,甚至是好友之间的一场误会;或许发现,欺凌属实,却事出有因,受害人并不纯粹无辜;或许发现,那不是一起孤立事件,一地鸡毛牵扯出当事人相识以来自己都理不清的恩恩怨怨,其中不乏久不为外人所知的隐蔽欺凌;甚至真相大白,事情逆转,起初的欺凌嫌疑人才是真正的受害人……校园欺凌虽然发生在孩子们中间,却远比外人想象的复杂。取信于当事人,才可能从他们口中得知真相,得到他们自我解决的设想。

因此,调解员在介入疑似欺凌事件之前对欺凌过错细节无知甚至刻意忽视,并非不分是非,姑息养奸,纵容欺凌,而是建设性地解决问题的一种策略,对于共同关切法来说甚至是一条原则。这种建设性忽视,令调解员确保自己的真诚和好奇,赢得嫌疑人的信任和坦诚,同时也令忐忑不安的嫌疑人感受到一种尊重。他们并没有被武断地认定为欺凌者,而被视为谈话对象或调解对象,顶多算是疑似欺凌者或欺凌嫌疑人。调解员介入之前那副疑罪从无不事先侦察的姿态,让嫌疑人感到还有机会主动澄清,甚至采取行动去解决自己制造的麻烦。只要设法在欺凌嫌疑人内心保留一份冷静、理性、良知和善意,与他们进行个别谈话就有了一个良好的基础。

三、不责备欺凌嫌疑人的个别谈话

调解员与欺凌嫌疑人谈话虽不宜预先侦察,但最好事先准备一些饮料。与嫌疑人边喝边谈,有利于营造相互信赖的谈话氛围。在谈话中务必保持耐心,每到关键之处宜作刻意的停顿。这是为了给谈话对象思考和反应的时间,更是为了缓和说话的语气,避免让对方觉得咄咄逼人。这一切努力,都是为给内容严肃的谈话营造稍微轻松一点的氛围。

个别谈话的重点在于让欺凌嫌疑人描述受害同学的处境和状态,认识到这是一个需要关注并予以解决的问题,在此基础上提出改善受害同学处境的设想。为了便于接受培训的教师掌握与欺凌嫌疑人个别谈话的要领,皮卡斯在谢菲尔德讲学时提供过一份结构性谈话脚本。[1] 从中可以观察整场谈话的框架和特点。

第一步:聚焦欺凌受害人处境关切。个别谈话从一开始就聚焦在对受害人处境的关切上。调解员克制挖掘真相的冲动,避免跟嫌疑人一见面就盘问事情的经过。调解员对欺凌嫌疑人不批评,不指责,但保持语气的严肃,对受害学生所受的折磨不容置疑,显示出自己的担心,并让欺凌嫌疑人感受到这种担忧。调解员可以说:"最近某某日子不好过,对不对?""我想和你谈谈,因为我听说你对某某很不客气。""关于某某的处境你都知道些什么?""好,我们好好谈谈这件事,究竟发生了什么?"然后请欺凌嫌疑人对此多说一些。即使嫌疑人将事情的经过和盘

---

[1] Sharp, S., Cowie, H. & Smith, P. K. Tacking Bullying in Your School: A Practical Handbook for Teachers[M]. London: Routledge, 1994: 95.

托出,调解员也要克制住批评谴责的冲动,坚持不加责备,防止欺凌嫌疑人把心思放在自我辩护上,牢牢地把谈话的焦点集中在受害人处境关切上。在这个过程中,哪怕欺凌嫌疑人对受害同学处境不好表示出一丝认同,都要刻意予以强调。

师:听说你对麦克做了很坏的事。

生:没有,不是我。

师:麦克身上发生了坏事。告诉我。(长久沉默)

生:好吧,是别人,不是我。

师:嗯!

生:他们刚才一直在找他。他自找的。

师:(沉默)

生:从上学期开始的。麦克炫耀他的假期。他买了一个包包,然后我们就……他们把它藏在壁橱里。他急疯了。我们开始绕着屋子扔他的包,然后包就掉到窗外去了。现在他的包脏兮兮的……他还得了一个"包包男"绰号……这只是一个玩笑……他只是还没有适应。

师:所以,听起来麦克在学校过得很不开心。(语气有力,无可置疑。)

生:嗯,我想是的。

第二步:寻求解决问题的建设性方案。在受害人处境成为欺凌嫌疑人共同关切后,调解者立即向其征求解决问题的方案。调解员可以询问:"你有什么建议?"或问:"你可以做些什么吗?"甚至诚恳期待:"我想在这种情况下你能做些什么帮助他。"借此引导谈话对象避免愧疚,而专注于问题解决的建设性方案。如若欺凌嫌疑人一时提不出设想,调解员务必耐心等待,努力克制替其拿主意的冲动。不越俎代庖,不出主意,让谈话对象自己想方设法,谈话最后确认的行动方案自然就是他自己的主意。接下来不照办都难了。

师:好的,我想在这种情况下你能做些什么帮助他。
生:我?
师:是的,你。(沉默)
生:嗯……我其实不知道……我想我可以告诉其他同学不要去招惹他。

第三步:践行的约定。欺凌嫌疑人提出的建设性方案如果可行,调解员便予以肯定,并记录在案,顺势鼓励其照办:"很好。我们一周后再见面,到那时请你告诉我,你做得怎么样。"就这么干净利落地结束谈话,嫌疑人自始至终没有受到责备和训诫。因为调解员概不出主意,连正面的规劝也没有挨一下,这会使惴惴不安准备了一大堆辩词的欺凌嫌疑人如释重负。但是,一周之后的约见又令其不得不认真对待自己提出的建设性解决问题的行动方案。

师:好极了!好,你这样做一个星期看看。我们会在下星期同一时间再见面,到时看看你是怎么做的。再见!
生:就这样?

个别谈话的结构相当严谨,从聚焦欺凌受害人处境开始,过渡到寻求解决问题的建设性方案,以相约一周之后再看方案落实情况作结,步

第十三章
共同关切法与"皮卡斯效应"

步为营,一气呵成。谈话中,调解员忌用"把你自己放在某某的处境中想想看你会有什么感受"之类情感性话语,以免欺凌嫌疑人误解为责问,感受到谴责和敌意,心生委屈和反感,也就防止了谈话陷入争吵和对抗的死胡同。调解员专用"你认为某某的处境如何?"之类的认知性话语,显示中立的调解立场,也把嫌疑人从当事方立场拉出来,站在旁观者立场去观察和评估受害同学的处境。

谈话中不责备欺凌嫌疑人,如同谈话前不事先侦察其过错,意在使其心思全都集中在受害人处境及其改善上。共同关切法的使用报告表明,嫌疑人能够比较客观地描述和评估受害同学的处境时,会体察到自己的客观、公正、善良;一旦承认受害人处境不佳,就会想到终止欺凌并与受害人和解。皮卡斯及其追随者都格外兴奋地报道过不责备欺凌嫌疑人的谈话在终止其欺凌行为上所起的这种四两拨千斤般的神奇效用,但他们并没留意这种谈话在改变欺凌嫌疑人对其伤害行为及伤害对象的态度上的作用及心理机制。

无责备谈话最神奇的心理作用,在于它尽可能地淡化了伤害事件给自恃正派的加害者造成的认知失调,防止其内心陷入自我辩护之中,从而避免他们说服自己相信错不在自己而在受害人。尽管谈话中欺凌嫌疑人口头上不免进行道德推脱,替自己辩解,但调解员对此一概不予回应、置评、追究,而把话题牢牢锁定在受害人处境关切上。这就促使欺凌嫌疑人将心思从对正向自我认知的捍卫转移到对伤害人处境的叙述上。调解员甚至默认欺凌嫌疑人置身事外,认真倾听其以旁观者口吻描述、解释受害人的遭遇和处境。谈话一旦聚焦在受害人处境上,嫌疑人会逐渐意识到调解员无意追究过失,自己也不必纠结于自我辩护。欺凌嫌疑人自我辩护的心理过程一旦中止,意味着其主观恶意的萌生、明晰和蔓延得以遏制。

接下来的积极变化就顺理成章了。欺凌嫌疑人对欺凌受害人处境的关切与其正向自我认知相一致,同时也让他在心中更加坚定而清晰地肯定自己是一个有良知和同情心的人。可要是对受害人处境艰难深表关切,却无援助的念头,就会引起认知失调。于是,欺凌嫌疑人自然地产生终止伤害的设想。可要是提出建设性方案,却不打算照办,又会引起认知失调,欺凌嫌疑人只好答应遵照自己的提案行事。如此一来,整个谈话过程简直就是让欺凌嫌疑人屁颠屁颠去准备做好人好事的节奏,如坐春风呀!

欺凌嫌疑人在谈话中形成了一系列新的认知,如"我对受害人的处境表示关切""我提出了一个终止欺凌的方案""我答应照自己的提案行事"。这些新认知在不知不觉中改变着其原有的欺凌认知,也改变着其原有的正向自我认知。欺凌嫌疑人对于欺凌的认知,从"我干了伤害同学的坏事"修正为"我是干了伤害同学的坏事,但我现在体会到了受害同学的艰难处境,我决定停止欺凌,不再伤害他";对于自我的认知,从"我是个好人不干坏事"修正为"我是一个好人,是一个犯了错误能够及时发现并且勇于改正错误的好人"。由于这两种修正的认知相互协调,一直令人惴惴不安的认知失调就这样缓解了。也就是说,新增的积极认知同时改变了原有的自我认知以及与之冲突的认知,从而减轻了认知失调。

新认知同时引发新的认知失调及自我辩护。聚焦受害人处境的无责备谈话,可以抑制却不大可能一下子就消除伤害事件给自恃正派的加害人造成的认知失调。埋藏在加害者心底的自我辩护,会使其对受害人多少怀有反感和恶意。欺凌嫌疑人这种隐隐的反感和恶意,在谈话中先是与其对受害人处境的关切相冲突,接着又与其终止欺凌的设想相冲突,进而与其践行的承诺相冲突,以后还会与其积极的行动相冲突。内心的正向自我认知("我是聪明人不干蠢事")与谈话认知("我在干蠢事设法帮助一个令人讨厌的家伙")发生冲突,导致一波又一波的认知失调。欺凌嫌疑人在心里不断地替自己辩护("这个家伙毕竟是我的同学""这个同学并不那么可恶"),以减轻令人不快的认知失调。这样的自我辩护逐渐聚焦在受助者的优点和可爱之处上,层层递进("这个同学也有许多优点""这个同学其实蛮可爱"),最终会说服自己是在设法帮助一个值得帮助的可爱同学,而不是在干一件帮助令人讨厌的家伙的蠢事。加害者改变态度,对受害人不再怀有恶意,令其不快的认知失调才会真正消失。

总之,共同关切法不责备欺凌嫌疑人而聚焦于受害人处境关切,将欺凌所致的认知失调置换成帮助所致的认知失调。自我辩护的心理机制使行为人的自我辩护从寻找受害人的过失转向发现受助者的优点,最终说服自己放弃恶意而心怀善意。[1] 这种终止恶意又生发善意的自我辩护,在共同关切法中并不止步于个别谈话阶段,还会延续到欺凌团伙的集体会谈及与受害人面对面的谈判之中。

四、转化欺凌团伙的集体会谈

欺凌团伙并非铁板一块,其成员情况各不一样。典型的欺凌团伙有头目和核心成员,他们是团伙的操控者,也是欺凌的策划者,但未必直接实施欺凌,直接实施欺凌的骨干分子往往是受其操控的打手。团伙中还有在一旁敲边鼓起哄的帮手,更多的则是没有任何表示的却与欺凌实施者继续为伍的追随者。团伙中的每个成员都受到整个团伙折腾受害人的群体心理的支配。疑似欺凌事件中卷入者的情况更加复

---

[1] 埃利奥特·阿伦森.不让一个孩子受伤害[M].顾彬彬,译.上海:华东师范大学出版社,2019.

杂，其中可能就没有心怀恶意的欺凌者，却可能有未怀恶意的加害者，甚至有于心不忍却担心祸及自身的旁观者，以及与受害人有私交却不敢仗义相助的懦夫。贸然对欺凌团伙实施集体谈话，非但不能查明真相，难以辨明主犯、从犯和无辜，反而为他们提供了将水搅浑、互相掩护、患难与共的经历。这会加强团伙的内部团结，还会激起团伙成员内心强烈的自我辩护，强化其对欺凌行为及伤害对象的原有态度。

所以，明智的做法是先与欺凌嫌疑人逐个谈话，并且在欺凌团伙成员有机会相互串通之前就一次性完成对所有欺凌嫌疑人的个别谈话。这样可以出其不意地瓦解欺凌团伙，令卷入欺凌的学生摆脱欺凌团伙折磨受害人的群体心理，站在各自立场上进行独立观察和思考，在与调解员私下交谈中坦言相告，各抒己见。调解人从中能听到有关事件的各种版本，了解事情的真相，进而了解事情发生的群体动力和个人动力，最终利用其中的积极因素引导出解决问题的建设性方案。嫌疑人从中也更容易产生解决问题的积极设想，特别是那些本来就对受害人抱有同情心的欺凌卷入者最容易给出解决问题的好建议。

建设性的个别谈话为建设性的集体会谈创造了条件。首先，不责备谈话聚焦于受害人的处境，而不追究欺凌嫌疑人的过失，防止了嫌疑人在个别谈话中竭力将责任推卸给团伙其他成员，从而避免了相互猜疑。其次，个别谈话中几乎每个成员都提出了解决欺凌问题的设想，这就为他们在集体会谈时集思广益形成一个综合性行动方案或者从中选出一个最佳方案提供了条件。整个集体会谈都是欺凌团伙在郑重其事地商量如何终止欺凌、如何让受害人接受他们的和解方案。调解员除了确认最佳方案、提议欺凌嫌疑人为接下来跟受害人会面准备一个友好的开场白之外，几乎不做什么事。这种几乎不掺和的姿态，让欺凌团伙成员确信他们的共同决定不是出于调解员的规劝，更不是出于调解

第十三章
共同关切法与"皮卡斯效应"

员的训诫,而是出于他们的团体意志。这就不会像劝诫法或压服法那样埋下口服心不服的隐患。

欺凌团伙聚精会神商量共同解决欺凌问题的方案时,其群体心理就从折磨受害人转向了终止欺凌并设法与受害人和解。这种群体心理会带来新的压力。有的成员在个别谈话阶段显得事不关己,无视受害人的痛苦处境,甚至内心反抗,不打算终止欺凌,到了集体会谈阶段就会面临群体的压力。鉴于疑似欺凌事件中各自干了什么,同伴们彼此知根知底,心照不宣,若是大多数人都转变态度,个别人背道而驰坚持原来的态度就会变得十分困难。这种学生在群体压力和同伴劝说之下,一般都会顺从团体的意志随大流。他们意志一旦动摇,加入集体会谈,内心就会发生多数人早在个别谈话阶段就有过的那种认知失调,并且在自我辩护中逐渐改变对受害人的消极认知。

这是皮卡斯没有关注的一种心理效用。他在瓦解欺凌团伙时特别在意欺凌发生并且难以终止的群体动力,却在把这个团伙转变成为终止欺凌的建设性团队时疏忽了其中积极的群体动力。中国同行在上海和南通一些中小学里尝试共同关切法时发现,欺凌嫌疑人集体会谈中一直在发生积极学生对消极学生的劝解、说服和带动的行为,这类行为还可能延续到会谈结束之后。从事后的观察来看,会谈中起初表现消极的学生最终受到同伴的积极影响,并且因为摆脱欺凌的困扰、善待曾经伤害过的同伴而露出阳光灿烂般的笑脸。

那些积极劝说同伙加入终止欺凌的共同行动的学生,也因为劝说行为本身而使自己的态度继续朝着有利于欺凌受害人的方向转变。他们除了动之以情,晓之以理,竭力劝说心态消极的同伴一起来终止欺凌外,还向其他心态积极的同学说明自己的个人动议,说服他们接受自己的建设性行动方案。这种说服同伴的行为,背后隐藏着自我说服的心理过程。要是说服别人改变某种态度,自己却秉持这种态度,就会引起严重的认知失调。人们因而倾向于相信自己说服别人的那套东西。因此,说服一个学生改变某种态度,最巧妙的办法莫过于创造机会让这个学生去说服别人。欺凌嫌疑人为终止欺凌的集体会谈恰恰就提供了这样的机会。学生间的相互说服以及暗中的自我说服,不但有利于整个团队形成积极行动的共识,也为达成共同终止欺凌的共识之后准备与受害人见面会谈奠定了一块坚实的心理基石。

学生一般没有与伤害对象会谈解决问题的经验。按照共同关切法要求,调解员会特别提示他们事先准备好向对方表示友好的开场白,启发他们实事求是地对受害人说些好话。这种提示会让所有的嫌疑人挖空心思且相互提醒,去回想受害人曾经做过的种种好事,以及受害人身上的种种可爱的优点。这个话题与他们的正向自我认知相一致,也与他们准备采取的共同行动相一致。这个话题使得他们尚未与受害人见面协商,就已经在内心愈加认定他们曾经折磨过的那个受害人其实是一个蛮不错的同学。

五、欺凌嫌疑人与受害人的和解峰会

人们普遍期待欺凌嫌疑人与受害人一见面就诚恳认错、道歉,进而主动提出弥补过失的方案,然后恳请对方接受歉意和修复建议。倘若欺凌嫌疑人发自真心,主动采取诸多如此积极行动的话,调解员当然求之不得。这样一来,所有的问题就一揽子解决了。可是,让欺凌嫌疑人向受害人赔礼道歉,与共同关切法的一般精神和具体手法不符。调解员一路小心翼翼,不预先侦察欺凌过错,不责备欺凌嫌疑人,不规劝他们做什么,也不参与他们的集体会谈,不给他们出主意,好不容易使欺凌团伙自动转变为解决欺凌问题的建设性团队,到了他们充满正能量

第十三章
共同关切法与"皮卡斯效应"

与受害人见面的紧要关头,怎么可以前功尽弃,让他们因为赔礼道歉又回到过错者认知失调进而自我辩护的死胡同里呢?

共同关切法别开生面。欺凌嫌疑人与受害人在调解员召集下围坐在一起,桌子上有调解员事先准备的饮料,甚至有小点心。欺凌团伙也有备而来,跟受害人一见面,纷纷说好话。有的感谢他曾经给予的帮助,有的感谢他为大家做过的好事,有的称赞其优点或特长,有的对其优势条件、特殊经历表示羡慕……由于感激和赞美的话实事求是,说的人不会感觉难以启齿,听的人也不会感到难以接受。欺凌团伙这种以感激赞美替代赔礼道歉的开场白,往往出乎受害人意料,却令其感受到对方的友好和诚意。加害人主动示好,可以部分消解受害人的怨恨,营造和谈的氛围,为和谈成功开一个好头。这也正是共同关切法发明人所期待的。但是,皮卡斯并没有想到,这种友好的开场白对于谈判双方有着更深的心理意义。

一方面,友好的开场白有利于受害人恢复自尊。对于大多数十多岁的受欺凌者来说,最为难受的不是欺凌本身,而是自己面对欺凌无力招架,无法保护自己。这种无力感、无能感,令其对欺凌者充满怨恨,也令其备感窝囊,自我评价锐降。欺凌所致的自我贬低与受害人原有的正向自我认知发生了严重的冲突,造成其认知失调。受欺凌者采取与正向自我相一致的策略减轻认知失调,就会竭力说服自己相信所受的不是欺凌和羞辱。可事实上那就是欺凌,受欺凌者不能否认,也不愿否认。如此一来,捍卫正向自我形象的自我辩护过程就给受欺凌者带来极大的困扰。欺凌受害人内心最渴望的是找回失去的尊严。

峰会伊始,欺凌团伙对受害人纷纷说好话,又是感激,又是赞美。这在外人看来显得有点避重就轻,诚意不足,但对于受害人来说可谓正中下怀。来自欺凌团伙合乎事实的好话,对于受害人来说不只是表面上的感激和赞美,那还意味着他在那帮欺负过自己的同伴眼里居然还有许多令人尊重之处。要是他们不提,深陷于自卑及认知失调的受害人自己都不大可能留意,或者觉得不值一提。从这个意义上说,欺凌团伙发自真心又实事求是的感激和赞美,无疑是在努力修复他们曾经伤害过的同伴的自尊。

另一方面,欺凌嫌疑人当面感激和赞美受害人也给自己造成认知失调。为了减轻认知失调,在内心要么否认自己对受害人的感激和赞美,要么否认自己对人家的伤害。可是,这两条路显然都行不通,因为伤害以及感激和赞美均已成事实。唯一可行的道路,就是增加新的认知,以协调原有的认知冲突。这就意味着欺凌嫌疑人紧接着要采取更加积极的行动。这种情形下,赔礼道歉就是他们最为自然的一种选择。因为,他们在内心既可以把赔礼道歉视为对自己所造成的伤害的一种修补,也可以视之为对自己的感激和赞美之情的一种落实。

可见,以说好话表达感激和赞美作开场白,远比一见面就赔礼道歉来得高明。受害人自尊修复,令其更有信心与欺凌团伙展开平等谈判。受害人重拾自信表现回归正常,也令欺凌嫌疑人如释重负,确信自己做得对。但这并不意味着接下来的谈判一帆风顺。曾经的不愉快经历毕竟要摊上桌面,加害者不得不面对受害人诉说伤痛的尴尬场面。这个时候,如若加害者承认伤害事实并且致歉,谈判就会顺利进行下去。倘若加害者承认事实,却又出言辩解,牵扯出过往的恩恩怨怨,谈判就会陷入争吵和相互指责的僵局。

调解员在一般情况下只做峰会召集工作,在双方谈判中尽量保持沉默而不多言,听任双方自己谈下去。即使双方发生争吵,也不急于叫停。这都是为了让双方确信他们最终的和解是他们自己的愿意。皮卡斯表示,只有在谈判双方发生严重冲突时,调解员才出面制止,把谈判

第十三章
共同关切法与"皮卡斯效应"

重新引入正途。根据南通和上海尝试的经验教训,调解员不能坐等谈判双方争吵到局面失控才出面叫停,一见欺凌嫌疑人出言辩解,就要立即干预。因为,这种辩解一方面会激怒受害人,令其陷入受害者的认知失调和自我贬低的困境之中;另一方面也会把欺凌团伙带入加害者的认知失调和自我辩护的死胡同里。这都是共同关切法的调解自始至终刻意避免的,所以及时制止辩解是峰会顺利进行下去的一个关键。调解员一听到有人辩解,就用询问行动方案的方式转移话题,对他们说:"过去的事就不解释了,关键是现在怎么办。"或者说:"好,你们都确认有人现在很难过,你们打算怎么办?"这就很自然地回避了恶性争吵,并将谈判聚焦在和平解决冲突的方案上。

由于峰会之前调解员做了大量斡旋工作,双方在和平解决冲突的方案上已经达成基本共识,欺凌团伙方在峰会上正式做出终止欺凌的承诺,提出与受害同学和解的动议,受害学生一般都会表示接受,也会做出自己的承诺。峰会的重点在于,双方在调解员事先准备好的和解协议上签名,并且在签署和解协议之后接着讨论:"如果一方没有遵守协议怎么办?"皮卡斯不指望双方做出"我如果不遵守协议就接受处罚"之类的承诺,更不希望他们威胁"对方要是不遵守协议就给予处罚",反而期望双方都表示"对方不遵守协议我也不苛求而给予宽容"。皮卡斯强调,除非双方都表示出这种宽容不苛求的意思,否则就不宣布结束谈判。这不是暗示学生可以不履行诺言,而是让双方在达成和解、结束谈判之际继续向对方释放善意和信心。至于今后若有一方违反协议,那也不是由另一方来提出制裁建议。共同关切法不但始终不渝地坚持设法让作恶者本人主动停止作恶,它本身还有一个回访程序。如果峰会一周之后的回访表明协议没有得到落实,新的一轮谈话、斡旋、谈判又会重启。

有趣的是,谈判双方各自都表示即使对方违约也予以宽容,无异于在提醒对方留意自己可能说话不算数。这比直接威胁对方要是说话不算数就怎么样高明许多,也有效许多。就像阿伦森在劝人使用避孕套防范艾滋病实验[1]以及劝人节约用水实验[2]中所发明的"虚伪范式"那样,在一个人宣传某种行为时,或者在他公开承诺去做某事之后,用一个法子提醒他留意自己光说不做的虚伪,这会使他意识到:你的自我观念将自己视为一个诚实正派的人,但自己的实际行为未必如此。就是说,这种提醒会导致个体发生认知失调,进而导致其以践行自己所宣传或承诺的行为来协调其内部认知。皮卡斯并没有这样解释共同关切法最后阶段的做法,但实际效果显示,确实如认知失调理论所预计的那样,使用"虚伪范式"进一步处理欺凌嫌疑人终止欺凌的承诺,增加了他们说到做到的可能性。

六、以善意替代恶意的"皮卡斯效应"

皮卡斯共同关切法令人困惑甚至惹人非议的地方在于,校园欺凌调解员小心谨慎,费尽心思,一步一步地引导,最终却只让当事双方达成了一个终止欺凌的和解协议。人们不禁要问:欺凌者造了那么多孽,终止欺凌就没事了?为伸张正义,他们难道不该在此基础上更进一步,赔礼道歉并且修复欺凌所造成的所有伤害和破坏么?这对受害人公平吗?受害人怎么可能接受这样的和解协议?必须承认,共同关切法并不刻意伸张正义而专注于人道关怀。里格比甚至将它归为人道主义取

---

[1] Aronson, E., Stone, J., Crain, A. L., Winslow, M. P. and Fried, C. B. Inducing Hypocrisy as a Means of Encouraging Young Adults to Us Condoms[J]. Personality and Social Psychology Bulletin, 1994(20): 116—128.
[2] Aronson, E., Dickerson, C. A., Thibodeau, R. and Miller, D. Using Cognitive Dissonance to Encourage Water Conservation[J]. Journal of Applied Social Psychology, 1992(22): 841—854.

第十三章
共同关切法与"皮卡斯效应"

径,与道德主义取径、律法主义取径并列为校园欺凌干预的三种基本取径。[1] 不过,共同关切法虽不刻意伸张正义,却为正义开辟了一条自动伸张的道路。

人们对于人道主义取径时有非议,而力挺道德主义及律法主义取径,原因之一是他们往往置身事外,并没有意识到校园欺凌当事人是同学,无论关系如何都将长期相处。这个事实,意味着遭罚挨训受辱的疑似欺凌者有无数的机会进行报复,继续不断地骚扰和伤害受欺凌者,也意味着得到善待的疑似欺凌者有无穷的机会去改过、悔过和补过。共同关切法让欺凌嫌疑人和受害人坐在一起,谈判解决问题,其实是一种博弈。明智的受害人在得到欺凌者真诚尊重以及终止欺凌的承诺的前提下,权衡一番是会接受和解建议的。尽管没有得到更进一步的赔礼道歉以及其他方面的修复,这对受害人来说确实不公平,但这是暂时的。

欺凌嫌疑人只对受害同学主动做出终止欺凌的承诺,做到这一点并不困难。他们一旦终止对受害同学的欺凌,接下来采取更进一步的赔礼道歉及修复行动就会变得容易得多。这个预估可以得到实验的印证。弗里德曼(Jonathan Freedman)和弗雷泽(Scott Fraser)曾经让一名实验员登门邀请居民在一份呼吁安全驾驶的请愿书上签名。由于这是一件惠而不费的好事,所有受邀居民都痛快地签署了请愿书。几周之后,另一名实验员带着一块写有"谨慎驾驶"的公益广告牌,一家一户登门拜访,请求居民同意在其前院竖立这块样子难看的大广告牌。结果发现,签署过请愿书的居民答应竖牌的比例远高于没有签署的居民。这表明,人们一旦采取某种行为,照此方向进一步行动的可能性会增

---

[1] Rigby, K. Bullying in Schools and What to Do about It[M]. Melbourne: Australian Council for Education Research, 2007.

加。研究者将这种通过请人帮小忙来促使其帮大忙的过程称作"登门槛技术"[1]。此术之所以奏效,是因为帮人小忙成了一种压力,促使帮助者同意帮大忙。或者说,之前惠而不费的小小帮助在心理上为后面更高要求的帮助提供了理由。[2] 反过来也可以说,后面更加友好的行为成了行为人在内心替自己前面所施小恩小惠进行自我辩护的理由。

校园欺凌干预遵循同样的原理。要求欺凌者立即悔过、改过、补过,如同请求没有签署安全驾驶请愿书的居民同意在其前院竖一块"谨慎驾驶"广告牌,那是难以奏效的。共同关切法止步于让欺凌嫌疑人主动终止欺凌这样一种轻而易举的善行,是因为接下来他们更有可能主动向受害同学真诚道歉。道歉行为一旦发生,他们又更有可能主动修补欺凌所造成的伤害和破坏。不用担心,他们与受害同学朝夕相处,在终止欺凌之后的日子里有无数的机会,找到巧妙的方式向受害同学委婉而真诚地表达歉意,以种种充满创意和令人惊喜的替代方式弥补过失。这不是比那种生硬的赔礼道歉更加值得期待么?

如此美好的结局,都可以追溯到共同关切法的开端。调解员在介入疑似欺凌事件之前不预先侦察,对欺凌过错刻意保持建设性忽视,在进行个别谈话和集体会谈时不责备欺凌嫌疑人,在当事双方峰会中不强求加害者赔礼道歉……这一切努力淡化或者抑制了疑似欺凌事件给加害人造成的认知失调,避免欺凌嫌疑人在自我辩护中萌生或加深对受害人的憎恨和敌意。同时,欺凌嫌疑人在谈话中聚焦于对受害人艰难处境的共同关切,进而主动提出解决问题的建设性方案,并且与同伙商定共同行动的方案,与受害人一见面就表达真诚的感激和赞美,恢复

---

[1] Freedman, J. & Fraser, S. Compliance without Pressure: The Foot-in-Door Technique[J]. Journal of Personality and Social Psychology, 1966(4): 195—202.
[2] E·阿伦森. 社会性动物(第九版)[M]. 邢占军,译. 上海: 华东师范大学出版社,2006: 144.

第十三章
共同关切法与"皮卡斯效应"

其自尊,最后共同承诺终止欺凌,与受害人达成和解……一系列友好行为引发欺凌嫌疑人一系列新的认知失调,与正向自我认知相一致的自我辩护导致其说服自己相信受害人可爱且值得尊重。

简而言之,共同关切法阻止了欺凌嫌疑人对受害人恶意的萌生和蔓延,促发了并且持续不断地强化着他们对曾经伤害过的同学的同情和善意,最终以善意替代了恶意。善意又确保了友好行为的逐步升级,从主动终止欺凌开始,进而升级为主动赔礼道歉,升级为对伤害和破坏进行修补,升级为恢复和重建同学关系……这些友好行为又强化并丰富着他们的正向自我认知,他们会感受到自己的进步("我长大了"),感受到成长的力量("我能够帮助和保护弱小了"),甚至从改错补过中感受到正能量("我有改正错误的勇气")。这种不断丰富的正向自我认知,又会逐渐改变他们对欺凌行为的态度。从"欺负同学会有麻烦"到"欺负弱小是一种幼稚的行为",直至"恃强凌弱是一种卑鄙的行为",他们不但会终止所有的欺凌行为,而且会成为学校里劝阻和反抗欺凌的中坚力量。

这正是皮卡斯共同关切法屡试不爽、取得成功的奥秘。欺凌调解员从一开始就对欺凌嫌疑人主动终止欺凌充满期待,并且在每一个调解阶段每一步谈话之中耐心而富有智慧地调动欺凌嫌疑人的善意和同情心,将其全部的心思都集中在对受害同伴的共同关切上。欺凌嫌疑人如调解员所期许的那样,最终成为友善对待曾经伤害过的同伴的学生,甚至成为校园里反欺凌的骨干力量。这种以善意替代恶意以一个小善举促发一系列善举的神奇效应,与"罗森塔尔效应"[1]相仿,不妨称之为"皮卡斯效应"。

---

[1] 罗森塔尔,雅各布森. 课堂中的皮格马利翁:教师期望与学生智力发展[M]. 唐晓杰,崔允漷,译. 北京:人民教育出版社,2003.

第十四章

拆拼法与"卡洛斯效应"

第十四章
拆拼法与"卡洛斯效应"

阿伦森发明的拆拼法同皮卡斯发明的共同关切法一样,不惩罚甚至不责备欺凌者,也能阻断其对受欺凌者恶意的萌生和蔓延,同时激发其善意,改过自新,主动终止欺凌并与欺凌者和解。[1] 所不同的是,拆拼法还能化解受欺凌者与欺凌者之间的相互敌意和怨恨,重建友善的同学关系。阿伦森与人合作出版了一部专著,来描述和解释这种不让一个人生恨的神奇方法。[2] 但是,正如他本人所言,这本书不如他讲述的一个传奇故事来得生动简洁。这个故事其实就是拆拼法的一个经典用例,通过这个课例可以直观地了解拆拼法的基本程序和使用效果。这个课例也特别适用于解释结构化的合作学习何以化解学生积怨的原理。

一、卡洛斯传奇

卡洛斯没有想到,许多年以后自己会坐在得克萨斯大学的教室里听课,更没有想到会在自己使用的大学课本里读到自己上学时的故事。

卡洛斯原本在一所条件简陋的小学读书,一起上学的全都是像他那样的墨西哥裔美国小孩。因为受到公立学校废除种族隔离运动的影响,卡洛斯从三年级起,每天都必须早早起床,乘着校车穿越大半个镇子,来到一个白人中产阶级聚居的小区,在一所种族融合的公立学校读书。

一进入新学校新班级,卡洛斯的噩梦就开始了。他的英语虽然说得蛮顺溜,但是可能受到母语的影响,他的英语口语发音听上去怪怪的,显得十分滑稽。他一用英语说话,就会遭到班上那些发音纯正的白

---

[1] 顾彬彬.恶意是怎么消失的——"共同关切法"与"皮卡斯效应"[J].教育发展研究,2020(22):65—76.
[2] Aronson, E. & Patnoe, S. Cooperation in the Classroom: The Jigsaw Method[M]. Pinter & Martin Ltd., 2011.

人同学的嘲笑。卡洛斯自惭形秽。在那些白人同学残忍的嘲笑中,他恨不得地面裂开一条缝让他钻进去。

慢慢地,卡洛斯学会了在教室里保持沉默。在这一点上甚至可以说他跟老师达成了某种默契。卡洛斯一言不发,把自己埋在课堂活动的喧嚣中,再也不会因为开口说话回答问题而尴尬。反过来,老师也不会点他回答问题。老师这样做是出于好意,她不想看到其他孩子取笑卡洛斯,不想让他蒙羞。但是,老师忽视卡洛斯的存在,实际上就把他给"勾销"掉了。她的行为其实是在暗示不值得为卡洛斯烦心,也给其他孩子传递了这样一种信息。大家觉得,既然老师都不叫卡洛斯回答问题,那一定是因为他笨。长此以往,连卡洛斯本人都觉得自己笨。事实也是如此,卡洛斯的学习成绩越来越差。他痛恨学校,害怕上学,经常旷课。

卡洛斯念五年级的一天,一个大胡子教授带领一群研究生来到了卡洛斯的班上。大胡子教授个子足有6英尺半高,说话风趣幽默,把全班小朋友全给逗笑了。没有想到的是,大胡子教授给卡洛斯带来了严峻的挑战。他来访后不久,这个班的上课方式发生了翻天覆地的变化。教授把这上课方式叫作"拆拼法"(jigsaw)。名字很有趣,但实际上对卡洛斯来说简直就是一场灾难。因为在拆拼课堂中,卡洛斯不得不参与到小组学习中,不得不开口说话。他再也没有办法把自己隐藏起来了。

拆拼课堂里的第一课是阅读课。卡洛斯所在的阅读小组和班上别的小组一样,读的是约瑟夫·普利策的传记。读完之后,全班同学马上就要迎来一场有关这位著名报人一生经历的测验。普利策的传记内容太多了,涉及这个报业大亨一生的许多传奇,包括他的童年时代、少年求学经历、移民美国后的打拼、青年记者生涯、中年办报经历、退休生活。任何人都不可能在短短了两个小时之内读完它,找出重点内容。

第十四章
拆拼法与"卡洛斯效应"

所以,各个阅读小组都采取了分工策略——每个组员各读一部分,再将自己了解到的重要信息告诉小组中其他成员。

卡洛斯的任务是了解普利策的中年生活经历,并将所得信息告知本组成员。他发现,其他阅读小组也有同学承担了跟他一样的阅读任务。于是,他们围坐在一张课桌旁,成立了一个研究普利策中年经历的专家小组。他们认真地研究普利策先生中年时代的传记,发现他这个时期经历了许多重大事件,其中包括:创办《圣路易快邮报》,发起迎接自由女神雕像的筹款运动,兴建纽约世界报大厦。他们在阅读材料中划出重点,并且商量了如何向自己的学习小组作汇报的方法。在共同学习中,卡洛斯顺利地掌握了这部分阅读内容,回到了自己原来的阅读小组。

阅读小组的同伴报告完普利策的儿童和青少年时期的经历之后,就轮到卡洛斯发言,报告普利策的中年时代的重大生活经历。他明明已经掌握了这部分内容,当众汇报时却结结巴巴,犹犹豫豫,非常紧张。小组里其他同学也不帮忙,反而像早已习惯的那样,纷纷奚落他,嘲笑他:"哎呀,你根本就不了解。""你可真是个大笨蛋!""你笨死了,都不知道自己在干嘛!"

听到这种嘲讽,在一旁观察的老师和助手并不强加制止,只是提醒他们:"好吧,要是你愿意,你就取笑他吧。那对你来说或许蛮好玩,可是并不能帮助你了解约瑟夫·普利策的中年时代。过一会儿就要测验哟。"这种提醒起初并不起作用,学生们依然故我,以取笑卡洛斯为乐。他们因为没有弄明白卡洛斯掌握的内容,在接下的测验中都考砸了。几次三番,阅读小组全体成员逐渐意识到,羞辱卡洛斯得不到任何好处,相反还可能遭受更大的损失。要想学到卡洛斯掌握的那部分知识,就只能留心听懂他在讲些什么。

孩子们逐渐变成了非常友好的采访员。他们不再起哄取笑,忽视卡洛斯,而是想方设法让他把话讲出来,问一些更方便他大声加以解释的问题。卡洛斯因此变得更放松,而放松又改善了他的沟通能力。卡洛斯越来越顺利的发言,让小组中每个成员都在接下来的测验中受益。过了几个星期,孩子们得出结论——卡洛斯并不像他们想得那么笨,他们从这位同伴身上看到了一些以前没有看到的东西。大家喜欢上了卡洛斯。卡洛斯也更喜欢上学了,他不再把白人同学当成噩梦,而把他们当成朋友了。[1]

卡洛斯在拆拼课堂中发现了自己,找回了自信。他有六个兄弟姐妹,只有他顺利完成了中学学业,考上了大学。他在得克萨斯大学大三那个学年选修了社会心理学课程,使用的教材是著名社会心理学家阿伦森的著作《社会性动物》。[2] 他坐在教室里翻看这本书,惊讶地发现书中在谈到偏见的起因和消除偏见的策略时提到了他小时候经历过的拆拼制小组合作学习方法。更让他欣喜的是,书中专门讲了他的故事。卡洛斯这才知道当年那个大胡子教授名叫阿伦森。他非常激动,决心成为阿伦森那样的人。他大四时报考了哈佛大学法学院的研究生。1982年秋天,卡洛斯收到了哈佛大学法学院的录取通知书。于是他满怀深情地给阿伦森写了一封感谢信:[3]

尊敬的阿伦森教授:

我是一名大四学生。今年我收到哈佛法学院的录取通知书。

---

[1] Aronson, E., Blaney, N., Sikes, J., Stephan, C. and Snapp, M. Busing and Racial Tension: The Jigsaw Route to Learning and Liking[J]. Psychology Today, 1975, 8(2): 43—50.
[2] Aronson, E. The Social Animal[M]. New York: W. H. Freeman, 1972.
[3] Aronson, E. & Patnoe, S. Cooperation in the Classroom: The Jigsaw Method[M]. Pinter & Martin Ltd, 2011: 111—112.

第十四章
拆拼法与"卡洛斯效应"

对您而言这可能显得有点怪,但请让我告诉您一些事情。我父母有7个孩子,我排行老六,是唯一考上大学的孩子,更不用说大学毕业,即将上法学院读研究生。

现在您可能纳闷这个陌生人为什么给您写信,向您夸耀他的成就。事实上,我并不是个陌生人,尽管我们未曾谋面。您可知道,去年我修了一门社会心理学课程,用的就是您所著的《社会性动物》一书。当我读到偏见与拆拼法时,我感到十分熟悉。接着我意识到我就在您首次做拆拼法实验的那班级里,那时我读五年级。读着读着,我慢慢地明白我就是那个您称作卡洛斯的男孩子。然后我就想起了您,那时您第一次来到我们班上,我是多么地害怕,多么地痛恨学校,我是多么的笨,啥也不知道。读着您的书,往事历历在目:您进了教室,您非常高大,大约有6英尺半,满脸黑色的大胡子,您风趣幽默,把我们全都逗笑了。

而最重要的是,在拆拼小组中学习时,我开始意识到自己其实并不笨。所有那些我以为冷酷不友好的小孩子都成了我的朋友。老师为人友善,对我好。我真的开始喜爱上学了,而且我开始喜爱学东西了,而现在我就要上哈佛法学院了。

您一定收到过许多类似的信件,但我还是决定给您写信,好让我告诉您一些事情。我母亲告诉我,我出生的时候差点夭折。我在家里降生,脐带缠住了我的脖子。产婆对着我的嘴吸气,救了我一命。要是她还健在,我也会写信给她,告诉她我长大了,又聪明又善良,而且我就要去上法学院了。可是,多年前她就过世了。我给您写信,是因为您恰如她老人家一样也救了我一命。

谨致问候。

卡洛斯

对阿伦森教授充满敬佩之情的不只有卡洛斯。2014年11月10日,我们曾经慕名前往加州大学圣克鲁兹校区,登门拜访身患眼疾、退休在家颐养天年的阿伦森教授。我问起卡洛斯的近况。教授告诉我,卡洛斯确有其人,却是化名。那个写信给他的人后来成了律师,经常替穷人打官司。但他其实并不是阿伦森心中的那个卡洛斯,卡洛斯的原型另有其人。阿伦森并没有纠正这个错误。他很欣慰,世上不止一个卡洛斯因为他创设的拆拼课堂而受益多多。

我拜访阿伦森的一个重要目的是请求他授权我翻译他的教育论著《课堂中的合作:拆拼法》,[1]阿伦森慨然答应,并且赠送给我另外一部教育论著《不让一个人生恨:科伦拜恩案后的同情之教》。[2]这本著作在我国翻译出版[3]之际,我在网上就其中的拆拼法化解学生积怨的原理专门采访过阿伦森。[4]本书最后一章其实就是我俩网上对话的实录。

我没有料到阿伦森会以他当年为解决种族融合学校中的种族冲突与欺凌而创造的拆拼法作为解决美国校园欺凌与暴力的根本之道,更没有想到阿伦森从小学到高中饱受同学欺凌,阿伦森对此耿耿于怀。人们不禁会想,这个如此痛恨校园欺凌的人提出的根治校园欺凌与暴力的手段应该是非常狠辣吧。出乎意料的是,阿伦森提出的根源干预措施充满人道的关怀。

这套措施不但在实验和实践中被证明非常有效,而且具有扎实的

---

[1] Aronson, E. & Patnoe, S. Cooperation in the Classroom: The Jigsaw Method[M]. Pinter & Martin Ltd, 2011.
[2] Aronson, E. Nobody Left to Hate: Teaching Compassion after Columbine[M]. W. H. Freeman and Company, 2000.
[3] 埃利奥特·阿伦森. 不让一个孩子受伤害[M]. 顾彬彬,译. 上海:华东师范大学出版社,2019.
[4] 黄向阳,阿伦森. 不让一个孩子受伤害:校园欺凌与暴力的根源干预[J]. 教育研究,2019(12):145—150.

理论基础。卡洛斯明明在专家小组里已经掌握普利策中年的重要经历,为什么回到自己的学习小组却说不清楚?除了小组成员不友好的讥讽、贬损和挤兑之外,还有什么原因?那些原来挤兑欺负卡洛斯的学生为什么最终喜爱上了卡洛斯,而且越来越喜爱?卡洛斯起初憎恨那些为难和欺负他的白人同学,为什么最后又喜爱上他们,并且越来越喜爱?卡洛斯和他的白人同学为什么会越来越喜欢自己的学习小组,越来越喜欢自己的班级,越来越喜欢上学?诸如此类的问题都可以在理论上得到合理的解释,而对此具有强大解释力的理论恰恰是由阿伦森提出来的。

二、从认知失调论到自我一致论

那个对卡洛斯有再造之恩的阿伦森教授,是个响当当的社会心理学家,一个心理实验大师,赫然于"20 世纪 100 名最杰出心理学家"榜单之中。[1] 他在社会心理学上做过多个经典实验,把认知失调理论发展成为自我一致理论,为他后来创建拆拼法解决课堂种族冲突和同伴欺凌问题奠定了实验和理论基础。

其实,阿伦森有类似卡洛斯的童年经历。他生活在一个贫困的犹太家庭,也是一个不被看好的笨小子。[2] 直到高中,他都觉得自己是个"学渣"。[3] 上大学之后,他人生开挂。读书期间天成佳偶,屡遇名师,走向工作岗位又得到慧眼赏识、高人襄助,一个不起眼的小"学渣"被硬生生地改造成了闻名于世的大学者。

---

[1] Haggbloom, S. J., et al. The 100 Most Eminent Psychologists of the 20th Century[J]. Review of General Psychology, 2002, 6(2): 139—152.
[2] 埃利奥特·阿伦森. 绝非偶然: 社会心理学家阿伦森自传[M]. 沈捷, 译. 杭州: 浙江人民出版社, 2012.
[3] Aronson, E., Blaney, N., Sikes, J., Stephan, C. and Snapp, M. Busing and Racial Tension: The Jigsaw Route to Learning and Liking[J]. Psychology Today, 1975, 8(2): 43—50.

回忆当年,阿伦森无限感慨。他在家里让父母担心,惹他们生气,还时常遭到姨妈舅父们的取笑。他在学校胆小腼腆,课堂上从不主动发言。要是不幸被老师点名回答问题,他总是结结巴巴,面红耳赤。他曾经被老师冤枉,却默不作声,不敢澄清,更不敢争辩。他住在一个反犹情绪相当严重的街区,只有他们一家是犹太人。他在放学回家的路上,经常无端遭人欺负。

有一回,一伙小子高呼着反犹口号,将他结结实实痛打了一顿。阿伦森垂头丧气,坐在马路边,一边擦着淌血的鼻子、破裂的嘴唇,一边郁闷地想:我跟他们根本就不相识,他们为什么如此痛恨我?他们是生来就憎恨犹太人,还是被父母和牧师教成这个样子?他想知道:如果这些孩子多了解我一些,发现我是一个根本就没有任何恶意的邻家男孩,他们会不会喜欢我一些?如果他们喜欢我,会不会减少对其他犹太人的恨意?这样的困惑久久纠结于阿伦森的心中。[1]

这些问题在阿伦森脑海里盘旋,但他并没有意识到这是一些非常深刻的社会问题,也没有预想到自己后来的漫长生涯一直致力于研究和解决这些问题,并且在运用自己的学识解决校园欺凌和种族冲突过程中跟卡洛斯们的人生发生了交集,影响了这类墨西哥裔小男孩的人生,甚至改变了他们的命运。他继续过着不招人待见的学校生活,直到高中有一天被一个肌肉男当众殴打,事后还遭到诸多同学的嘲笑和轻蔑。这段痛苦的经历直到半个世纪之后还深深印在他的脑海里,记录在他的著作里:[2]

尽管我对高中的许多记忆是积极的,但有些最深刻的记忆却

---

[1] 埃利奥特·阿伦森,等. 社会心理学[M]. 侯玉波,等,译. 北京:中国轻工业出版社,2007:Ⅻ.
[2] 埃利奥特·阿伦森. 不让一个孩子受伤害[M]. 顾彬彬,译. 上海:华东师范大学出版社,2019:68—72.

第十四章
拆拼法与"卡洛斯效应"

异常痛苦。凯思琳·伯杰所著的书中有一张摄于高中的照片,当我读到照片下的一段文字说明时,我那最为生动的记忆一下子涌入眼帘——这张照片我在上一章描绘过。正如你们所记得的,这段文字说明是这样的:"这个瘦小的男孩看上去被那群大个子围住了,看起来他成了他们的目标……好多个与他同龄、身材相仿的男孩子已经可耻地退缩到了图书馆、电视房或者自己人的私人藏身处。"

我16岁时,有5英尺10英寸高,体重却只有120磅,总是浑身湿漉漉的。我是那些漫画书封皮后面"海滩上的瘦子"这类广告的形象代言人。你们知道那些广告的:高大、强壮的肌肉男永远会把沙子踢到那些瘦弱男生的脸上,然后将他们的女朋友带走。但是接下来(在下一格漫画中),瘦弱男生被送到查尔斯·阿特拉斯的形体课上,几个月之后他就扭转了局势,把那些欺凌他的人统统打倒在地。我从没有被送去上那样的课,但我曾差点成功地在汤米·福斯特面前扭转局面。

汤米·福斯特并不特别聪明,也没什么吸引力——但他十分受欢迎;他是我们高中足球队的中卫。他跟我差不多高——但跟消防栓一样壮实——非常强硬。他看上去就像是往血管里注入了格外多的肾上腺素。他横行校园,趾高气扬,嘴角挂着一丝冷笑。不知何故,他一上来就不喜欢我,他还不失时机地把这一点告诉了我。汤米是个话不多的人。他表达憎恶的方式就是在体育课的间歇将篮球扔到我的后脑勺上,或者当我在食堂排队的时候很用力地从后面撞我。当我气恼地回头看时,他露齿而笑,并且冲我吼道:"想干吗?你丫放学后想跟我出去谈谈吗?"我知道,他可不是想跟我进行一场友好的交谈。我常常会徒劳地想对此开个玩笑,以在后退时挽回点颜面。我知道,这是一个不可能获胜的局面。从青春期熬过来的任何一个男人都可以证明,不应战是不可能不丢脸的。

有一天,当我们走班的时候,我恰巧和一个非常漂亮的女生走在一起,我试图给她留下深刻印象。这时汤米用肩膀从我们中间把我顶开,朝女生挤挤眼睛,砰一声将我推到墙上,然后跑开。女生停了下来,张着嘴巴茫然不知所措。她脸上的表情似乎在说:"你怎么可以让他这样对你?你究竟是个什么样的男人?"透过她的眼睛,我看到了所处的形势,忽然恼羞成怒。想都不想,我大叫着汤米·福斯特的名字,奋力向他扑过去。他转过身时,我已扑到他面前。我压低肩膀,顶住他的肚子。我们扭在一起,有两次滚作一团,而我竟然奇迹般地压在了他的身上。

我很想向大家报告这突如其来的胜利——就像查尔斯·阿特拉斯广告上说的芦柴棒们获得的胜利。但这样的胜利恐怕也只存在于广告中。事实上,我把汤米撞倒在地是惊愕产生的作用——大概有五秒的时间。在那个小小的空隙,我成功躲过了汤米漂亮的一拳。但接下来我就被他一把抓住了汗衫的领口,并被像个破玩偶似的推了起来。然后他一屁股坐在我胸口上,左手仍然紧紧抓住我的汗衫,右拳狠狠地捶我的脸,捶了三四下。

在其他人插手前,我的脸上已满是鲜血了。身上痛得厉害,但和我在后来几个月里所体验到的羞耻感相比,这种痛简直微不足道。作为一个挨过汤米·福斯特揍的孩子,我开始出名了。有些孩子嘲笑我,另一些人在和我讲话的时候一脸假笑。而大多数人都跟我保持了距离,好像我是一个受人蔑视的人。

接下来的几周,我幻想着怎样变得高大,强壮,拳击更加熟练,

第十四章
拆拼法与"卡洛斯效应"

能够跟汤米干一架,并且在所有孩子充满敬意的围观下打赢这一架。在我的白日梦中,他们把我架上肩膀庆祝胜利,而我成了学校里的英雄。但现实却残酷得多。我只是每天继续上学,试着把这件事甩在身后,离汤米·福斯特远远的。

那件事已经过去 50 年了,但至今仍然历历在目。传统的智慧认为没人会喜欢欺凌者。其中也许有几分道理。但在我的经验中,我的同学似乎更喜欢跟汤米这样的欺凌者一起出去消遣——只要他不欺负他们就行。似乎只有被欺凌者受到其他学生的嘲讽和蔑视。

不幸的是,高中的社会氛围在过去 50 年里并未改变多少。以青少年研究为专长的发展心理学家告诉我们,我的经历并非绝无仅有。欺凌、嘲讽、排挤、贬低、冷笑和嘲笑都是司空见惯的。初中和高中的氛围普遍如此——至少对男生是这样。

阿伦森总算熬过了高中时代,在哥哥的鼓励之下考取了布兰迪斯大学。他吸取教训,在大学里故意不时地做一些有点出格的事,把自己装扮成一个貌似不好惹的坏种。他找女生交朋友,以显示男生的能耐。有一天下午闲来无事,他陪着女友去试听一门心理学选修课,无意之中闯进了马斯洛(Abraham Maslow,1908—1970)的课堂。当时马斯洛还是一位年轻的大学教员,正在讲解种族偏见的心理特征。阿伦森听了十分震惊——原来有一门学科正在试图解答他少年时代的困惑。他听得入了迷,放开女友的手,开始记笔记。很快他就失去了女友,却找到了自己的天堂。

马斯洛把阿伦森引进心理学殿堂,阿伦森却拐走了教授最得意的弟子。夫妻双双奔赴卫斯理大学,拜在麦克莱兰(David McClelland,

1917—1998)门下,攻读硕士学位。当时麦克莱兰正在研究成就动机,取得了令人瞩目的成就。阿伦森锦上添花,设计和发明了一种图示法,用以研究和测评人的成就动机。

麦克莱兰非常欣赏这名弟子,应聘去哈佛大学工作时,想把他带去作研究助手。可是,为了开阔自己的学术视野,阿伦森再一次辞别了欣赏自己的恩师。他最终去了斯坦福大学。在那里,他一边担任希尔加德(Ernest, R. Hilgard, 1904—2001)的心理学助教,一边攻读博士学位,选修希尔加德、班杜拉(Albert Bandura, 1925—2021)、费斯汀格(Leon Festinger, 1919—1989)等名流开设的课程。

正是在选修费斯汀格的社会心理学课程过程中,阿伦森读到了这位才华横溢的年轻学者尚未出版的《认知失调理论》一书的初稿。书中提出了一个长久影响到后来社会心理学研究的假设:如果人们持有两种不一致的认知,就会有失调的感觉;这种失调会驱使人们尽力改变其中一种认知,或者两种认知都加以改变,以达成自身认知的和谐一致。[1]

阿伦森被这个假设深深吸引住了。他通过一系列富有创意的戏剧化的高影响实验,验证了费斯汀格的假设,并将认知失调理论发展为自我一致理论。在他看来,自我认知在个人认知系统中居于核心地位,人的大部分严重的认知失调都是围绕着自我认知展开的;由于人们普遍对自己怀有积极的或正向的认知,所以个体普遍采取与正向自我认知相一致的策略来缓解内心的认知失调。[2]

---

[1] 费斯汀格.认知失调理论[M].郑全全,译.杭州:浙江教育出版社,1999.
[2] Ableson, R. P., Aronson, E., McCuire, W. J., Newcomb, T. M., Rosenberg, M. J. and Tannenbaum, P. H., eds. Theories of Cognitive Consistency: A Sourcebook[M]. Chicago: Rand McNally, 1968.

三、自我辩护与自我贬低的相互转换

费斯汀格的认知失调理论和阿伦森的自我一致理论,可以解释白人学生何以越来越严重地欺凌卡洛斯(解释框架见第九章),也可以用来解释卡洛斯在同伴欺凌下的种种表现(解释框架见第十一章)。他在原来的学校里表现正常,可以推测他拥有正常人的正向自我认知——认为自己是好人,是聪明孩子。卡洛斯转到种族融合学校之后,因说话口音不纯正而遭到白人同学起哄和取笑,这使他感觉受到羞辱,进而发生认知失调。与正向自我认知相一致的协调策略令他自然地选择了在课堂上保持沉默。这种回避策略得到了老师的理解和配合,却被同学们解读为:卡洛斯笨,所以老师才不点名让他在课堂上发言。同学们嘲笑和轻视卡洛斯笨,又引起卡洛斯进一步的认知失调。他继续采取与正向自我认知相一致的认知协调策略,在行动上表现为逃学(不上学)和旷课(上学也不进教室)。

然而,长期逃学和旷课的后果是学业成绩越来越差。面对这个事实,卡洛斯越来越难以在内心坚持与自我认知相一致的协调策略,继续拒不承认学习成绩差,越来越难以替自己成绩不良寻找甚至制造借口。终于有一天,卡洛斯在内心承认自己学习成绩差,并且不再为这个事实寻找借口进行自我辩护。在这种情况下,卡洛斯缓解内心认知失调的策略就会发生逆转,从苦苦捍卫自己的正向自我认知,转向否认自己长期坚持的正向自我认知,比如说,承认自己确实笨。一旦承认自己笨,就会如释重负——面对成绩不良的事实,就不会认知失调了。

卡洛斯一旦改变原有的正向自我认知,内心不再自信,而承认自己是个笨蛋时,他便有了一种新的稳定的自我认知。这种负向的自我认知又会成为他认知系统的核心,他接下来的认知失调便围绕这个负向的自我认知展开。最为明显的是：卡洛斯在专家小组里通过合作学习已经掌握了普利策中年的重要经历，按照正常人的正常表现，他回到自己的学习小组应该会顺利地将自己学会的内容传授给其他组员。可事实上，他一开口就结结巴巴说不清楚。对于这种令人困惑的现象，一般的解释是，小组成员对他不友好，出言不逊嘲笑他，让他感到紧张有压力。可是，这种解释似乎弄错了因果关系。至少从表现上看，是因为卡洛斯讲不清楚，大家才嘲笑他笨，埋怨他没有掌握好由他负责先学的那部分内容。当然，不可否认众人的讥笑加剧了卡洛斯的表现不良。可是，在同学们还没有讥笑他反而在期待他来教大家时，他为什么就结巴呢？根据阿伦森的自我一致理论可以推测，长期学业不良的卡洛斯在专家小组的合作学习中真正掌握了普利策中年重要经历时发生了严重的认知失调——"我是个笨蛋"与"我掌握了普利策的中年经历"这两种认知发生了严重的冲突，让卡洛斯备感不安。于是，他使用人们普遍采取的与自我认知相一致的协调策略，在内心说服自己并没有掌握自己负责先学的那部分内容。这样一来，他内心就不那么纠结了，进而在行动中自然地表现出"我是个笨蛋"的姿态。

上述推测有悖直觉和常识，却得到了阿伦森一项实验的验证。阿伦森曾经推断：如果一个人认为自己是个笨蛋，他就觉得自己会去做愚蠢的事情；而当他们做出聪明的行为时，反而会出现认知失调。也就是说，一个看低自己的人，当他的行为举止体现出积极的自我观念时，反而会出现认知失调。为了验证这个假设，阿伦森和他的弟子卡尔史密斯（James M. Carlsmith）做了一个以假乱真的人格测验。他对外宣称要做"哈佛社会敏感性实验"，但实际上做的是"自我一致实验"。[1]

---

[1] 埃利奥特·阿伦森.绝非偶然：社会心理学家阿伦森自传[M].沈捷,译.杭州：浙江人民出版社，2012：109—111.

第十四章
拆拼法与"卡洛斯效应"

阿伦森准备了20张卡片，每张卡片上都有3张年轻男子的照片。这些照片都是从哈佛旧年鉴上随意选取的，但主试卡尔史密斯却对被试宣称每张卡片中都有一人是曾经入院治疗的精神病患者。被试的任务就是猜出谁是精神病患者，卡尔史密斯则在一旁记录时间。

每一轮测验中，被试都要从20张卡片中选出所谓的精神病患者，之后卡尔史密斯装模作样，根据一份标准答案给被试打分，最后向被试公布测验得分和所用时间。这样的测试，持续四轮。卡尔史密斯总是告诉其中一半的被试，他们每轮测验的得分都很高，几乎答对了十六七题。他又告诉另一半被试，他们每轮测验的得分都很低，只答对四五题。至此，根据貌似的权威测验，一半被试自以为社会敏感性低，另一半则自以为具有相当高的社会敏感性。

卡尔史密斯在这个基础上制造了一种心理失调的情境。他在第五轮测验之后，给一部分被试和前四轮一致的得分，给另一部分被试与此前测验截然不同的得分。也就是说，有一半前四轮高分者得了低分，一半前四轮低分者意外地得了高分，这一结果与他们业已形成的自我观念不协调。

宣布测验结果后，卡尔史密斯懊恼地拍了一下自己的脑门，说自己忘记给被试计答题时间了，因此这轮可能无效。卡尔史密斯离开实验室，说要向自己的导师请示一下。几分钟之后，他回到实验室，宣布第五轮测验结果作废。他向被试道歉，并请求被试重做第五轮测试："这样我才能记录你们的答题时间。请假装你们是第一次看到这些照片。"重新测验为被试改答案提供了机会。

结果表明：人有自我一致的需求；预计在测验中会得高分并且果真得了高分的被试在重测中几乎没有改答案，而自以为会得高分却得了低分的被试，在重测时改了许多答案；那些预计在测验中得分低并且果真得分低的被试在重新测验时很少改答案,而预计得分低却得了高分的被试为了确保自己得分低而改了好多答案。[1]实验结果印证了阿伦森有关自我认知失调理论的新假设。

由此看来,卡洛斯在拆拼课堂初期表现不佳,并不全然是因为阅读小组的同伴嘲笑、起哄、施压。根据这个实验以及它所验证的自我认知一致理论,卡洛斯明明在专家小组已经完全掌握有关普利策中年经历的基本信息,可他回到自己的阅读小组教其他同伴时却结结巴巴不知所云,那是因为他早已认为自己是个笨蛋,出于自我一致的动机,他在向同伴传递自己所了解的信息时就自然表现得愚不可及的样子。

可见,在认知失调者对自己持消极的或负向的认知时,其缓解心理失调的自我一致策略就是一个自我贬低的心理过程。所以,欺凌的心理伤害不仅在于摧毁了受欺凌者正向自我认知,在受欺凌者内心建构起一种自我贬低、自感窝囊的负面形象,更在于它使受欺凌者的自我贬低成为一个持续的心理过程,进而表现出类似卡洛斯最初在拆拼课堂上那种令常人不可思议的行为——明明在专家小组已经完全掌握了普利策中年重大事迹,回到自己的学习小组却表现糟糕,根本不能将自己掌握的内容教给同组的同学。他情不自禁地以自己糟糕的学习表现证明"我是个笨蛋"这个自我认知。

幸好拆拼课堂给了受欺凌学生翻身的机会。卡洛斯在拆拼课堂上一次次成功掌握自己分担的学习任务,使得他越来越难以采取自我一致策略去处理由学业成功引起的认知失调——"我是个笨蛋"认知与"我教会了大家"认知之间的冲突。他一旦在内心承认自己确实掌握了所分担的学习任务时,就不得不修正甚至否定长期坚持的负向自我认

---

[1] Aronson, E. & Carlsmith, J. M. Performance Expectancy as a Determinant of Actual Performance [J]. Journal of Abnormal and Social Psychology, 1962, 65(3): 178—182.

知,也就是说,转为相信自己,认定自己并不笨,最后充满自信地认为自己其实蛮聪明。这种发自内心的自信,与同伴变得友好而耐心的小组学习氛围相互作用,最终导致卡洛斯在向同伴传授自己所掌握的内容时表现越来越正常。正如卡洛斯在传统课堂的竞争性学习环境中逐渐失去自信,他在拆拼课堂的合作学习环境中重拾自信,也是需要一个漫长过程的。拆拼课堂因其结构化的合作学习方式确保着所有的学生在学业成功上相互依赖,拆拼法因而被称作是"一种没有失败者的学习方式",拆拼课堂也因而被称为"无人生恨的课堂"。学习上的不断成功,导致了卡洛斯最终转向自我否定——放弃消极的或负向的自我认知,从而进入正常学生都有的那种良性循环。

四、从相互怨恨到相互喜爱

上述种种评论在提示,拆拼法不仅是一种终结学业失败的有效方法,而且是一种化解学生积怨的聪明办法。但是,对于拆拼法何以如此神奇,光有经典实例和理论解释不够,还需要实验提供过硬的证据。阿伦森恰恰做过许多令人叹为观止的实验,其中的一些发现和结论就可以用来进一步解释拆拼课堂中发生的"卡洛斯传奇"。

在认知失调理论指导下,阿伦森于1957年做了一个十分有趣的实验。[1]他对外宣称他要征集几组女大学生进行数场有关性心理的讨论。接着他逐个告诉那些应召而来的大学生,他在做一个有关群体动力学的社会心理学实验,具体的讨论内容对于实验而言并不重要,选择性的话题纯粹是为了吸引更多的志愿者来做被试。他还特别说明:"害羞的学生在群体情境中特别不敢谈论性话题,而任何阻碍讨论顺利进

---

[1] 埃利奥特·阿伦森.绝非偶然:社会心理学家阿伦森自传[M].沈捷,译.杭州:浙江人民出版社,2012:86—90.

行的因素都可能导致研究结果无效,我得知道你能否在小组讨论中无所顾忌地谈论性话题。"

听到这里,每个女生都表示没问题。有些女生做出这种表示之后,阿伦森马上接收她们为被试,将她们分配到无入门考验组。另外一些被试则分配到重度考验组和轻度考验组。阿伦森对她们说,为了绝对保证每个被试都能对性话题畅所欲言,还得增加一个筛选环节,对她们做一个有关难堪程度的测试。在重度考验组,阿伦森要求被试给他背诵12个诸如"操"和"吹箫"之类极其淫秽的词汇,还让她们当着他的面朗读《查泰莱夫人的情人》中两段十分露骨的色情描写。而轻度考验组里的被试,只需要向阿伦森背诵一些与性有关但不带淫秽色彩的词汇。

接下来,每个被试都听了同一段有关性行为的小组讨论的录音。这段录音其实是阿伦森自己炮制的。阿伦森故意把讨论弄得进展缓慢,枯燥乏味,冗长而混乱。录音里有个家伙在结结巴巴地咕哝,说他还没阅读一份有关某种稀有鸟类求偶方式的必读材料……被试听完录音之后,阿伦森要求她们从多个维度对这场小组讨论以及参与讨论的小组成员的表现进行评价,如:这个讨论小组对她们的吸引程度如何?讨论小组各个成员的才智和口才如何?

结果显示,那些受到刁难最多、经受住重度加入考验的被试认为小组讨论相当有趣。那些没有经历加入考验或只是受到轻度加入考验的被试则实事求是,认为小组讨论枯燥乏味,甚至有人忍受不了如此冗长无趣的讨论,要求中途退出实验。轻度加入考验组的被试对那个没有完成阅读任务就参加小组讨论的家伙表示反感:"不负责的笨蛋!连最基本的阅读都没完成!把整个组都搞砸了!谁想跟他一组呀?"重度加入考验组的被试却对那个笨蛋很是宽容,认为他坦率的风格令人耳目一新,谁不想跟这位诚实的组员共处呢?

第十四章
拆拼法与"卡洛斯效应"

阿伦森解释说，那些受到重度加入考验的被试，听那段乏味而冗长的讨论录音会产生认知失调。他们为减轻认知失调，形成了独特的认知。与那些为了成为群体成员付出较少时间和精力的人相比，他们经历过不愉快的加入仪式，因而更加喜欢所加入的群体及其成员。这项实验印证了阿伦森的一个假设：人们如果经历千辛万苦得到某物，或者加入某个群体，就会越加珍惜它。[1]

这是阿伦森做的第一个实验研究，也是认知失调理论的一个经典实验。这个实验及其验证的认知失调理论，可以解释卡洛斯和他的白人同学为什么会越来越喜欢自己的学习小组，越来越喜欢自己的班级，越来越喜欢上学。他们最初在学习上的合作既不愉快，也不成功。他们为了合作成功，真正能够互教互学，从而取得优良成绩，持续地付出了巨大的努力。他们挖空心思，不断改进，才慢慢将自己的学习小组打造成了一个学习成绩斐然的团队。他们付出得越多，对自己的学习小组乃至整个拆拼课堂的感情就越深厚，态度就越积极。

认知失调理论本质上是一种合理化解释诸事的理论。人们正是对所处环境及自身行为进行合理化解释，消除认知上的差异，从而过上他们心目中的理性而有意义的生活。根据一般的直觉，人们改变了态度，其行为也随之发生改变。比如，你想请别人帮忙，就得先让对方相信你是一个好人，或者说是一个值得帮助的人。可是，阿伦森后来指导研究生所做的实验却显示：若要获得显著效果，你得先请这个人帮个小忙。他一旦伸出援助之手，就会说服自己，认定你值得他帮忙，因而认定你是一个好人，他以后就可能帮你更大的忙。这是认知失调理论告诉人们的一个违背普通人直觉的真理：如果想让一个人的态度发生巨大的

---

[1] Aronson, E. & Mills, J. The Effect of Severity of Initiation on Liking for a Group[J]. Journal of Abnormal and Social Psychology, 1959, 59(2): 177—181.

变化,先得设法激发这个人在行为上发生改变。行为改变,态度自然随之改变。

那些原来挤兑欺负卡洛斯的学生最后喜欢上卡洛斯,最重要的原因不是卡洛斯在拆拼制小组合作学习中帮助了他们——他们学业上的成功不只是依靠了卡洛斯的帮助,而是他们在拆拼制小组合作学习中一次又一次地帮助卡洛斯——他们感到卡洛斯学习上的进步有一部分要归功于他们的帮助。他们帮助了一个他们本来十分讨厌的墨西哥裔小子,发生严重的认知失调——蠢货才会去帮助自己讨厌的人,可是他们不会认为自己是蠢货。为了取得认知平衡,他们不得不说服自己,认为卡洛斯其实是一个值得帮助的同学,从而过滤掉这位同学身上那些他们看不上或看不惯的特征,而选择性地注意这位同学身上那些可取可爱的特征,慢慢地他们就会说服自己:卡洛斯其实是一个聪明可爱的好人。[1]

同样的道理,卡洛斯逐渐喜爱上那些曾经为难和欺负他的白人同学,最重要的原因也是他在学习上不断地帮助过这些同学。助人行为引起认知失调,进而引起自我说服——认定白人同学值得帮助,从而改变了他对白人同学的态度。

五、人际吸引盈亏理论

至于为什么卡洛斯与白人同学会变得越来喜爱彼此,还可以用阿伦森的另一项研究成果做进一步的解释。阿伦森曾经设计和实施了一个相当复杂的"人际吸引力实验"。[2] 他让研究生林德(Darwyn

---

[1] 黄向阳,阿伦森. 不让一个孩子受伤害:校园欺凌与暴力的根源干预[J]. 教育研究,2019(12):145—150.
[2] 埃利奥特·阿伦森. 绝非偶然:社会心理学家阿伦森自传[M]. 沈捷,译. 杭州:浙江人民出版社,2012:149—152.

第十四章
拆拼法与"卡洛斯效应"

Linder)担任实验主试,还邀请了一个名叫达茜的女大学生担任实验同谋,冒充被试。

林德将真正的被试(一名女大学生)领到一间观察室,透过单向玻璃窗和一套扩音系统,被试可以知晓实验室发生的事情。林德告诉被试,他同时安排了两位女生参加实验,一位担任被试,另一位担任实验助手。既然她先到了,就先请她担任实验助手。林德让她稍等片刻,便出去接待另一位女生。

被试通过单向玻璃看到林德领着一名女生走进了实验。女生自我介绍说,她叫达茜,是一名本科生。林德请她坐下,然后说他很快就会过来给她解释实验程序。

林德回到观察室,对真正的被试介绍阿伦森编造出来的实验程序,让她以为自己才是实验同谋。林德请被试帮助他对达茜进行言语条件反射实验。

他解释说:达茜在谈话中每使用一次复数名词,他就会做出点头、微笑、"嗯嗯"之类的回应,以给达茜一定的奖赏。他告诉被试,这种奖赏会增加达茜说复数名词的频率,但他关注的是这种现象会不会泛化到其他情境中。就是说,在没有奖赏时,达茜会继续使用更多的复数名词吗?

林德问被试:"即便你没有给她奖赏,当她跟你交谈的时候,还会继续使用大量复数名词吗?"

他接着说,实验助手的任务有两项:一是聆听他与达茜的谈话,记录达茜所用复数名词的数量;二是和达茜交谈,但达茜使用复数名词时不给奖赏,以帮助林德观察是否发生泛化现象。林德告诉这个自以为是实验助手的被试,他们俩需要轮番与达茜交谈,谈完七轮为止。

林德走出观察室。被试透过单向玻璃看到林德进了实验室,通过扩音系统还听到林德在向达茜解释实验的程序。林德郑重其事地说，接下来要做的是一个有关吸引力的实验，达茜要和被试进行七次简短的交流。每次交流之后，她和被试都要接受访谈。林德会访谈达茜，另一位助手会在另一间屋子里访谈被试，了解她们彼此对对方的印象。观察室里的被试认为实验开始了，她留心达茜说的每一句话，计算着达茜使用复数名词的数量。

林德走出实验室，来到观察室。他让被试去观察室和达茜交谈。林德反复叮嘱被试，要让达茜以为在做人际吸引实验，千万不能让达茜知道实验的真正目的，否则实验结果就会出现偏差。

被试与达茜作完简短的交谈之后，从实验室里出来，进入观察室。她看到林德走进实验室，询问达茜对被试的印象。

由于实验者成功地使被试相信达茜以为是在做人际吸引力实验，所以这种询问并不会引起被试的怀疑。被试一边听着达茜对自己的评论，一边记录着达茜使用复数名词的数量。

就这样，被试连续七次亲耳听到达茜同学对自己的评价。

这是一个隐藏在两个虚假实验的社会心理学经典实验。被试以为自己是实验助手，打着"人际吸引力实验"的旗号，帮助实验者进行"言语条件反射实验"。殊不知实验者实际是在对她进行"人际吸引力实验"。对于实验者来说，这套实验程序说起来相当复杂，但做起来其实并不麻烦。林德和达茜卖力地表演，瞒天过海，鲜有被试对实验程序产生过怀疑。

阿伦森为实验处理设置了四种不同情境。第一种是正面评价情境，实验同谋达茜一直对被试给予高度评价；第二种是负面评价情境，达茜一直对被试给予负面评价；第三种叫盈利性评价情境，前几次给负面评价，慢慢地正面评价越来越多；第四种是亏损性评价情境，前几次评价很高,慢慢地变成了负面评价。

实验结果表明:被试在盈利性评价情境中对实验同谋达茜的喜爱程度明显高于正面评价情境;反之,在亏损性评价情境中对达茜的厌恶程度也明显高于负面评价情境。阿伦森据此提出了他的"人际吸引盈亏理论"[1],但是人们更愿意把他所揭示的现象称作"阿伦森效应"。

卡洛斯所在的拆拼课堂就产生了类似的"阿伦森效应"。他与白人同学起初彼此恶评不断,互无好感。但是,随着拆拼制小组合作学习持续而深入地开展,他们给对方的好评越来越多,互相之间的好感不断增强。也就是说,他们处在一种盈利性评价情境中,彼此的喜爱和好感胜过自始至终相互给予正面评价的情境。

六、化解积怨的"卡洛斯效应"

阿伦森在认知失调、社会影响、态度改变、人际吸引力等方面的研究上取得了非凡的成就,尤其是他所做的一系列别具一格的社会心理学实验,让他享誉学术界。林齐(Gardner Linzey,1920—2008)邀请他合作编写《社会心理学手册》第二卷。在林齐的坚持和鼓励下,阿伦森承担起了手册中有关社会心理学实验的一章写作任务。借此机会他和大弟子卡尔史密斯对做过的实验进行了系统分析,用清晰的语言将每一项实验从设计到实施程序每个阶段的想法和思路表述出来,揭示高影响实验的基本要素,总结实验效果的量表测量和行为反应测量方法。他们还提出并系统阐述了介于两者之间的拟行为测量法。[2]

---

[1] Aronson, E. & Linder, D. Gain and Loss of Esteem as Determinants of Interpersonal Attractiveness [J]. Journal of Experimental Social Psychology, 1965, 1(2): 156—171.
[2] Aronson, E. & Carlsmith, J. M. Experimentation in Social Psychology [M]//Lindzey, G. & Aronson, E., eds. The Handbook of Social Psychology, Vol. 2. Reading. MA: Addison Wesley, 1968: 1—79.

阿伦森通过这一章的写作,将自己多年来创造性地从事的那些社会心理学实验所积累的大量的默会经验,转化成显性的知识,不仅使其研究团队的实验技术更上一层楼,也使世界各地的心理学同行分享到这位杰出的心理学实验大师实验设计和实施的经验,惠及社会心理学研究生长达50余年。阿伦森通过这次合作也与林齐结下了深厚的友谊。

1964年,林齐离开明尼苏达大学,到得克萨斯州大学奥斯汀分校担任心理学系主任。次年,阿伦森也恋恋不舍地离开了天寒地冻但春意盎然的明尼苏达大学,追随挚友举家迁移到得克萨斯州首府奥斯汀市。

在得州大学,阿伦森从事实验室研究的劲头不再。他开始运用自己从认知失调理论发展出来的自我一致理论做现场实验,寻求解决紧迫社会问题的方法。他做"拆拼课堂"实验,[1]以缓解公立学校因废除种族隔离而在校园及课堂中出现的种族冲突。他做"虚伪范式"(the hypocrisy paradigm)实验,[2]促使大学生使用避孕套以防新发现的艾滋病。

他迷上了会心团体和敏感性训练。他还迷上了给本科生上社会心理学导论课。可是,当时的社会心理学教材过于学术化,几乎不涉及学生们极其关注的社会问题,如越战、种族歧视、政治暗杀以及其他影响他们生活的重大事件。学生们普遍感到教材既枯燥乏味,又跟自己没有关系。

阿伦森也经常抱怨教材不如意。助教忍不住将了他一军:您为什

---

[1] Aronson, E., Blaney, N., Sikes, J., Stephan, C. and Snapp, M. Busing and Racial Tension: The Jigsaw Route to Learning and Liking[J]. Psychology Today, 1975, 8(2): 43—50.
[2] Aronson, E., Fried, C. and Stone, J. Overcoming Denial and Increasing the Intension to Use Condoms through the Induction of Hypocrisy[J]. American Journal of Public Health, 1991(81): 1636—1638.

第十四章
拆拼法与"卡洛斯效应"

么不自己写本教材呢？这句话给阿伦森很大的刺激。阿伦森借着给一二年级本科生开设社会心理学导论课的机会，开始系统地整理自己的研究成果。他在教学中，从个人的视角出发，把实验研究与社会问题联系起来，还将自己的人生故事融入社会心理学理论阐释中。阿伦森别具一格的教学风格，为社会心理学在大学生中赢得了很高的声誉。阿伦森颇为自己"成为第一个唤起他们心底对社会心理学热望的人"而自豪。受此鼓励，他在1972年出版了自己的讲义，名曰《社会性动物》。[1]

阿伦森在书中开门见山，有点戏谑却无比自豪地提出了"阿伦森第一定律"——"行事疯狂者未必是疯子"，[2]强调人类个体和群体的种种怪异行为都可以用情境因素做出合理的解释。他认为，社会情境对人的行为产生强有力的影响，能让理智者变疯狂，让品行端正者行不义之举，让聪明人干蠢事，让勇士变懦弱。全书围绕这个主题来展现社会心理学的研究成果，令人耳目一新。

阿伦森没有想到他那本薄薄的教材后来竟然成了社会心理学的经典名著，更没有想到十年以后他的一名实验对象会研读这本书，从书中读到了自己童年时代在拆拼课堂中求学的故事，并且受到激励，想成为阿伦森那样的有学问又能帮助人的人。

比较而言，阿伦森的拆拼法与皮卡斯的共同关切法在校园欺凌干预旨趣和做法上有诸多相似之处。它们都把干预的重点放在态度改变上，以当事人小小的善举引发其认知失调，导向对彼此态度的改变；它们都既往不咎，不惩罚，不责备，而着眼于友善关系的重建。有所不同的是，共同关切法偏重消除欺凌者的恶意，而拆拼法致力于化解受欺凌

---

[1] Aronson, E. The Social Animal[M]. New York: W. H. Freeman, 1972.
[2] E·阿伦森. 社会性动物(第九版)[M]. 邢占军，译. 上海：华东师范大学出版社，2007：7—8.

者的积怨;在策略或做法上,拆拼法不但不惩罚和责备欺凌者,也不在当事双方做调解努力,而把冲突双方组织在一个学习小组里,让他们在互教互学中彼此渐生好感,自动化解恩怨。

正如前面分析过的那样,像卡洛斯那样备受同伴欺凌因而怀恨在心的受欺凌者,在拆拼课堂的结构化合作学习中,不得不将自己所学传授给欺负过他的小组同伴,这会引起他的认知失调。自我一致的内驱力,促使他设法说服自己他们是值得帮助的人。这种自我辩护导致他把注意力集中在对方的优点上,久而久之,他就打心眼里喜爱上他们了。这种神奇的现象或效果,不妨称之为"卡洛斯效应"。

尽管拆拼法这么有奇效,但它在美国学校并没有多大市场。这也许跟美国根深蒂固的竞争性文化有关,又或者美国教师觉得这种课堂组织太过复杂而不愿意使用。中国就不同了。我们的中小学有班集体建设和集体主义教育的传统,老师们曾经擅长于营造团结友爱的班级和校风,对阿伦森拆拼制及其防范积怨的原理不会无感,更不会抵触,反而会比美国人更能深得其要旨。老师们一旦领悟拆拼制小组合作学习的要旨,用这种没有失败者的学习方式去营造无人生恨的课堂氛围,一定会得心应手,欣喜不断。当老师们可以用真正具有教育意义的方法去应对校园欺凌,去化解积怨时,就可以告别令人怀恨的报应性惩罚,从而赢得更多的专业尊严,赢得更多的民众尊重。

第十五章

不让一个孩子生恨

第十五章
不让一个孩子生恨

本章将以对话的方式探讨校园欺凌的外围干预和根源干预。我的访谈对象是加利福尼亚大学圣克鲁兹分校荣休教授阿伦森博士。此公曾任教于哈佛大学、明尼苏达大学、得克萨斯大学及斯坦福大学,主要从事社会影响研究。他对基础科学充满激情,渴望将研究成果运用于改善人类处境,如减少偏见,阻止欺凌,劝人节约能源以及其他自然资源,整个职业生涯都力争做激情与渴望结合的实验。阿伦森的社会心理学经典入门教科书《社会性动物》初版于1972年,第12版于2018年出版。他还著有《错不在我》《课堂中的合作》《宣传的时代》《不让一个人生恨》以及自传《绝非偶然》等论著。他创造了一种用以解决种族冲突和同伴欺凌的合作学习方法,后来将这种学习方法推荐给学校用作校园暴力与欺凌干预的根治性措施。

我和阿伦森通过电子邮件方式进行学术探讨。对美国科伦拜恩杀人案以及我国米脂三中杀人案的分析表明,未得到恰当处理的校园欺凌会在受害者心中埋下仇恨和报复的种子。对道格拉斯杀人案的分析也表明,校园欺凌的外围干预措施作用有限,校园欺凌零容忍政策充满风险,严厉惩处欺凌者会在受罚者心中埋下仇恨和报复的种子。阿伦森认为,学生间相互排斥、奚落和欺凌的根本原因在于课堂上普遍的竞争氛围;拆拼制小组合作学习既可以增进学生间的共情和同情,也可以化解学生间的怨恨,是根治校园欺凌不让一个孩子生恨的一种有效措施。在他眼里,无人怀恨的合作双赢,也是化解国际仇恨、反抗国际欺凌的正道。

这场对话触及蒙受同学欺凌的学生的仇恨心理和报复行为。但是,受欺凌者产生报复冲动甚至采取报复行动,只是他们的一种反应。受欺凌者在报复之前的反应,以及报复之后尤其是报复不成的情况下的反应,也需要考察。受欺凌者反应的变化,跟他们的自我认知和欺凌

无人贻恨：
校园欺凌判断与干预

判断的关系有关。弄清楚两者的关系才能理解阿伦森的理论和方法。

一、欺凌＞仇恨＞报复

黄：尊敬的阿伦森教授，时间过得真快呀！自从2014年11月10日我到府上拜访您，迄今已近五年了。我很感激当年您授权我翻译您所著的《课堂中的合作》。[1] 您还赠送我《不让一个人生恨》一书。[2] 我没想到您除了《课堂中的合作》还有一本教育著作，您大概也没有想到后者会比前者更早在中国翻译出版吧？

阿：不。你们在翻译《课堂中的合作》之前先译《不让一个人生恨》，我不觉得奇怪。《不让一个人生恨》这本书从某种意义上说更有意思，因为它探讨的是一个引人入胜的普遍问题：导致暴力的奚落和欺凌。

黄：这是一部专业见识与人道关怀相融合的著作。书名就让我眼睛一亮，心里一动。"不让一个人生恨"既发人深省，又很贴切，用作书名真是妙不可言。这本书聚焦校园欺凌与暴力问题，您给它取名为 Nobody Left to Hate 究竟想传达什么意思呢？您是在劝诫学生不要欺负人以免招人恨，还是在劝告老师们善待所有的孩子以免他们相互憎恨，还是另有深意呢？

阿：我是在看了一部美国流行小说《鸟人》之后选择这个书名的。这部小说中，有个强硬、好斗的人物，对另一个人物非常生气，直到他对那个人有所了解；具体来说，他得知那个人曾在一场残酷的战争中服役，他的一些令人反感的习惯就是由当时一些可怕的经历造成的。他对那个人的愤怒和攻击性情感因而被共情和同情的情感所调和。然

---

[1] Aronson, E. & Patnoe, S. Cooperation in the Classroom: The Jigsaw Method[M]. Pinter & Martin Ltd., 2011.

[2] Aronson, E. Nobody Left to Hate: Teaching Compassion after Columbine[M]. W. H. Freeman and Company, 2000.

第十五章
不让一个孩子生恨

后,他以超级反讽的口吻自言自语:"你最好小心点。因为你对人了解得越多,你就越能理解他们的问题,你也就越喜欢他们。要是你不小心,就没人让你憎恨了。"[1]

因为我的书关乎对人共情和同情的学习,所以我把它取名为《不让一个人生恨》,因为共情和同情可以降解仇恨和攻击性。

黄:为了吸引和触动中国读者,这本书的中文版改名为《不让一个孩子受伤害》。[2] 您的这本书讨论科伦拜恩杀人案。这在当时是美国有史以来伤亡最大的校园枪击案。这个案子好像给您很大的震动。

阿:这场屠杀1999年4月20日发生于科伦拜恩高中。两个学生(埃里克·哈里斯和迪伦·克莱伯德)荷枪实弹,怒气冲冲,在校园里横冲直撞,枪杀了1名老师和11名学生。另有23名学生负伤,需要住院治疗。这两个凶手最后也举枪自尽。他俩还在一些地方安放了爆炸装置。幸好因为一个简单的电子故障而没有引爆,否则伤亡会更加惨重。

黄:哈里斯和克莱伯德在杀人之前拍下了录像,他们在录像里对自己在学校长期遭受欺凌表示强烈的愤恨。可是,根据他们的自述以及一些学生的回忆,他们在学校里遭到过同学取笑和排挤。他们受到的欺凌听起来似乎并不十分严重呀。这会不会是他们杀人夺命的一个借口呢?

阿:不,我不认为哈里斯和克莱伯德是在用欺凌作杀人的借口。我认为,包容是一种非常重要的社会动机。隔开一段距离看,他们遭受的排斥、奚落和羞辱貌似不多。但对年轻人来说,特别是对青春期的年轻人来说,被接纳和受重视是非常重要的,它会引发愤怒,他们需要被视为重要的人。正如我在那本书中所写的,它是美国几乎所有校园枪击

---
[1] Wharton, W. Birdy[M]. The Friday Project Limited, 2012.
[2] 埃利奥特·阿伦森. 不让一个孩子受伤害[M]. 顾彬彬,译. 上海:华东师范大学出版社,2019.

事件的关键所在。

黄：请让我用另一起校园杀人案做进一步解释，这个案子发生在中国陕西省米脂县第三中学。2018年4月27日下午放学时段，学生们遭到一个持刀男子疯狂砍杀，其中9人死亡，12人受伤。凶手赵某在被捕后供述，他十多年前曾就读于这所初中，长期遭受同学嘲笑。他毕业后工作和生活一直不顺。他试图向当年的同学报仇雪恨，却又找不着他们，于是把气撒向学校。赵某的辩解不可理喻。没人能接受他以十多年前遭受同学欺负为由而滥杀无辜。赵某父母提供了证据，证明赵某当年因受同学欺凌而患抑郁症，四处求医。可是人们很难相信同伴的嘲笑和排挤会严重到让一个人心生如此深仇大恨，十几年耿耿于怀。舆论倾向于认为，这样的校园欺凌不过是这个丧心病狂的失败者滥杀无辜的借口而已。

阿：你提到的发生在中国陕西省的那起暴力事件，有点难以解释。我猜想，行凶者因为那起事件深受伤害，而在痛苦和抑郁十年之后，他可能把自己的失败和精神困难（抑郁症）归咎于学校。他的行为当然不理智，却是可以理解的。再说一遍，切勿低估包容在青少年心目中的重要性，切勿低估那种重要性何以能延续到成年期，特别是在涉及一定程度的精神疾病的情况下。是的，做疯狂事情的人未必是疯子。有的时候，他们会被逼得越过理性行为的边界，即使他们神智完全正常。可是，有的时候，做疯狂事情的人其实就是疯子！

我同意，把这当作一条杀人的理由是令人难以接受的。可他还有什么别的理由呢？人们必须努力理解，这种愤怒和报仇的念头可能会在十年之后溃烂并爆发。再说一遍，这是不理智的……却是可能的。

这正是我认为建立导致包容的共情和同情之所以重要。这是问题的关键。这就是拆拼法之所以重要，因为那就是拆拼法所做的事情。

第十五章
不让一个孩子生恨

在我国,像特朗普总统这样的领导人愚蠢地建议我们在所有学校都派驻警察,甚至离谱到建议我们给老师配备手枪,好让他们携枪上课以保护学生。这是完全错误的,因为它没有触及问题的根源,几乎肯定会导致更多的流血。

黄: 根据"阿伦森第一定律",行疯狂之事者未必是疯子。[1] 如果赵某、哈里斯和克里伯德疯狂杀人确实是因为他们对学校怀恨在心,他们痛恨学校是因为在学校受到欺凌,而他们受到的校园欺凌又不特别严重,那么,我们就可以推测持续性的轻微欺凌是不是比一次性的严重欺凌更有可能积累仇恨。您和其他一些社会心理学家已经用实验证明,轻罚比重罚更有可能改变人的态度,薄赏也比重赏更有可能改变人的态度,遇到紧急情况的人在旁人少时比在旁人多时更有可能获得帮助。有没有科学实验或其他证据,证明轻微的欺凌比严重的欺凌确实更有可能积累仇恨呢?

阿: 不,温和的惩罚仅在特定的定义域有效:如果你想要一个人忍住不做某种特别不讨人欢喜的事情,那么,最好是设法诱使他发觉那种事情没有吸引力。通过严厉的惩罚,你不能成功地让他发觉那事没有吸引力,因为他知道他不做那种事,唯一原因是惩罚太严厉了。可是,如果惩罚是温和的——刚好能让他停止做那种事,那么,他就不能告诉自己他不做那种事是因为严厉的惩罚——因为惩罚实际上是非常温和的。这样一来,他就会说服自己,他并不真的喜欢做那种事。

这可能会影响欺凌者。

但影响欺凌者的最佳方式是在他心中建立共情。拆拼法是我知道的最佳方法。我们在数百个课堂中成功地减少了欺凌和奚落。

---

[1] Aronson, E. & Aronson, J. The Social Animal[M]. 12th ed. Worth Publishers, 2018: 7—9.

黄：我根据自己的观察推测，严重的欺凌容易引起校方的重视，欺凌者会受到处罚，同时受欺凌者会得到及时的保护和救济，他因而不会有太大的怨恨。而轻微的欺凌既不容易被识别，也难以引起校方的重视，这反而使受欺凌者怀恨在心。他反复遭受这种轻微的欺凌，就会在内心积累起比一次性地遭受严重欺凌更大的仇恨。这种推测在社会心理学上有没有实证依据？

阿：这个具体问题果真有实证依据的话，那就是我孤陋寡闻了。我同意，所谓的温和的欺凌者是比较难以被察觉的。但是，如果所有的学生以拆拼法开展学习，那么，包括温和欺凌者在内，所有的学生都会养成更多的共情。我还会结合这种拆拼法，以一些讲座或视频来讨论欺凌问题，解释欺凌为什么是青少年不该做的事情。

二、外围干预 & 根源干预

黄："泵柄干预"似乎是您的一个独特概念，十分有趣、生动和直观。您用英文说"泵柄干预"，有人却在中文里把它译成"外围干预"。您的这种概念化是不是被误解或曲解了？能不能请您简要地解释一下对校园欺凌与暴力进行泵柄干预究竟指哪些措施？

阿：我认为"外围干预"是一个相当漂亮的翻译。是的，我发明"泵柄解决方案"这个术语，用以指约翰·斯诺的应急方案。他是19世纪英国的一名医生，也是流行病学奠基人之一。他在应对伦敦霍乱疫情时注意到，所有的受害者都从同一口井里取水。他的第一反应只是取走那口井手摇水泵的把手，这样就可以防止人们从那口井取水。可这无助于理解问题的根源。于是斯诺医生继续调查，发现人们把厕所建得离那口井太近，而真正的原因是厕所里的粪便。有了这种知识，他们就可以制定有关厕所修建的法律，从而预防未来霍乱暴发。泵柄解决

第十五章
不让一个孩子生恨

方案因而是针对特定问题又不了解问题根源的解决方案。由此,学校的金属探测仪可以防止学生携枪入校,却不能告诉我们为什么学生愤怒到想要置同学于死地。

黄:中国的法律禁止私人拥有枪支,因此没有美国管控枪支的麻烦。但是,可以致命的不只是枪支。赵某用刀也能杀人如麻。对致命器具进行严格管控以防青少年滥用于解决同辈冲突几乎是不可能的。幸好中国人有一套自己的办法。我国有许多学校设法让学生心无旁骛,专注于学业。学生在学校少有机会进行自由的非正式的交往。学生冲突(包括欺凌和暴力)因此被控制在一个低水平之上。这算不算是一种泵柄干预措施呢?

阿:是的,一点不错。它没有把握问题的根源。问题的根本原因是:为什么学生们彼此之间有攻击感?为减少这些攻击感我们可以做什么?

黄:您把科伦拜恩高中枪杀案之类的事件解释为暴徒以一种极端而病态的方式对校园普遍的排他性氛围做出的回应。按照这种理解,有的人可能会把校园欺凌与暴力的根源归结为当事人的人格或价值观,因而将校园欺凌与暴力的根源干预指向当事人的人格或价值观。您对此似乎有很不一样的判断和分析。能不能请您说明一下为什么拆拼法之类的措施才是根源干预呢?

阿:我们在自己的研究中查明,排斥、奚落和欺凌的根本原因在于课堂上普遍的竞争氛围,这种氛围陷学生于相互倾轧,为取得高分及老师看重等稀缺资源而相互竞争。拆拼法是一种解决之道,因为它要求合作。合作的行为增进学生间共情和同情的情感,有助于他们看到同学们共同的人性及内在的美,使他们想一起学习,互相帮助,互不拆台。

黄:您在上世纪70年代创立的拆拼法于90年代初传入中国,被直译为"拼图法",或意译为"组合式小组合作学习"。拆拼法跟其他小组学习模式有什么特别的不同吗?

阿:我选择"拆拼制"(jigsaw)这个词,是因为美国有一种尽人皆知的拼图玩具,叫作"拆拼玩具",它是由许多切成不同形状的纸板或木头部件组成的。把它们正确地组装起来时,就拼成了一幅美丽的图画。由此,在拆拼制中每个学生都像拼版玩具的一个部件。学生们一起合作学习时,就仿佛在拼一幅美丽的图画。

黄:中国有老师曾经尝试用拆拼法来增进课堂参与,活跃课堂氛围,提高学习成绩。您却在书中把它当作缓解学业竞争,避免学生相互仇恨,改善学生关系,培养合作、共情、同情氛围的措施加以推荐。您的分析和论述颇有说服力。可是,也有老师担心,让已有嫌隙的学生在一起学习,存在加剧学生冲突的风险。怎么让这种老师安心呢?难道说拆拼法是一种神奇的方法,可以引起学生认知失调,从而改变他们对某些同伴不友好甚至敌视的态度吗?

阿:在引入拆拼法之初,教师得提高警惕。往往在拆拼法上花掉学生好几个小时之后,他们才会开始明白以冲突方式行事有悖于自己在校表现良好的目标。在人人为提高个人成绩而行事的情境中,贬损另一个学生或许是有用的。可在拆拼法中,冲突行为会减少攻击者做得好的机会,因为我做得好取决于我密切关注你的口头表现。如果在你讲述的时候,我说了一些让你不高兴的话,就会妨碍我自己学习你要教我的东西的能力——结果我们的成绩都很差。要是有学生在拆拼小组里捣乱,老师应予干预,并提醒捣乱的学生,他的所作所为会使他自己学习退步,因此他最好仔细听其他学生讲,甚至帮助其他学生表现得更好,因为他最终将从中受益。

黄:在合作学习结构中,学生们确实会为了自己良好的学业表现而帮助本组其他成员,哪怕他们之前并不喜爱其中的某个人。我的问题是,这种帮助行为何以能够使帮助者喜爱上他们原本不喜爱的同学?您在《不让一个孩子受伤害》一书中提及,这一切都是自我说服机制在起作用。认知失调理论和自我一致理论对这种机制有什么特别的解释吗?

阿:是的。当你帮助另一个人,帮助一个你不喜欢的人的时候,会引起失调。实际上,你会问自己"为什么我要帮助这个我不喜欢的人"。为了减轻认知失调,你开始关注那个人,从他身上寻找你可能觉得有吸引力的东西。这样,你就可能说服自己,你没有做蠢事;而蠢事就是为你不喜欢的人做好事。于是乎,为了缓解失调,你寻找积极的一面,忽略消极的一面,然后过了一段时间,你就可以诚实地说:"我真喜爱这家伙。瞧瞧他所有的优点!"

三、零容忍 VS.同情之教

黄:这本书从出版到现在,已经过去了将近 20 年,其间美国及整个世界发生了许多事。比如,《不让一个孩子受伤害》一书出版不到一年,小布什政府颁布了《不让一个孩子掉队法案》,致力于提升学校绩效。这部法案的标题酷似您的那本书。可是看上去美国教育界跟您的想法大异其趣呀。您对此有什么看法?

阿:《不让一个孩子掉队法案》惨遭失败。这套想法用心良苦,却有严重缺陷。由于教育部根据学生在标准化考试中成绩有多好来奖励教师,无意中造孽,老师们为考出好成绩而不为真正理解材料来训练学生。他们要是向社会心理学家请教一下,就不会犯这种错误了。此外,他们并没有试图去解决欺凌问题,或者说,没有试图去增进同学中的共情和同情。

黄：《不让一个孩子受伤害》出版几个月之后，美国发生震惊全球的"911"恐怖袭击事件。从此，美国在全球范围内发动反恐战争。美国人在校园里也开展反恐行动。美国校园安全隐患似乎并没有终止于1999年的科伦拜恩高中枪杀案，此后还发生许多类似的悲剧。为此美国一些州甚至立法防范校园欺凌与暴力。日本和韩国等纷纷效仿。中国也在做类似的努力。由于一些情节恶劣、伤害严重的校园欺凌与暴力事件通过自媒体接连曝光，中国民众和官方对校园欺凌与暴力问题高度重视，高度敏感，高度焦虑，形成了决不姑息、坚定打击校园欺凌和暴力的"零容忍"舆论和政策。总的来说，中美日韩等国对校园欺凌与暴力的反应似乎走向了您所反对的那个极端。您对此怎么看？

阿：零容忍类似于我所说的泵柄解决方案。是的，惩罚欺凌者，甚至把他们开除，可能部分有效，但这并没有把握欺凌的根源——根源在于课堂学习的竞争性。事实证明，拆拼法通过在学生中建立共情和同情，有效地减少了欺凌。更何况，在鼓励共情的学校里，学生们会经常出面干预以防欺凌，而不是做事不关己的旁观者。拆拼制鼓励学生关心同学们的福利。

必须指出的是，拆拼制本身并不能完全消除所有的欺凌，因为有些欺凌者具有病态的攻击性。对那些学生来说，必须采用心理治疗来减少他们的攻击倾向。如果治疗无效，开除便是最后手段。但是，开除并不总能解决问题，因为作恶者可能会向学校报复。

黄：严打欺凌行为容易得到舆论支持，严惩欺凌者容易赢得民心。但是，零容忍政策的实施效果却出人意料。2018年情人节那天，佛罗里达州道格拉斯高中遭受骇人的枪击。凶手尼古拉斯·克鲁兹采用类似哈里斯和克莱伯德的手法，在校园里疯狂开枪射杀，致17人死亡14人受伤。克鲁兹不像哈里斯和克莱伯德是校园欺凌受害者，而是个欺凌

第十五章
不让一个孩子生恨

者,是遭到校方怀疑的危险分子。他曾因多次在互联网上发布暴力恐吓信息,被两家私立学校开除,又被两家学校拒收。他曾在道格拉斯高中就读,因为威胁其他学生,遭到校方警告,被禁止在校园内背背包。他最后因殴打、欺凌同学被学校开除。这是一个严格执行零容忍政策的案例,但由于克鲁兹向开除他的学校实施了残忍的报复,结局可悲。正如您的提醒,凶案的根源不是武器,而是仇恨。如何处理像克鲁兹这样的害群之马,才能不让一个人生恨呢?

阿:是的,这个案子里的作恶者需要的是治疗,而不是开除。开除应该是最后的手段。具有病态攻击性的学生需要的是治疗,而不是惩罚。

黄:顾彬彬博士最近在一本中文期刊《教育发展研究》发表《从严惩到调解:校园欺凌干预取向的演变及趋势》一文。她向中国教育界推荐了您的著作《不让一个孩子受伤害》,以及美国小学校长狄龙所著的《把欺凌防范转型为建设更加强大的学校共同体》《引领学校关照每个学生不给欺凌以立锥之地》。她希望中国同行从这些著作中受到启发,去改进学校生活,抑制已经疯狂、近乎失控的排他性竞争,倡导合作学习,营造友善合作的学习氛围,打造没有失败者的课堂,确保没有一个学生因为失败或受伤害而心怀怨恨。然而,她又担心这些书中提出的种种专业措施在中国得不到理解和认同,反而会遭到指责。公众有可能会认为用它们去对付欺凌显得过于软弱无力,甚至显得是在姑息养奸,纵容欺凌。[1] 毕竟在校园欺凌和暴力已经发生时,您发现和发明的根源干预措施,有点像远水解不了近渴。您对此有没有什么回应,或者有什么新的想法或建议?

---

[1] 顾彬彬. 从严惩到调解:校园欺凌干预取向的演变及趋势[J]. 教育发展研究,2019(4):54—63.

阿：这些就是极好的建议。合作学习并不软弱无力，见效也不慢。我们仅用六周就能显示出在共情与同情上的巨大收成。完全见效确实需要更长的时间，但我看不出还有什么比这更有效。泵柄解决方案可能更快，但最终只会部分见效，因为它们没有触及问题的根源。正如伟大的哲人和圣贤老子所言："千里之行，始于足下。"我想补充一句：是的，但在迈出第一步之前，要确定你选择了最佳路线！

四、校园欺凌与暴力的个案研究

黄：您是迄今为止美国心理学会三大学术最高奖全得的唯一学者：《社会性动物》获得"杰出著作奖"，高影响实验获得"杰出研究奖"，拆拼法获得"杰出教学奖"。我在您的自传中文版译者写的后记中读道：假如社会心理学有诺贝尔奖，您肯定是第一个获奖者。[1] 而在我看来，拆拼法在消除种族偏见及人际仇恨上卓有成效，是配享诺贝尔和平奖的。

阿：唉，那是行为科学领域一位非常杰出的知识领袖，加德纳·林齐（Gardner Lindzey，1920—2008），是他提出我应该获得社会心理学的诺贝尔奖。他这么说真是太好了。你还提议我为拆拼课堂应得诺贝尔和平奖，真是太好了。我很感激这样的情感。但我必须告诉你，我对奖赏不感兴趣。当然，被同侪认可为有重大贡献的人，这是非常好的。但重要的是工作，而不是奖赏。所以，获奖永远是作为一种惊喜降临的。它就像是美餐一顿之后的一块糖果——但它不是正餐。

那么，什么才是正餐呢？在我的职业生涯中，作为一名教员、研究人员和写作人员，令我快乐和兴奋的是发现人心如何运作的一些有趣

---

[1] 埃利奥特·阿伦森. 绝非偶然：社会心理学家阿伦森自传[M]. 沈捷, 译. 杭州：浙江人民出版社, 2012：217.

第十五章
不让一个孩子生恨

的事情,若有可能就进而运用那种知识去改善人类的境况——哪怕只是一点小小的改善,最后以一种深入浅出的方式写下我的发现,以便有权有势身居领导岗位的人有可能得到启发,找到某种方式在更大范围内利用我的研究。

做一项实验,写一本书,教学生,在这个过程之中,乃至这个过程本身,都让我很快活。然后又看到我的工作是有用的,甚至有可能给人以启发,这给我带来了莫大的欢喜。我的拆拼课堂网站(www.jigsaw.org)上有老师们需要的丰富资料。无论来自哪个国家,人人可以免费下载这套材料。我很开心将它赠送出去。

黄:保罗·米尔(Paul Meehl,1920—2003)教授曾经说过,凡是读过你的作品的人,都能轻易看出你从所做之中获得的乐趣。[1] 您专注于做实验研究、写作和教学,乐在其中。您还顺便在这三个方面取得了杰出的成就。您享用一顿美餐,又享受到餐后甜点,真是羡煞芸芸众生!您给教育界贡献了一种新的小组合作学习模式,您对营造无人生恨的课堂氛围的专业见解令人敬佩。我认为,"不让一个人生恨"这种思想在解决国际争端中也可以发挥更大的作用。对于这个冲突四起、爱恨交织的世界,你有什么建议吗?

阿:对于你提到的这个冲突四起、爱恨交织的世界,我唯一的建议是,要从长计议,不要作短视考虑。世界强国尤其是中国和美国应该从长远而不是短期考虑,为减少气候变化做更多的事情。我们还需要在国家之间建立信任,这样我们的国家才能安心地削减军事预算,把这笔钱花在人民的健康和福利上,花在帮助贫穷国家上,花在应对气候变化之类的全球性问题上。为此,我们需要建立信任——同样,这是一个长

---

[1] Aronson, E. Not by Chance Alone: My Life as A Social Psychologist[M]. New York: Basic Books, 2010: 173.

期的过程。这个过程从我们的孩子开始——学会相互信任,学会相互欣赏,学会合作而不是打败对方。就像拆拼课堂那样。我们人类通过进化与争强好胜建立了硬连接,但是我们必须努力克服这种连接,这样我们才能在与他人合作并帮助他人实现他们所期望的目标时感到快乐。

黄:您作为社会心理学家闻名于世。您与您的导师亚伯拉罕·马斯洛(Abraham Maslow,1908—1970)、大卫·麦克莱伦(David McClelland,1917—1998)、利昂·费斯汀格(Leon Festinger,1919—1989)一道,同被列入"20世纪百名最杰出心理学家"榜单,[1]可谓心理学界一段佳话。而在我们眼里,您也是一位杰出的教育研究者。您怎么会从实验室里的社会心理学实验研究转向对现场的教育实验研究呢?

阿:当我开始读研究生时,我意在助人。我不确定怎么做到,也许就是当一名心理治疗师吧。后来我遇到了利昂·费斯汀格,他成了我在斯坦福大学的导师。正是费斯汀格教会了我如何设计和实施高影响实验,去发现人心是如何运作的。而颇令我惊讶的是,我爱上了这个过程,并且开始对人类心理产生种种可以在实验室里进行检验的有趣想法。我非常擅长于做这一套,擅长到于几乎忘却初心——助人的愿望。

后来,我到得克萨斯大学任教。当时,那座城市的公立小学和公立中学废除了种族隔离——不同种族的学生第一次聚在一起。于是就发生了骚乱。怒火和斗殴四起。我以前的一些研究生是学校系统的行政管理人员,他们来问我能不能帮忙解决敌意和仇恨问题。就这样,我发明了拆拼课堂。它非常成功,不仅使不同种族的学生相互喜爱,相互尊

---

[1] Haggbloom, S. J, et al. The 100 Most Eminent Psychologists of the 20th Century[J]. Review of General Psychology, 2002, 6(2): 139—152.

第十五章
不让一个孩子生恨

重,也使他们更有效、更愉快地学习知识材料,还使他们格外喜爱学校,格外喜爱学习。

我之所以能够做到这一点,仅因为我学会了如何去做好的科学研究。我最终找到了机会,成为一名也可以利用这种科学能力去帮助人们的优秀科学家。这两条线的结合是不可或缺的。

黄:围绕一起个案的研究报告或论文并不少见。可在一起个案的研究基础上写成一部专著就太难了。《不让一个孩子受伤害》这本书给我们提供了一个在教育中做个案研究的完美典范。读者们一定会惊讶,就一起校园枪杀案,您咋就有那么多话可说呢?

阿:是的,个案研究并不容易。但是,作为一名实验科学家,我所受的训练又帮助我去审查像校园枪杀案那样的复杂情形,将捕风捉影的传闻从真实事件中剔除出去,并且透过科学社会心理学的强大镜头来仔细检查这些事件。《不让一个孩子受伤害》为人广泛阅读和赞赏,但最令我欣慰的是,科伦拜恩高中有几个幸免于那场屠杀的学生,他们的家长写信告诉我,他们发现这本书不仅准确且重要,还给了他们更多的理解力——他们自己从来不会想到这种情形,读这本书使他们能够理解这种情形的种种事情。

黄:您做社会心理学实验,既有趣,又有创意。您在《社会心理学手册》中,根据您开创的高影响实验所总结的研究方法论,[1]启发了数代心理学研究者。《不让一个孩子受伤害》这本书却是一项个案研究的成果。个案研究跟实验研究很不一样吧?作为研究者我们很想分享您做这项个案研究的方法论经验。

阿:是的,当然很不一样。实验是非常精确的,在社会心理学中,一

---

[1] Lindzey, G. & Aronson, E. The Handbook of Social Psychology[M]. 2nd ed. New York: Random House, 1968.

个好的实验,巧妙设计,精心实施,就像一件艺术品。做个案研究需要一套不一样的技能。但是,正如我对之前问题所作的回答,做一名优秀的实验者对于做好个案研究是一个极其有利的条件,因为,作为一名实验者,我对准确性和精确性怀有莫大的尊重,所以我就这起事件对所有被告知的东西都进行了最高标准的审查。不给漫不经心的推测和毫无根据的假设留有余地,这是至关重要的。做个案研究时,必须从硬数据出发,再向外拓展。

黄:研究方法包含大量默会知识,通常从教科书中学不到,只能从做中学。可您在自传中津津有味地讲述您做实验研究的故事,将您在实验中形成的默会知识转化成了显性知识,从而让我们学习到您宝贵的实验研究经验。我们期待在您新版的自传中读到您做个案研究的故事。真的很感谢您花时间和精力回答我的提问!我很难过您的视力受到疾患的严重影响,但愿这场在线访谈没有给您造成新的伤害。

阿:你提的问题很有趣。我很乐意尽我所能清晰而全面地回答,同时保持简练。你说得很对,我几乎全盲了。我很感激我仍然拥有的那一点点视力,我的目标是尽可能有效地利用它。我发现,回答你的问题对我来说是消磨时光的一种有效方式。我也非常想将拆拼制献给中国人民,我把你视为我这一崇高事业的好伙伴。

黄:多谢您这么认可我所作的努力!您不但是我学习的榜样,也是我孩子崇拜的人物。他在初中时阅读过大量名人传记。他曾经告诉我,只有达尔文才算得上是一个幸福的学者。我告诉他,您也是一名幸福的学者,不但有很高的学术建树,还拥有完满的人生。他读了您的自传《绝非偶然》及您的著作《社会性动物》之后,也非常赞同我的看法。他追寻着您的足迹,步入大学生涯。说不定他也会拥有像您那样精彩的人生。

阿：我很高兴得知你的儿子现在相信做幸福的学者过美好、快乐、有趣、安宁的生活是可能的。他果真选用我作榜样，那将令我欢喜。这是一个有趣又令人愉快的项目。祝你好运，希望能再次收到你的来信。

参考文献

埃利奥特·阿伦森,等.社会心理学[M].侯玉波,等,译.北京：中国轻工业出版社, 2007.

埃利奥特·阿伦森.不让一个孩子受伤害[M].顾彬彬,译.上海：华东师范大学出版社,2019.

埃利奥特·阿伦森.绝非偶然：社会心理学家阿伦森自传[M].沈捷,译.杭州：浙江人民出版社,2012.

埃利乌斯·斯巴提亚努斯.罗马君王传[M].谢品巍,译.杭州：浙江大学出版社, 2017.

艾略特·阿伦森,乔舒亚·阿伦森.社会性动物(第12版)[M].邢占军,黄立清,译. 上海：华东师范大学出版社,2020.

艾芜.艾芜文集[M].成都：四川人民出版社,1984.

奥古斯丁.忏悔录[M].周士良,译.北京：商务印书馆,1996.

班建武.恢复性正义：处理学生违纪行为的教育维度[J].中国德育,2017(9).

包天笑.钏影楼回忆录[M].上海：上海三联书店,2014.

曹雪芹.红楼梦[M].北京：人民文学出版社,2000.

方海涛.美国校园欺凌的法律规制及对我国的借鉴——以2010年《新泽西州反欺凌法》为研究视角[J].贵州警官职业学院学报,2016(2).

费斯汀格.认知失调理论[M].郑全全,译.杭州：浙江教育出版社,1999.

费孝通.乡土中国[M].北京：北京出版社,2009.

高秋凤,李晓东.中小学生对欺负行为的理解[J].中国临床心理学杂志,2012, 20(1).

顾彬彬,黄向阳.校园欺凌的真相——基于学龄儿童健康行为国际调查报告的分析

[J].教育发展研究,2017,37(20).

顾彬彬.从严惩到调解:校园欺凌干预取向的演变及趋势[J].教育发展研究,2019(2).

顾彬彬.恶意是怎么消失的?——"共同关切法"与"皮卡斯效应"[J].教育发展研究,2020(22).

胡赛尼.追风筝的人[M].李继宏,译.上海:上海人民出版社,2006.

黄向阳,阿伦森.不让一个孩子受伤害:校园欺凌与暴力的根源干预[J].教育研究,2019(12).

黄向阳,顾彬彬,赵东倩.孩子心目中的欺负[J].教育科学研究,2016(2).

黄向阳.欺负与反抗:个人的经历[J].中国德育,2016(6).

焦菊隐.粉墨写春秋[M].天津:百花文艺出版社,2008.

津巴多.路西法效应:好人是如何变成恶魔的[M].孙佩妏,陈雅馨,译.北京:生活·读书·新知三联书店,2015.

鞠玉翠,张文新.学生欺负问题的一项干预研究[J].中学教育,2003,8(20).

鞠玉翠.学生欺负问题及其干预的研究——采用行动研究法在一所小学中的实践[D].济南:山东师范大学,2000.

卡罗尔·塔夫里斯,艾略特·阿伦森.错不在我:人们为什么会为自己的愚蠢看法、糟糕决策和伤害性行为辩护?[M].邢占军,等,译.北京:中信出版社,2014.

肯尼斯·S.特朗普.美国学校的安保与应急方案[M].王怡然,等,译.哈尔滨:黑龙江教育出版社,2016.

李涵秋.好青年[M].北京:中国文史出版社,2016.

李绿园.歧路灯[M].北京:华夏出版社,2012.

梁实秋.清华八年[M].南京:江苏文艺出版社,2011.

鲁开泰.忆"私塾"[M]//方城文史资料(第9辑).方城:编者刊,1992.

吕坤.社学要略[M]//徐梓,王雪梅.蒙学要义.太原:山西教育出版社,1991.

吕明月.岁月流韵[M].新安:内部资料本,2004.

吕欣,韩宁.恢复性正义:当代刑事政策的新理念[J].山东公安专科学校学报,

2004(5).

罗伯特·西奥迪尼.影响力[M].闾佳,译.沈阳:万卷出版公司,2010.

罗森塔尔,雅各布森.课堂中的皮格马利翁:教师期望与学生智力发展[M].唐晓杰,崔允漷,译.北京:人民教育出版社,2003.

马焕灵,杨婕.美国校园欺凌立法:理念、路径与内容[J].比较教育研究,2016(11).

孟凡壮,俞伟.我国校园欺凌法律规制体系的建构[J].教育发展研究,2017(20).

米尔格拉姆.对权威的服从:一次逼近人性真相的心理学实验[M].赵萍萍,王利群,译.北京:新华出版社,2013.

密尔顿.失乐园[M].金发燊,译.长沙:湖南人民出版社,1987.

培恩,罗斯.简单家长经[M].杨雪,张欢,译.沈阳:辽宁科学技术出版社,2013.

彭斌.社会和解何以可能?——以恢复性正义为视角的分析[J].学术交流,2012(9).

皮亚杰.儿童的道德判断[M].傅统先,陆有铨,译.济南:山东教育出版社,1984.

钱穆.八十忆双亲·师友杂忆[M].北京:生活·读书·新知三联书店,2005.

钱穆.中国历史研究法[M].北京:生活·读书·新知三联书店,2005.

人民教育出版社课程教材研究所小学德育课程教材研究开发中心.道德与法治教师教学用书(四年级上册)[M].北京:人民教育出版社,2019.

任钟印,选编.夸美纽斯教育论著选[M].任宝祥,等,译.北京:人民教育出版社,2005.

塞古都斯.小普林尼的书信[M]//西塞罗,塞古都斯.西塞罗论友谊、论老年及书信集·小普林尼书信集.梁玉兰,等,译.北京:北京理工大学出版社,2014.

塞涅卡.塞涅卡道德书简:致鲁基里乌斯书信集[M].刘晴,译.北京:社会科学文献出版社,2021.

桑标,陈国鹏.校园内外欺负现象的心理学分析与解决对策[J].当代青年研究,2000(3).

山东省立民众教育馆出版部.山东歌谣集(第1册)[M].济南:编者刊,1930.

沈宗翰.沈宗翰自述·克难苦学记[M].合肥：黄山书社,2011.

石成金.传家宝全集[M].北京：线装书局,2008.

孙隽云.运用共同关切法干预校园欺凌的个案实施[J].中小学班主任,2021(9).

孙培青.隋唐五代教育研究[M].上海：上海教育出版社,2022.

陶钝.一个知识分子的自述[M].济南：山东人民出版社,1987.

土屋基規,P. K. スミス,添田久美之,折出健二.いじめととりくんだ国々——日本と世界の学校におけるいじめへの対応と施策[C].ミネルヴア書房,2005.

王美芳,张文新.中小学中欺负者、受欺负者与欺负—受欺负者的同伴关系[J].心理发展与教育,2002(2).

文部科学省初等中等教育局児童生徒課,国立教育政策研究所生徒指導·進路指導研究センター.平成18年以降のいじめ等に関する主な通知文と関連資料[EB/OL].(2013 - 06 - 12)[2016 - 03 - 14]. https://www.mext.go.jp/ijime/detail/__icsFiles/afieldfile/2013/06/12/1327876_01_2.pdf.

吴圆琴.惩罚之外：恢复性司法理念在校园欺凌中的适用[J].安徽警官职业学院学报,2016(4).

伍鳞,白仲琪.为何不道德行为容易重复发生?——基于心理学的解释[J].华中师范大学学报(人文社会科学版),2019,58(2).

萧军.人与人间——萧军回忆录[M].北京：中国文联出版社,2006.

许锋华,徐洁,黄道主.论校园欺凌的法制化治理[J].教育研究与实验,2016(6).

尤仁德,黄向阳."学会关心"研究[M].上海：上海三联书店,2001.

詹姆斯·C.斯科特.弱者的武器：农民反抗的日常形式[M].郑广怀,张敏,何江穗,译.南京：译林出版社,2011.

张文新,谷传华,王美萍,Kevin Jones.中小学生欺负问题中的性别差异的研究[J].心理科学,2000 (4).

张文新,王丽萍,宫秀丽,武建芬,张坤.儿童对待欺负问题态度的研究[J].心理科学,2002 (2).

张文新,武建芬,K. Jones Olweus.儿童欺负问卷中文版的修订[J].心理发展与教育,1999(2).

张文新,武建芬,程学超.儿童欺侮问题研究综述[J].心理学动态,1999(3).

张文新.关注中小学生的欺负问题[J].山东教育,2000(34).

张文新.学校中的欺负问题——我们所知道的一些基本事实[J].山东师大学报(人文社会科学版),2001(3).

张文新.中小学生欺负/受欺负的普遍性与基本特点[J].心理学报,2002(4).

赵树理.赵树理文集[M].北京:人民文学出版社,2005.

Ableson, R. P., Aronson, E., McCuire, W. J., Newcomb, T. M., Rosenberg, M. J. and Tannenbaum, P. H., eds. Theories of Cognitive Consistency: A Sourcebook[M]. Chicago: Rand McNally, 1968.

APA Zero Tolerance Task Force. Are Zero Tolerance Policies Effective in the Schools? An Evidentiary Review and Recommendations[J]. American Psychologist, 2008(63).

Aronson, E. & Aronson, J. The Social Animal [M]. 12th Edition. Worth Publishers, 2018.

Aronson, E. & Carlsmith, J. M. Experimentation in Social Psychology[M]// Gardner Lindzey, G., Aronson, E., eds. The Handbook of Social Psychology, Vol. 2. Reading. MA: Addison Wesley, 1968.

Aronson, E. & Carlsmith, J. M. Performance Expectancy as a Determinant of Actual Performance[J]. Journal of Abnormal and Social Psychology, 1962, 65(3).

Aronson, E. & Linder, D. Gain and Loss of Esteem as Determinants of Interpersonal Attractiveness[J]. Journal of Experimental Social Psychology, 1965, 1(2).

Aronson, E. & Mills, J. The Effect of Severity of Initiation on Liking for a Group [J]. Journal of Abnormal and Social Psychology, 1959, 59(2).

Aronson, E. & Patnoe, S. Cooperation in the Classroom: The Jigsaw Method[J].

Pinter & Martin Ltd. , 2011.

Aronson, E. Nobody Left to Hate: Teaching Compassion after Columbine[M]. W. H. Freeman and Company, 2000.

Aronson, E. Not by Chance Alone: My Life as A Social Psychologist[M]. New York: Basic Books, 2010.

Aronson, E. The Social Animal[M]. New York: W. H. Freeman, 1972.

Aronson, E. , Blaney, N. , Sikes, J. , Stephan, C. and Snapp, M. Busing and Racial Tension: The Jigsaw Route to Learning and Liking[J]. Psychology Today, 1975, 8(2).

Aronson, E. , Dickerson, C. A. , Thibodeau, R. , Miller, D. Using Cognitive Dissonance to Encourage Water Conservation[J]. Journal of Applied Social Psychology, 1992(22).

Aronson, E. , Fried, C. , Stone, J. Overcoming Denial and Increasing the Intension to Use Condoms through the Induction of Hypocrisy[J]. American Journal of Public Health, 1991(81).

Aronson, E. , Stone, J. , Crain, A. L. , Winslow, M. P. , Fried, C. B. Inducing Hypocrisy as a Means of Encouraging Young Adults to Us Condoms[J]. Personality and Social Psychology Bulletin, 1994(20).

Augustine. Confessions, Volume I: Books 1—8[M]. Translated by Carolyn, J. Cambridge, MA: Harvard University Press, 2014.

Bandura, A. Moral Disengagement: How People Do Harm and Live with Themselves[M]. Worth Publishers, 2015.

Bandura, A. Selective Moral Disengagement in the Exercise of Moral Agency[J]. Journal of Moral Education, 2002(2).

Berscheid, E. , Boye, D. & Walster, E. Retaliation as a Mean of Restoring Equity [J]. Journal of Personality and Social Psychology, 1968, 10(4).

Burk, F. L. , Teasing and Bullying[J]. Pedagogical Seminary, 1897(4).

Carter, J. Negotiation, the Alternative to Hostility[M]. Macon, GA: Mercer University Press, 1984.

Christensen, L. M. Sticks, Stones, and Schoolyard Bullies: Restorative Justice, Mediation and a New Approach to Conflict Resolution in Our Schools[J]. Nevada Law Journal, 2009, 9(2).

Currie, C. et al., eds. Young People's Health in Context: International Report from the HBSC 2001/02 Survey [C]//Health Policy for Children and Adolescents, No. 4. Copenhagen: WHO Regional Office for Europe, 2004.

Davis, K. E. & Jones, E. E. Changes in Interpersonal Perception as a Means of Reducing Cognitive Dissonance[J]. Journal of Abnormal and Social Psychology, 1960, 61(3).

Dillon, J. No Place for Bullying: Leadership for Schools That Care for Every Student[M]. Crowin, 2012.

Dillon, J. Reframing Bullying Prevention to Build Stronger School Communities. Crowin, 2015.

Dillon, J. The Peaceful School Bus Program[M]. Hazelden, 2008.

Duncan, A. The Shared Concern Method for Resolving Group Bullying in Schools [J]. Educational Psychology in Practice: Theory, Research and Practice in Educational Psychology, 1996, 12(2).

Duncan, S. H. Restorative Justice and Bullying: A Missing Solution in the Anti-Bullying Laws[J]. New England Journal on Criminal & Civil Confinement, 2011(37).

Ekblad, S. & Olweus, D. Applicability of Olweus' Aggression Inventory in a Sample of Chinese Primary School Children[J]. Aggressive Behavior, 1986, 12(5).

Ekblad, S. Children's Thought's and Attitudes in China and Sweden: Impacts of a Restrictive versus a Permissive Environment [J]. Acta Psychiatrica

Scandinavica, 1984, 70(6).

Ekblad, S. Influence of Child-Rearing on Aggressive Behavior in a Transcultural Perspective[J]. Acta Psychiatrica Scandinavica, Supplementum, 1988, 78 (S344).

Ekblad, S. Social Determinants of Aggression in a Sample of Chinese Primary School Children[J]. Acta Psychiatrica Scandinavica, 1986, 73(5).

Ekblad, S. Social Determinants, Restrictive Environment and Aggressive Behaviors: A Descriptive Study of Primary School Children in The People's Republic of China[M]. Doctoral Thesis, Stockholm: Sundt Offset, 1985.

Freedman, J. & Fraser, S. Compliance without Pressure: The Foot-in-Door Technique[J]. Journal of Personality and Social Psychology, 1966(4).

Geen, R. G. & Donnerstein, E. I. Aggression: Theoretical and Empirical Reviews. Vol. 1. Theoretical and Methodological Issues[M]. New York: Academic press, 1983.

Glass, D. C. Changes in Liking as a Mean of Reducing Cognitive Discrepancies between Self-Esteem and Aggression[J]. Journal of Personality, 1964, 32 (4).

Griffin, R. S. & Gross, A. M. Childhood Bullying: Current Empirical Findings and Future Directions for Research[J]. Aggression and Violent Behavior, 2004(9).

Haggbloom, S. J., et al. The 100 Most Eminent Psychologists of the 20th Century [J]. Review of General Psychology, 2002, 6(2).

Hallie, P. P. Justification and Rebellion[M]. Sanford, N. & Comstock, C., eds. Sanctions for Evil. San Francisco: Jossey-Bass, 1971.

Hanish, L. D. & Guerra, N. G. Predictors of Peer Victimization among Urban Youth [J]. Social Development, 2000(9).

Health Behaviour in School-aged Children (HBSC) Study: International Report from the 2013/2014 Survey[C]. Health Policy for Children and Adolescents, 2016,

No. 7. Copenhagen: WHO Regional Office for Europe.

Heinemann, P. P. Mobbning gruppvåld bland barn och unxna[M]. Stockholm: Natur och Kultur, 1972.

Heinemann, P-P. Apartheid. Liberal Debatt, 1969, 22(2).

Hendry, J. Becoming Japanese[M]. Honolulu: University of Hawaii, 1996.

Hersh R. H., Paolitto, D. P. & Reimer, J. Promoting Moral Growth: From Piaget to Kohlberg[M]. New York: Longman Inc., 1979.

Huang Xiangyang. Learning to Be Considerate: An Alternative to Anti-Bullying in Chinese Schools. Eliminating Bullying in Schools — Japan and World[R]. Kobe University, Japan, 2003 - 05.

Hughes, T. Tom Brown's School Days[M]. Macmillan, 1857.

Japanese Ministry of Justice and Civil Liberties Bureau. Results of a National Mail Survey of Junior High School Students in Japan[M]. Tokyo: Human Rights Research Publication, 1995.

Jimerson, S. R., Swearer, S. M., and Espelage, D. L. eds. Handbook of Bullying in Schools: An International Perspective[M]. Routledge, 2010.

Johnson, D. W. & Johnson, R. T. Conflict Resolution and Peer Mediation Programs in Elementary and Secondary Schools: A Review of the Research[J]. Review of Educational Research, 1996, 66(4).

Johnson, D. W. & Johnson, R. T. Restorative Justice in the Classroom: Necessary Roles of Cooperative Context, Constructive Conflict, and Civic Values[J]. Negotiation and Conflict Management Research, 2012(1).

Johnson, D. W. & Johnson, R. Teaching Students to Be Peacemakers[M]. 3rd ed. Edina, MN: Interaction Book, 1995.

Johnson, D. W. Social Psychology of Education[M]. Edina, MN: Interaction Book, 1970.

Junger, M. Intergroup Bullying and Racial Harassment in Netherlands[J].

Sociology and Social Research, 1990(74).

Kayleigh, L. C., et al., Cross-National Time Trends in Bullying Victimization in 33 Countries among Children Aged 11, 13 and 15 from 2002 to 2010[J]. European Journal of Public Health, 2015(25).

King, A. et al. Health Behaviour in School-Aged Children: A World Health Organization Cross-National Study[M]. Copenhagen: WHO Regional Office for Europe, 1996.

Koo, H. A Time Line of the Evolution of School Bullying in Differing Social Contexts[J]. Asia Pacific Education Review, 2007, 8(1).

Laes, C. Children and Bullying/Harassment in Greco-Roman Antiquity[J]. The Classical Journal, 2019, 115(1).

Lagerspetz, K. M. J., Björkqvist, K., Berts, M. and King, E. Group Aggression among School Children in Three Schools [J]. Scandinavian Journal of Psychology, 1982, 23(1).

Lerner, M. J. & Miller, D. T. Just World Research and the Attribution Process: Looking back and ahead[J]. Psychological Bulletin, 1978(85).

Libanius. Autobiography and Selected Letters, Volume I: Autobiography. Letters 1—50[M]. Edited and translated by Norman, A. F. Loeb Classical Library 478. Cambridge, MA: Harvard University Press, 1992.

Libanius. Selected Letters of Libanius from the Age of Constantius and Julian[M]. Translated with an introduction and notes by Scott Bradbury. Liverpool: Liverpool University Press, 2004.

Lindzey, G. & Aronson, E. The Handbook of Social Psychology[M]. 2nd Edition. New York: Random House, 1968.

Li-Ming Chen & Ying-Yao Cheng. Prevalence of School Bullying among Secondary Students in Taiwan: Measurements with and without a Specific Definition of Bullying[J]. School Psychology International, 2013, 34(6).

Lorenz, K. Aggression: Dess bakgrund och natur[M]. Stockholm: Nordstedt, 1968.

Madsen, K. & Smith, P. K. Age and Gender Differences in Participants Perception of the Concept of the Term Bullying[C]. Poster presentation at 6th European Conference in Developmental Psychology, Bonn, 1993.

Maines, B. & Robinson, G. Don't Beat the Bullies! [J]. Educational Psychology in Practice, 1991, 7(3).

Maines, B. & Robinson, G. Michael's Story: The No Blame Approach[M]. Bristol: Lame Duck Publishing, 1992.

Molcho, M., et al. Cross-National Time Trends in Bullying Behavior 1994—2006: Findings from Europe and North America [J]. International Journal of Public Health, 2009.

Monks, C. & Smith, P. K. Definitions of "Bullying": Age Differences in Understanding of the Term, and the Role of Experience[J]. British Journal of Developmental Psychology, 2006(24).

Morita, Y. Bullying as a Contemporary Behaviour Problem in the Context of Increasing "Societal Privatization" in Japan[J]. Prospects, 1996, 26(2).

Morrison, B. School Bullying and Restorative Justice: Toward a Theoretical Understanding of the Role of Respect, Pride, and Shame[J]. Journal of Social Issues, 2006, 62(2).

Olweus, D. Aggression in the Schools: Bullies and Whipping Boys [M]. Washington, D. C.: Hemishere Press, 1978.

Olweus, D. Aggression in the Schools: Bullies and Whipping boys [M]. Washington, D. C.: Hemisphere Press (Wiley), 1978.

Olweus, D. Bully/Victim Problems among Schoolchildren: Basic Facts and Effects of a School Based Intervention Program[M]//Pepler, D. & Rubin, K. The Development and Treatment of Childhood Aggression. Hillsdale, N. J.:

Erlbaum, 1991.

Olweus, D. Bullying at School: Basic Facts and Effects of a School Based Intervention Program[J]. Journal of Child Psychology and Psychiatry, 1994(7).

Olweus, D. Bullying at School: What We Know and What We Can Do[M]. Oxford: Blackwell, 1993.

Olweus, D. Development of a Multi-Faceted Aggression Inventory for Boys[J]. Institute of Psychology, University of Bergen, Norway, 1975(6).

Olweus, D. Hackkycklingar och översittare: Forskning om skolmobbning[M]. Stockholm: Almqvist and Wiksell, 1973.

Olweus, D. Low School Achievement and Aggressive Behavior in Adolescent Boys [M]//Magnusson, D. & Allen, V. Human Development: An International Perspective. New York: Academic Press, 1983.

Olweus, D. Olweus' Core Program against Bullying and Antisocial Behavior: A Teacher Handbook[M]. Research Center for Health Promotion (HEMIL Center). Bergen: University of Bergen, 2001.

Olweus, D. The Olweus Bully/Victim Questionnaire[M]. Mimeo. Research Center for Health Promotion (HEMIL). Bergen: University of Bergen, 1983.

Olweus, D. The Revised Olweus Bully/Victim Questionnaire [M]. Bergen: University of Bergen, 1996.

Ortega, R. & Lera, M. J. Seville Anti-Bulling School Project[J]. Aggressive Behaviour, 2000(26).

Peterson, L. & Rigby, K. Countering Bullying at an Australian Secondary School with Students as Helpers[J]. Journal of Adolescence, 1999, 22(4).

Philostratus & Eunapius. The Lives of the Sophists with an English translation by Wilmer Cave Wright[M]. London: William Heinemann, 1921.

Pikas, A. New Developments of the Shared Concern Method[J]. School Psychology

International, 2002, 23(3).

Pikas, A. Så bekampar vi mobbning i skolan[M]. Uppsal: Ama dataservice förlag, 1987.

Pikas, A. Så stoppar vi mobbning[M]. Stockholm: Prisma, 1975.

Pikas, A. The Common Concern Method for the Treatment of Mobbing[M]// Erling Roland & Elaine Munthe. Bullying: An International Perspective. David Fulton Publishers Ltd. , 1989.

Pikas, A. Treatment of Mobbing in School: Principles for and the Results of the Work of an Anti-Mobbing Group[J]. Scandinavian Journal of Educational Research, 1975, 19(1).

Reich, W. Origins of Terrorism: Psychologies, Ideologies, Theologies, States of Mind[M]. Cambridge: Cambridge University Press, 1990.

Rigby, K. & Griffiths, C. Applying the Method of Shared Concern in Australian Schools: An Evaluative Study[M]. Canberra: Department of Education, Employment and Workplace, 2010.

Rigby, K. Bullying in School: What to Do about It[J]. The Australian Council for Educational Research Ltd. , 1996.

Rigby, K. Bullying in Schools and What to Do about It[M]. Melbourne: Australian Council for Education Research, 2007.

Rigby, K. Bullying Interventions in Schools: Six Basic Approaches[M]. ACER Press, 2011.

Rigby, K. Bullying Interventions: Six Basic Methods[M]. Camberwell: ACER, 2010.

Rivers, I. & Smith, P. K. Types of Bullying Behaviour and Their Correlates[J]. Aggressive Behavior, 1994, 20(5).

Sharp, S. & Smith, P. K. Tackling Bullying in Your School: A Practical Handbook for Teachers[M]. London: Routledge, 1994.

Smith, P. K. & Levan, S. Perceptions and Experiences of Bullying in Younger Pupils[J]. British Journal of Educational Psychology, 1995, 65(4).

Smith, P. K., Cowie, H., Olafsson, R. & Liefooghe, A. Definitions of Bullying: A Comparison of Terms Used, and Age and Sex Differences, in a 14-Country International Comparison[J]. Child Development, 2002, 73(4).

Smith, P. K., Kwak, K. & Toda, Y. School Bullying in Different Cultures: Eastern and Western Perspectives[M]. Cambridge: Cambridge University Press, 2016.

Smith, P. K., Madsen, K. & Moody, J. What Causes the Age Decline in Reports of Being Bullied at School? Towards a Developmental Analysis of Risks of Being Bullied[J]. Educational Research, 1999, 41(3).

Smith, P. K., Pepler, D. & Rigby, K. Bullying in schools: How successful can interventions be?[M]. Cambridge: Cambridge University Press, 2004.

Tattum, D. P. & Lane, D. A. Bullying in Schools[M]. Stoke on Trent: Trentham Books, 1988.

The Center for Effective Discipline. U. S. Statistics on Corporal Punishment by State and Race[M]. Washington, D. C.: U. S. Department of Education, Office of Civil Rights, 2010.

Umbright, M. Mediating Interpersonal Conflicts: A Pathway to Peace[M]. West Concord, MN: CPI Publishing, 1995.

United Nations. Event for Human Rights: Adoption by the General Assembly of the Convention on the Prevention and Punishment of the Crime of Genocide[M]. New York: United Nations, 1948.

Vieno, A., et al. Time Trends in Bullying Behavior in Italy[J]. Journal of School Health, 2015(7).

Whitney, I. & Smith, P. K. A Survey of the Nature and Extent of Bullying in Junior/Middle and Secondary Schools[J]. Educational Research, 1993,

35(1).

Wood, K. Restoring Our Children's Future: Ending Disparate School Discipline through Restorative Justice Practices[J]. Journal of Dispute Resolution, 2014(2).

图书在版编目（CIP）数据

无人贻恨：校园欺凌判断与干预/黄向阳著. —
上海：上海教育出版社，2022.11
ISBN 978-7-5720-1772-8

Ⅰ.①无… Ⅱ.①黄… Ⅲ.①校园－暴力行为－预
防－研究 Ⅳ.①G474

中国版本图书馆CIP数据核字(2022)第215285号

国家社会科学基金项目教育学一般课题
"儿童欺负判断发展研究"（BEA160074）成果

责任编辑　董　洪
封面设计　闻人印画工作室

WUREN YIHEN：XIAOYUAN QILING PANDUAN YU GANYU
无人贻恨：校园欺凌判断与干预
黄向阳　著

出版发行	上海教育出版社有限公司
官　　网	www.seph.com.cn
地　　址	上海市闵行区号景路159弄C座
邮　　编	201101
印　　刷	上海展强印刷有限公司
开　　本	640×965　1/16　印张23.5　插页1
字　　数	282千字
版　　次	2022年11月第1版
印　　次	2024年5月第1次印刷
书　　号	ISBN 978-7-5720-1772-8/G·1621
定　　价	68.00元

如发现质量问题，读者可向本社调换　　电话：021-64373213